부분 대상에서 대상 *a*로

부분 대상에서 대상 a로

임진수

파워북

감사의 말

벌써 <프로이트 라캉 학교>를 연 지 어언 4년이 지났다. 그동안 나는 물론이려니와 처음부터 지금까지 이 학교를 지켜준 분들에게 <프로이트 라캉 학교>는 삶의 일부가 되었고, 우리는 <프로이트 라캉 학교>를 중심으로 한 가족이 되었다. 아마 이 학교가 계속되는 한, 그분들은 나와 함께 남아 고락을 같이할 것이다. 어찌 그분들에게 감사의 말을 전해야 할지 모르겠다. 아니, 감사의 말이나 헌사는 그분들이 나에게 차지하는 위치에 비하면 입에 발린 소리에 불과하다. 그분들은 나의 분신이고, 이 책은 그분들과 함께 만든 것이나 다름없기 때문이다. 그분들의 이름을 열거하는 것으로 그분들에게 진 빚을 조금이나마 갚을 수 있다면 좋으련만….

제일 연장자이면서 예술을 비롯한 다방면에 관심을 쏟고 계신 소아과의사이자 수필가이신 이동민 선생님, 이 학교의 학우들이 큰언니라고 부르며 따르는 박지영 시인과 김미화 선생님, 청소년 상담실의 진혜전 선생님과 계명대학교의 정현숙 선생님, 대구한의대의 이수연 선생님, 대구가톨릭

의대의 김성희 선생님, 부산과 포항에서 멀다 하지 않고 매주 참여하는 정은경 씨와 김삼수 씨, 언제나 말없이 성실하게 맡은 바 임무를 다하는 오주리 씨와 김옥주 씨, 이 학교의 막내로서 궂은일을 마다하지 않는 이정대 군과 임성숙 양, 새로 참가했지만 열성적인 신상조 씨와 김소희 씨, 그리고 특히 바쁜 와중에도 이 학교의 실질적인 살림을 도맡아 잘 꾸려가고 있는 윤희섭 씨와 김정미 씨, 귀찮은 작업인 녹취와 편집을 맡고 있으면서도 싫다는 말 한마디 하지 않는 박지연 씨, 마지막으로 이제는 바빠서 자주 참석하지는 못하지만 마음만은 늘 우리와 함께해주시는 계명대학교의 장옥관 선생님과 동산병원의 김대현 선생님, 이분들이야말로 이 학교의 진정한 주인이다.

2007년 1월

대구에서

임 진 수

차례

I

욕망의 은유

깔때기의 비유
말하는 주체와 큰타자
주체와 소외
〈fort-da〉와 se 〈tirer de la jouissance〉
〈대상 a〉와 부분 대상

이번 학기 세미나는 지난여름(2006년 8월 11~12일) 워크숍에서 공부했던 <사랑의 은유>를 보충하면서, 그 당시 제기되었던 질문에 대한 대답을 하는 것으로부터 시작하겠습니다. 워크숍이 끝날 즈음, 김정미 씨가 <사랑의 은유>와, 깔때기에 비유하면서 설명한 <욕망은 사랑의 요구에서 욕구 충족을 제한 것이다>라는 라캉의 명제(이것은 프로이트 라캉 학교가 처음 시작될 때 제시한 것입니다)가 서로 혼동된다고 말했습니다. 제가 깔때기의 이미지를 동원하여 <욕구-요구-욕망>의 관계를 설명한 것은, <욕망 = 사랑의 요구 — 욕구 충족>이라는 공식은 평면적인 느낌이 들어 <욕구-요구-욕망>이 같은 차원에 있는 것 같은데, 그것들은 정작 서로 다른 차원에 있기 때문에, 그 세 개념의 관계를 입체적으로 인식할 필요가 있기 때문입니다.

깔때기는 윗구멍이 넓고 아랫구멍이 좁은 나팔꽃 모양으로 된 기구입니다. 그래서 위에서 보면 도넛 모양으로 큰 원(윗구멍) 속에 작은 원(아랫구멍)이 포함되어 있습니다. 이것은 요구가 욕구를 충족시키고 남는 나머지가 욕망이라는 라캉의 공식과 일치합니다. 다시 말해 큰 원과 작은 원 사이의 공간, 즉 도넛의 살에 해당하는 부분이 욕망입니다.

그러나 그것은 위에서 본 평면도이고, 옆에서 본 측면도는 다릅니다. 옆에서 보면 깔때기는 세 차원으로 이루어져 있습니다. 맨 위의 큰 원의 차원과, 맨 아래의 작은 원의 차원 사이에 길쭉한 허리가 자리 잡고 있습니다. 그것은 욕구 충족을 큰타자에게 요구할 때, 사랑 너머에서 욕망이 모습을 드러내는 것을 말합니다. 아무튼 깔때기의 측면도는 <욕구-요구-욕망>이 서로 다른 층위를 형성하고 있고, 욕망은 그 둘 사이에서, 그리고 그 둘 너머에서, 그 둘이 아닌 것으로 나타납니다.

저는 여기서 새로운 용어를 소개할까 합니다. <욕망의 은유>가 그것입니다. 엄격히 말해서, 라캉의 이론 체계에서 <욕망의 은유>라는 말은 가능하지 않습니다. 왜냐하면 라캉은 욕망을 환유와 연결시키고 있기 때문입니다. 그에 따르면 욕망은 기호형식의 사슬에서 다른 기호형식으로 계속해서 미끄러져 내려가는 것입니다. 그것은 프로이트의 이동 작업에 해당하며, 데리다의 용어를 빌리면 <차연(différance)>에 해당합니다. 그럼에도 서로 어울릴 수 없는 두 단어 — <욕망>과 <은유> — 를 합금처럼 하나의 복합명사로 결합하는 것은 나름의 이유가 있습니다. 어쩌면 이 용어가 여러분을 더 혼란스럽게 할지 모르나, 저로서는 <욕구-요구-욕망>의 관계에 이해를 돕고자 고심 끝에 내놓는 것입니다.

제가 왜 깔때기의 이미지를 동원하여 <욕구-요구-욕망>의 관계를 입체화했는지는 이미 말씀드렸습니다. 한마디로 그것들은 옆에서 볼 때 차원을 달리하는 것이기 때문입니다. 여러분이 다 알다시피, 욕구라고 하는 것은 생리적이고 육체적인 것입니다. 배고픔, 졸음, 갈증, 배변욕 등이 그 예입니다. 따라서 욕구는 본능적인 것이라고 말할 수 있습니다. 그런데 인간이 태어났을 때의 최초 상황으로 돌아가 봅시다. 인간은 외부의 도움 없이는 죽을 수밖에 없는 운명인 무력 상태로 태어납니다. 말하자면 미숙한 상태로 태어납니다. 따라서 신생아는 배고픔과 같은 욕구의 자극이 올 때, 흥분하면서 울며 다른 사람을 부릅니다. 저는 지금 다른 사람 — 우리가 보통 <타자>라고 하는 것 — 을 <부른다>고 말했습니다. 그렇습니다. 욕구 — 우리가 속말로 <먹고 사는 문제>라고 하지요? — 를 해결하기 위해서는 누군가를 불러야 합니다. 그런데 부르는 것은 어떤 차원에 있습니까? 더 정확히 말하면, 누군가(타자)를 불러서 욕구 충족을 <요구>하는 것은 어떤 차원에 있습니까? 그것은 이론의 여지없이 말의 차원에 있습니다. 따라서 요구는 타자에게 <말걸기>에 지나지 않습니다. 이제 우리는 욕구와 요구의 거리를, 그리고 그 관계가 평면적이 아니라 입체적이라는 것을 금방 알 수 있습니다. 욕구에서 요구로의 이동은 서로 다른 층위의 계단을 건너뛰는 것과 같습니다.

이제 그렇게 건너뛸 때 어떤 일이 일어나는지 살펴봅시다. 우선 아기는 배고프거나 똥이나 오줌을 싸 아랫도리가 축축하면 웁니다. 그 울음은 이를테면 생리적인 불편을 해결해달라는 일종의 표현입니다. 그런데 그것이 하나의 표현 — 즉 말 — 으로 성립하기 위해서는 몇 가지 전제가 필요합니다. 첫째, 말이 전제되어야 합니다. 그것은 그 울음이 일정한 의미를 갖기 위한 말의 장이 있어야 한다는 것을 의미합니다. 가령 어떤 한국어 단어가 의미되기 위해서는 그 단어가 속한 한국어라는 전체 체계, 그리하여 그 단어에 의미를 부여하는 체계가 가정되어야 합니다. 그렇게 말이 구성되는 장소로서의 언어 체계는, 그 말을 사용하는 사람 — 라캉의 용어로 주체 — 이전에, 그리고 주체 밖에 존재합니다. 인간 주체는 말의 장소에 떨어질 뿐, 그것을 선택할 수 없습니다.[1] 그것은 주체와 별도의 세계를 구축하고 있으며, 그러한 의미에서 그것은 주체와 <다른 것>입니다. 라캉이 그것을 <큰타자(또는 대문자 타자)[l'Autre]>로 명명하는 이유가 바로 거기에 있습니다. 이러한 사실에 의거하여 <큰타자>를 정의하면, 그것은 <말이 구성되는 장소>입니다.

다음으로 발생하는 것은 <말하는 주체>입니다. 이것은 말할 필요도 없습니다. 왜냐하면 누군가를 부른다면, 그를 부르는 사람, 즉 <나>라는 발화자가 생기는 것은 당연한 일이기 때문입니다. 라캉은 그것을 <parlêtre>라고 부릅니다. <parlêtre>는 <parler(말하다)> 동사와, <존재>를 뜻하는 <l'être>가 합쳐져 만들어진 조어입니다. 따라서 그것은 <말하는 존재>라는 의미를 갖고 있습니다. 라캉의 정신분석에서, 모든 주체는 <말하는 존재>입니다. 이제 우리는 욕구에서 요구로의 이동은 육체적 존재에서 말하는 존재로의 이동을 내포하고 있다는 사실을 알 수 있습니다.

그런데 그러한 두 번째 전제와 함께 염두에 두어야 할 것은, 말하는 존재와 쌍을 이루는 말상대의 발생입니다. 가령 내가 말로써 욕구 충족을 요청한다면, 그것은 <누군가에게> 전달될 것입니다. 그 <누군가>는 주체의 요구의 수신자로서, 주체의 말을 듣고 주체의 요구에 응답하는 사람입니다. 그런데 우리가 여기서 조심해야 할 것은, 주체의 요구에 응답하는 사람이 인격적 주체이기에 앞서서 하나의 <장소>, 즉 수신자라는 장소인 점입니다. 따라서 그 누군가는 주체와 다른 존재라는 점에서 <타자>이지만, 하나의 장소라는 점에서는 <큰타자>입니다. 그것은 마치 <주어+동사+(간접)목적어>라는 형식의 문장에서 (간접)목적어의 자리에 수많은 존재가 올 수

1 그러한 맥락에서, 라캉의 <말의 장소>는 사르트르 식으로 말하면 상황으로 주어지는 것입니다.

있지만, 그 존재들은 (간접)목적어의 자리에 앉아 있는 것뿐이라는 사실과 일치합니다. 따라서 그 자리는 하나의 장소로서 비어 있는 형식이지 실체가 아닙니다. 아기의 요구에 대답하는 어머니도 그와 같은 문맥에서 생각해야 합니다. 어머니는 큰타자의 자리를 대신하고 있는 하나의 주체에 지나지 않습니다. 거기에는 유모도 들어갈 수 있고, 아버지 또는 형제자매도 들어갈 수 있습니다. 어머니는 일차적으로 그 자리를 구현하고 있다고 생각되는 주체일 뿐입니다. 따라서 첫 번째 큰타자와 세 번째 큰타자를 묶어, 주체의 말을 성립되게 하는 장소라고 정의할 수 있습니다. 그래서 라캉은 여러 차례 <큰타자는 무엇보다도 하나의 장소, 즉 말이 구성되는 장소>라고 정의하는 것입니다. 그렇다면 우리는 큰타자를 주체의 말이 응답 반사되어 주체에게 되돌아오는 장소라고 정의할 수도 있습니다. 라캉 자신도 <주체는 큰타자로부터 자기 자신의 메시지를 되돌려 받는다>[2]고 말합니다.

그에 따라 큰타자의 개념도 크게 두 가지로 나눌 수 있습니다. 하나는 <말의 장소>, 즉 <기호형식의 장소(lieu des signifiants)> 또는 <기호형식의 보고(trésor des signifiants)>로서의 큰타자이고, 다른 하나는 그 자리를 구현 또는 대표하고 있는 또 다른 주체로서의 큰타자입니다. 그러나 후자는 전자에 비해 2차적인 것이고, 따라서 전자로 귀결됩니다. 결과적으로 전자만이 큰타자라는 말에 부합하는 정의입니다.

여기서 주체의 문제도 재고해야 합니다. 여러분은 지금까지 주체가 큰타자와 대등한 입장에 있다는 인상을 받았을 것입니다. 심지어는 주체라는 말에서 말과 행동의 <주인>이라는 기존 철학의 뉘앙스를 떠올린 나머지, 주체가 큰타자를 사용한다고 생각하고 있을지 모릅니다. 그러나 주체가

2 Lacan, *Ecrits*, Seuil, 1966, p.9.

<말하는 주체>인 한, 그것은 말의 효과로서 탄생하며[3], 따라서 큰타자가 말이 구성되는 장소라는 정의에 따르면, 주체는 큰타자로부터 나오는 것[4]이라고 할 수 있습니다. 그러한 각도에서 다시 한번 말씀드리면, 큰타자는 주체보다 선행하며, 주체 밖에서 주체라는 효과를 일으킨다는 점에서 주체보다 우위에 있습니다. 프로이트의 정신분석을 현대 구조언어학에 접목시킨 라캉의 정신분석에서, 주체는 무엇보다도 <말하는 주체>이며, 큰타자로부터 나온다는 사실을 의식하지 못한다는 점에서 무의식적인 주체입니다. 제가 라캉의 정신분석을 <언어학적 정신분석>이니, <기호형식의 정신분석>이라고 부르는 까닭이 여기에 있습니다.

그런데 여기서 엄청난 변화가 일어납니다. 욕구의 차원에서 필요했던 것은 배고픔의 자극을 잠재울 수 있는 젖이었는데, 그것이 요구의 차원에서 발설됨에 따라, 주체와 큰타자의 관계가 생기는 것입니다. 어찌 보면, 주체와 큰타자의 관계라고도 할 수 없습니다. 왜냐하면 주체는 큰타자에 예속되어 소외[5]되기 때문입니다. 주체는 큰타자로부터 나오지만 큰타자 속으로 사라집니다. 아무튼 주체는 큰타자로부터 나와 큰타자와 관계를 갖게 되는데, 그 관계는 물질적인 욕구와는 전혀 다른 순전히 심리적인 성격의 것입니다. 그것을 라캉은 사랑의 관계라고 말합니다. 따라서 사랑은 무로부터 나오는 것입니다. 그것이 탄생할 어떠한 근거를, 욕구나 물질계에서 찾을 수

---

3 말하는 주체는 적어도 말과 함께 발생한다는 사실을 염두에 둔다면, 주체가 말의 효과라는 사실은 금방 이해할 수 있을 것입니다.

4 여기서 <sujet(주체)>의 어원이 <…에 종속된 것(ce qui est subordonné à)>이라는 뜻을 가진 라틴어 <subjectum>이라는 사실도 상당히 시사적입니다. 그것을 라캉식으로 다시 말하면, <주체는 큰타자에 예속되는 것>입니다.

5 <소외(aliénation)>는 어원적으로 <타자에 속하는(ce qui appartient à un autre)>을 뜻하는 라틴어 <alienus>로부터 나왔습니다.(<타자>는 라틴어로 <alius>입니다.) 따라서 <소외>와 <주체>는 어원적으로 닮은꼴입니다.

없다는 말입니다. 욕구와 요구가 서로 뛰어넘을 수 없는 거리를 내포하게 되는 이유가 바로 거기에 있습니다. 욕구는 순전히 물질의 수요 공급의 차원에 있지만, 그것을 언어로 표현하는 순간, 큰타자에 대한 모든 요구는 사랑의 요구가 됩니다. 그것을 소외의 개념에 비추어서 다시 말하면, 욕구가 요구 속으로 소외될 때, 사랑이 창조되는 것입니다. 이제 욕구가 문제되지 않는 한, 다시 말해 생명이 위협당할 정도로 욕구가 문제되지 않는 한, 사랑의 요구가 욕구보다 훨씬 더 중요해집니다. 어쩌면 생명을 해치는 한이 있더라도 사랑을 요구하게 됩니다.

그러나 사랑은 그것이 요구되는 방식으로 일어나지 않습니다. 또한 사랑의 요구에서 욕구 충족을 위한 물질적 대상은 충분히 공급될 수 있으나, 주체가 갈구하는 무조건적인 사랑은 충분히 공급될 수 없습니다. 따라서 사랑의 요구는 욕구 충족 뒤에 반드시 나머지를 남기게 됩니다. 마치 나눗셈을 할 때, 정확히 떨어지지 않고 나머지가 남는 것처럼 말입니다. 그 나머지, 찌꺼기, 잔재가 바로 욕망입니다. 그래서 라캉은 욕망을 요구에서 욕구를 제한 것이라고 정의하는 것입니다. 거꾸로 말하면, 욕망은 욕구가 요구로 표현될 때 생기는 잉여입니다. 그리하여 욕망은 욕구와 요구가 분리되는 경계에서 그 모습을 드러냅니다. 이것은 프로이트가 말하는 충족 체험의 순간으로 가면 더 잘 이해가 됩니다. 여러분이 잘 알다시피, 욕망으로 번역되는 프로이트의 <소원(Wunsch)>은 최초의 욕구 충족 시에 발생하는 어떤 지각이 재현되기를 바라는 마음입니다. 그런데 그것은 프로이트에 따르면, 환각적으로밖에 재현될 수 없습니다. 따라서 그것은 항상 불충족 상태로 남게 마련입니다. <잉여>로 탄생한 것이 <결핍>으로 남아 구조화되는 것이지요. 욕망은 이렇게 자연발생적으로, 그리고 태생적으로 불충분과 결핍을 안고 있습니다. 우리는 예전에 프로이트의 「성공했기 때문에 실패하는 사람들」[6]이라는 논문을 같이 읽은 적이 있습니다. 거기서 우리가 발견할 수 있는 것은, 사랑에 성공하는 순간, 사랑 너머에서 결핍의 검은 그림자가 작중 인물을 사로잡는다는 것입니다. 그리하여 그들은 편집증에 걸리거나, 자살하거나, 아무튼 정신적 공복감으로 정신질환의 증상을 나타내고 맙니다. 여러 차례 말씀드렸듯이, 욕망은 사랑의 요구 너머에 있는 결핍에 지나지 않습니다. 그것은 사랑의 요구가 말에 의한 요구인 한, 필연적으로 말에 등록되게 마련인 결핍입니다. 모든 말은 <사물의 살해>를 전제하고 있기 때문입니다. 말에는 사물이 결핍으로 등록되는 것입니다. 따라서 말은 필연적으로 죽음과 연결되게 마련입니다.

이제 우리는 <욕망의 은유>를 말할 수 있게 되었습니다. 프로이트의 소원을 언어학적으로 재조명한 라캉의 <욕망>은, 한마디로 육체적 차원의 욕구를 언어학적 차원의 요구로 대체할 때 생기는 <잉여 의미>에 지나지 않습니다. 결국 욕망도 무(無)로부터 창출되는 것입니다. 그것은 라캉의 은유의 정의 — 즉 <기호형식의 사슬(la chaîne signifiante)>의 동일한 위치에서 어떤 기호형식이 다른 기호형식을 대체하는 전의(trope) — 와 크게 배치되지 않습니다. 라캉에 따르면, 은유는 그러한 대체에 의해 의미(s)를 발생시킵니다.[7] 마찬가지로 욕구가 요구로 대체될 때, 욕구 충족이 된 뒤, 욕망이라는 완전히 새로운 것이 창출됩니다. 그래서 제가 용어의 혼선을 빚을 위험을 무릅쓰고, <욕망의 은유>라는 개념을 제시한 것입니다. 그것을 공식화하면 다음과 같습니다.

---

6 이 논문은 「정신분석에 의해서 드러난 몇 가지 인물 유형」(in 『예술, 문학, 정신분석』, 정장진 역, 열린책들, 1916)이라는 논문 속에 들어 있습니다.

7 반면에 환유는 기호형식의 사슬에서 어떤 기호형식이 인접한 다른 기호형식을 대체하는 전의로서, 새로운 의미가 생성되는 것이 아니라, 오히려 의미의 억압이 이루어집니다. 그리하여 환유에서는 의미작용이 기호형식과 기호내용을 나누고 있는 횡선을 가로질러 발생하지 못합니다. 라캉은 그것을 $f(S \cdots S') \cong S(-)s$ 로 공식화합니다. 여기서 (−)는 의미가 억압되는 것을 말합니다.

$$\frac{\text{요구}}{\text{욕구}} \cong \text{욕구충족} + \text{욕망}$$

〈욕망의 은유〉

$$f\left(\frac{S'}{S}\right)S \cong S + (s)$$

〈은유의 방정식〉

그렇다면 결핍과 욕망은 주체의 분열과 어떠한 관계가 있을까요? 다 알다시피, 라캉의 정신분석에 따르면, 모든 주체는 일차적으로 말하는 주체이고, 따라서 주체는 말이 구성되는 장소에서 구성되며, 바로 그러한 사실 때문에, 주체는 말하는 순간 분열되게 마련입니다. 가령 언어학적으로 말하면, 말의 행위의 주체(발화 행위의 주체)와 내용의 주체(발화 내용의 주체)가 분열되고, <하나의 기호형식은 다른 기호형식을 위해 주체를 표상하는 것>이라는 라캉의 유명한 명제에 따르더라도, 주체는 하나의 기호형식이 다른 기호형식을 위하여 표상하는 것으로, 본질적으로 두 기호형식 사이에서 분열되게 마련입니다. 이를테면 두 기호형식 사이에서 주체는 효과로서 발생했다 사라집니다. 그것은 어떤 기호형식에 의해 표상되지만, 기호형식의 운명에 의해 곧바로 그 기호형식이 다른 기호형식 속으로 사라지기 때문입니다. 사라지기 위해 발생하는 운명이라고나 할까요?

그러한 사실 — 즉 주체의 발생과 분열 — 을, <fort-da> 놀이를 통해서 확연히 알 수 있습니다. <fort-da> 놀이는 엄마가 외출하면 괴로운 표정을 짓다가 엄마가 돌아오면 기뻐하던 프로이트의 외손자가 발명한 것으로, 그는 실패를 커튼 뒤로 멀리 보냈다가 자기 앞으로 당기는 운동을 반복합니다. 프로이트는 외손자를 유심히 관찰합니다. 그리고는 실패가 멀리 사라지면 인상을 찡그리고, 실패가 자기 앞으로 와서 나타나면 환호하는 것을 보고, 프로이트는 실패가 어머니의 대체물이라고 생각합니다.[8] 다시 말해 실패는 어머니를 상징하는 것입니다. 그리고 실패의 사라짐과 나타남과 때를 같이 하여, 아이가 사라질 때는 <o-o-o-o>라고 탄성을 지르고, 나타날 때는 <a-a-a-a>라고 탄성을 지르는 것을 보고, 프로이트는 전자는 <fort>를 의미하는 것이고, 후자는 <da>를 의미하는 것이라고 해석합니다.[9] 따라서 이 놀이는 실재하는 어머니가 실패 놀이로 상징화되고, 급기야는 음소의 대립만 남는 언어화 과정을 보여주고 있습니다.

프로이트는 여기에 놀라운 사실을 하나 더 첨부합니다. 그것은 다름 아니라, 아이가 그 놀이를 창안한 뒤로는 엄마가 귀가해도 그 놀이에 열중할 뿐, 엄마를 거들떠보지도 않는 것입니다. 이 관찰은 우리에게 주체에 관한 귀중한 발견을 전해줍니다. 그것은 첫째, 실패 놀이와 함께 주체가 발생한다는 것이고, 둘째, 주체 발생과 더불어 어머니라는 존재가 죽는다는 것입니다. 우선 실패 놀이 이전에는 아이의 희비는 완전히 어머니의 존재에 의존하고 있었습니다. 어머니가 돌아오면 기뻐서 어쩔 줄 몰랐고, 어머니가 없으면 슬프고 괴로워했습니다. 어머니의 존재를 자기 마음대로 어쩔 수 없었기 때문에, 어머니에 대해 아이는 완전히 수동적이었습니다. 자기 자신에 대해 <주인>이 아니었던 것입니다. 그런데 실패 놀이와 함께, 다시 말해 어머니를 실패로 상징화함에 따라, 이제 <어머니-실패>를 자기 마음대로 조종할 수 있게 됩니다. 프로이트는 그것을 능동적 주체의 탄생이라고 말합니다. 그와 더불어, 우리는 <어머니의 죽음>, 상징적 죽음을 목격할 수 있습니다. 제가 상징적 죽음이라고 말한 것은, 어머니가 실패로 상징화됨에 따라, 어머니는 그 상징에 죽음(또는 결핍)으로 등록된다는 것을 의미합니다. 제가 예전

8 따라서 실패의 <사라짐과 나타남>은 어머니의 <외출과 귀가>와 일치합니다.
9 다시 말해 전자는 <fort>의 <o>를 반복해서 발음하는 것이고, 후자는 <da>의 <a>를 반복 발음하는 것입니다.

에 말씀드린 대로, <내가 어머니를 불렀을 때, 그녀는 내게로 다가와 주검이 된> 것입니다. 프로이트는 그러한 상실된 어머니를 <das Ding(사물)>이라고 불렀으며, 라캉은 그것을 프랑스어로 번역하여 <la Chose(사물)>[10]이라고 명명합니다. 아무튼 프로이트적인 의미이건, 라캉적인 의미이건, <사물>은 상징화와 더불어 영원히 상실된 대상을 말합니다.

우리는 여기서 세 번째 사실에 주목해야 합니다. 그것은 사물이 상징화되는 순간, 주체가 발생하는데, 그 주체는 분열된 주체라는 것입니다. 주체는 실패의 사라짐과 나타남 <사이>에서 나타났다 사라집니다. 그것은 <a>와 <o> <사이>의 언어학적 대립에서 더 극명하게 나타납니다. 언어적 상징화에서는 상징적 놀이에 비해, 사물과 주체의 움직임이 완전히 보이지 않습니다. 다시 말해, 놀이의 차원에서는 실패라는 물체로 상징되었던 사물은 언어화에 이르러 완전히 상실되고, 행동의 주인이었던 주체는 완전히 탈실체화합니다.

또한 네 번째 사실도 눈여겨두어야 합니다. 그것은 어머니와 누릴 수 있는 향락을 갈구하던 아기가 상징적 주체로 다시 태어나는 순간, 어머니와의 향락과는 다른 향락을 발견하고, 그것을 더 즐긴다는 사실입니다. 이것을 정신분석적으로 다시 말하면, 금지된 어머니와의 향락을 포기하고 그 대상을 언어로 상징화하는 순간, 어머니와의 향락과는 <다른>, 그렇지만 어쩌면 어머니와의 향락보다 더 유혹적이고 중독성이 강한 향락이 기다리고

10 프로이트와 라캉의 차이가 있다면, 프로이트에게서는 <D>가 대문자인지 아니면 소문자인지 잘 드러나지 않는 데 비해(왜냐하면 독일어에서 명사는 반드시 대문자로 써야 하기 때문입니다), 라캉에게서는 <대문자 사물>이라는 것이 확연히 드러난다는 것입니다. 그래서 프로이트의 <das Ding>이든지, 라캉의 <la Chose>이든지 간에, 대문자 사물이라는 점에서, 그리고 그것이 일반적인 사물과 구분되는 특수한 의미의 사물이라는 점에서, <큰 사물>로 번역하기를 제안합니다.

있었던 것입니다. 전자를 실재의 향락이라고 말한다면, 후자는 언어에 의해 도입되는 언어적 향락입니다. 그러나 진정한 의미에서의 인간이 되기 위해서 전자는 반드시 후자로 대체되어야 합니다. 여기서 라캉이 분석의 실이라고 말한, 말놀음 같은 다음의 명제를 다시 발견하게 됩니다. <se tirer de la jouissance>를 하나로 묶으면, <향락으로부터 벗어나다>라는 뜻이 되지만, 라캉은 그것을 se <tirer de la jouissance>라고 씁니다. 그것은 <se tirer de la jouissance>와 <tirer de la jouissance(약간의 향락을 끌어내다)>라는 중의를 노린 것입니다.[11] 다시 말해, 그 명제는 <큰사물> — 대상 자체 — 과의 향락으로부터는 벗어나서, 다른 약간의 향락을 얻는다는 의미를 띠고 있습니다.

이야기가 너무 샛길로 빠졌나요? 아무튼 주체의 분열, 주체의 벌어진 틈은 욕망이 구조화되는 결핍의 공간에 지나지 않습니다. 그것은 라캉의 용어로 <존재 결핍(manque à être)>의 공간입니다. 또 새로운 용어가 나와서 어리둥절할지 모릅니다. 그러나 그것은 우리 세미나에서 예전에 다룬 바 있습니다. 그 당시 <존재 결핍>은 <소유 결핍>과 대립되는 것으로서, <대상 a>[12]의 상실과 일치하고, 후자는 남근의 결핍과 일치한다고 말한

---

11 <se tirer de la jouissance>의 <de>는 전치사이지만, <tirer de la jouissance>의 <de>는 부분관사입니다.

12 여기서 잠시 저는 라캉의 <objet a>[프랑스어로는 <오브제 쁘띠 따(objet petit a)>(<소문자 대상 a>라는 뜻)라고 읽습니다]라는 용어를 <대상 아[a]>라고 읽고 번역하기를 제안합니다. 왜냐하면 <아>라고 읽으면, 라캉이 그 문자에 부여하려고 했던 <말로 형용하거나 표상할 수 없는 것>이라는 의미가 살아날 뿐 아니라(<아>라는 발음 하나로는 무언가를 표상할 수 없습니다), 그 대상의 인력에 대한 감탄(<아>라는 말은 보통 감탄사로 많이 쓰입니다)을 간접적으로 전해주기 때문입니다. 그것을 <타대상>으로 번역한다든지, 영어식으로 <대상 에이>라고 읽는 것은, <a(아)>가 <autre(소문자 타자)>로부터 나왔다는 것을 잘 전해주기는 하지만, 나중에 그것이 <소문자 타자>와 완전히 구분된다는 점을 간과하고 있으며, 또한 <에이>는 <아>와는 다르게 아무 울림도 없는, 진실로 무미건조한 발음입니다.

바 있습니다. <대상 a>는 상징계에 진입[13]할 때, 육체로부터 분리된다고 상상되는 신체 부위입니다. 가령 썩 좋은 예는 아니지만, 우리는 얼굴을 눈, 코, 귀 등으로 지칭 명명합니다. 그러나 그러한 언어의 좌표들은 눈과 코 사이의 공간을 명명하지 못하고, 언어로부터 떨어져 나가게 만듭니다. 그리하여 인간은 바둑판과 같은 기호 인간이 됩니다. 그러나 이렇게 떨어져 나간 육체의 부위가 <대상 a>라는 것은 아닙니다. 정확히 말하면, <대상 a>는 젖가슴, 똥, 시선, 목소리같이 분열되는 부분입니다. 가령 우리는 타자를 바라보는 우리의 시선에 결코 접근할 수 없습니다. 그리고 타자가 지각하는 우리의 목소리에도 접근하지 못합니다. 그것은 젖가슴과 똥에도 그대로 해당이 됩니다. 그것은 분명히 육체로부터 분리되는 대상입니다.[14]

그렇다면 <대상 a>와 부분 대상은 어떻게 다른 것일까요? 엄밀히 말해서 그것들은 같은 것이 아닙니다. <대상 a>는 욕망과, <부분 대상>은 욕동과 관련되어 있습니다. 따라서 <대상 a>와 <부분 대상>의 관계는 욕망과 욕동의 관계와 같습니다. 그것들의 관계를 이렇게 말씀드리면 어떨까요? 욕망의 원인인 <대상 a>는 부분 욕동이 발생하는 신체적 부위인 성감대와 부분 대상 사이에서 영원히 잃어버린 대상이라고요. 가령 구강(욕동)과 젖가슴(부분 대상) 사이에서 영원히 떨어져 나갔다고 상상되는 대상이

13 우리가 이해하기 쉽게 하기 위해 <진입>이라는 단어를 사용했지만, 엄밀히 말해서 진입이라는 단어를 사용할 수 없습니다. 왜냐하면 진입이라는 것은, 상징계에 앞서 미리 존재하는 주체가 의지적으로 상징계 속으로 들어간다는 뉘앙스를 갖고 있기 때문입니다. 그러나 주체는 상징계보다 선행하지도 않을뿐더러, 상징계에 <떨어져 발생할> 뿐입니다. 따라서 진입이라는 단어는 상징계에 떨어진 존재가 상징계를 받아들인다(또는 수용한다)는 뉘앙스를 갖고 있는 <내입(introjection)>이라는 용어로 바꾸어야 합니다.

14 젖가슴이 자신의 육체로부터 분리되는 대상으로 느껴지는 것은, 어린아이가 어머니의 젖을 박탈당하기 때문이 아니라, 어린아이에게는 그 젖가슴이 자기 자신의 육체에 합체된 부분으로 체험되기 때문이다. 다시 말해 어린아이에게 어머니의 젖가슴은 어머니의 젖가슴이 아니라 자신의 젖가슴인 것입니다.

<대상 a>이라고요. 따라서 욕동이 욕망이라는 단일한 힘[15]의 특수한 표출이듯이, 부분 대상은 <대상 a>의 작용입니다. 그 결과 <대상 a>는 하나이지만 부분 대상은 여럿이고, 전자가 순수 결핍이라면 후자는 그것의 구체적 표현입니다. 그러나 후자가 없으면 전자는 알려지지 않습니다. 다시 말해 부분 대상과 욕동적인 것을 통해, <대상 a>와 욕망의 작용이 포착됩니다. 원천적으로 그것들은 이론과 실천처럼 같은 것입니다. 아무튼 <대상 a>는 언어로 명명되는 순간 사라지는[16] 표상될 수 없는 것이지만, 부분 대상은 <대상 a>가 대상에 투영된 것입니다. 이제 우리는 주체의 존재 결핍으로서의 <대상 a>가 어떻게 사랑의 대상 위에서 매혹적인 아갈마 — <대상 a> — 로 나타나는지 알 수 있게 되었습니다. <대상 a>는 하나의 기호형식이 다른 기호형식을 위해 주체를 표상할 때, 다시 말해 주체가 기호형식들 사이에서 분열할 때, 몸과 분리되어 상실된다고 상상되는 대상인데, 그 대상이 타자의 몸 위에 환상적으로 투영되는 것입니다. 그렇기 때문에 그것은 자기애적인 차원에서, 그리고 통합의 차원에서, 주체에게 매혹적으로 작용하는 것입니다. 그리하여 주체와 사랑의 대상의 성적 실현이 가능해지는 것입니다.

우리는 보통 사랑에 빠질 때, 전기가 통했다고 말합니다. 그런데 전기가 통하려면 전기와 접촉해야 되는데, 그 접속 지점이 <대상 a>입니다. 다른 한편 우리는 사랑이 자신의 잃어버린 반쪽을 만나는 것이라고도 합니다. 플라톤의 『향연』에서 그런 논조로 담화를 이어간 사람이 아리스토파네스인가요? 그러나 그것이 하나의 전체가 둘로 쪼개졌다는 의미에서의 반쪽

15 저는 여기서 <힘>이라고 말했지만, 그것은 프로이트 식의 표현이고, 라캉 식으로 말하면, 단일한 <구멍>이라고 표현하는 것이 좋습니다.
16 그렇기 때문에 그 대상을 단순히 <a>라는 문자로 표시하는 것입니다.

이 다시 결합하여 온전한 하나가 된다는 의미라면, 그것은 신화적 개념입니다. 그러한 개념은 하나의 통일체를 가정하고 있을 뿐 아니라, <1:1>의 균형과 평등을 내포하고 있습니다. 그러나 <대상 a>의 차원에서 잃어버린 것은 일부분이며, 따라서 <대상 a>를 매개로 한 관계는, 사랑하는 대상 — 존재의 차원에 있는 — 과의 인격적 관계 — 존재 대 존재 — 가 아니라, 존재와 그 존재에 필연적으로 내포되어 있는 결핍과의 관계입니다. 따라서 정신분석 — 특히 라캉 — 에서의 대상관계는 타인(autrui)과의 관계가 아니라 <다른 것(autre)>과의 관계입니다. 그 다른 것은 때로는 주체의 거울 이미지(나아가서 주체와 닮은 자)이고, 때로는 <대상 a>입니다. 정신분석에서 대상은 전적으로 주체로부터 분리되어 나간 <타자>입니다. 따라서 정신분석에서 타자는 원래부터 주체 밖에 있는 존재가 아닙니다. 그것은 주체의 부분입니다.

질문 : 남근과 <대상 a>의 관계는 어떻게 됩니까?

답변 : 그것을 여기서 한마디로 설명하기는 어렵습니다. 지난여름 워크숍에서 잠깐 언급했던 <1+a=1/a[a 분의 1]>의 공식을 기억하면서, 남근은 리비도를 상징하는, 또는 성교의 통일성을 상징하는 기호형식이고, <대상 a>는 상징계의 도입으로 실재계에 남는 나머지로서 주체의 분열의 결과라는 것을 염두에 두면, 그 둘의 관계가 어렴풋이나마 윤곽이 그려질 것입니다. 그것에 대해서는 차후에 다시 공부할 기회가 있을 것입니다.

이제 사랑의 은유와, 깔때기에 비유한 <욕구-요구-욕망>의 설명이 서로 비슷하다는 것을 깨달았을 것입니다. 그것의 설명은 어찌 보면 아주 간단합니다. 후자는 욕구가 말로 표현되면서 사랑의 요구가 되고, 그 과정에서 욕망이 탄생하는 과정을 그리고 있다면, 전자는 <사랑받는 것>에서 <사랑하는 것>으로 넘어갈 때, 그 뒤에서 욕망이 작용한다는 것을 보여주고 있습니다. 다 알다시피, <사랑의 은유>는 라캉이 개발한 개념으로, 에로메노스(사랑받는 자)가 에라스테스(사랑하는 자)로 대체되는 것을 말합니다. 라캉이 그것을 <사랑의 은유>라고 말한 것은, 우선 동일한 자리에서의 대체라는 은유의 방정식에 부합하고, 또한 그에 따라 욕망이 생산되기 때문입니다. 따라서 라캉의 <사랑의 은유>를 다음과 같이 보충할 수 있습니다.

$$\frac{\text{에라스테스(에론)}^{17}}{\text{에로메노스}} \cong \text{사랑} + \text{욕망}$$

이것을 <에로메노스가 에라스테스가 될 때, 사랑에 덧붙여 욕망이 창출된다>고 읽을 수 있습니다. 알키비아데스와 소크라테스의 관계를 한번 떠올려보십시오. 처음에 알키비아데스는 소크라테스에게 사랑받는 자였습니다. 그러다가 알키비아데스는 소크라테스를 사랑하게 되면서, 그를 욕망합니다. 그러나 그 욕망도 궁극적으로 소크라테스로부터 자신이 욕망될 수 있는 자가 되기를 욕망하는 것이었습니다.[18] 즉 알키비아데스의 욕망은 소크라테스의 욕망을 욕망하는 것이었습니다. 그러나 소크라테스는 알키비아데스에게 사랑(또는 욕망)을 주지 않습니다. 왜냐하면 소크라테스는 알키비

17 <에라스테스>를 <에론(Eron)>이라고도 합니다.
18 이것이 바로 라캉이 <욕망의 변증법>이라고 명명한 것입니다. 결국 주체는 자신의 욕망을 큰타자로부터 되돌려 받는 것입니다.

아데스의 욕망이 결핍으로부터 나온다는 것을 알고 있었기 때문입니다. 그렇게 결핍으로 구조화된 것은 소크라테스도 마찬가지였던 것입니다.[19] 그로부터 알키비아데스의 괴로움은 시작되지만,[20] 소크라테스는 끝까지 그 괴로움을 치유하려는 분석가의 위치를 떠나지 않습니다.

라캉의 <사랑의 은유>는 이미 프로이트의 「욕동과 욕동의 운명」(1915)에서 그 실마리를 찾을 수 있습니다. 거기서 프로이트는 사랑의 세 단계를 나누고 있습니다. 첫 번째는 <사랑받는(être aimé)> 단계이고, 두 번째는 <자신을 사랑하는(s'aimer)> 단계이고, 마지막으로 세 번째는 다른 사람을 <사랑하는(aimer)> 단계입니다. 첫 번째는 수동태로, 아기가 자기보존 본능을 충족시키는 어머니의 사랑을 일방적으로 받는 단계입니다. 여기서 어머니의 사랑은 무상적일 뿐 아니라, 아기는 어머니와 한 몸(합체)이라고 생각합니다. 서로 분리되지 않은 일체의 상태인 셈이지요. 그러니 거기는 지고한 행복의 단계입니다. 두 번째는 일종의 중간태 — 불어학적으로 말하면 대명동사 — 로, 엄마가 나를 사랑하듯이 내가 나를 사랑하는 단계입니다. 그렇게 나를 사랑하기 위해서는 자아의 형성을 전제로 해야 합니다. 그것은 또한 주객의 분리가 이루어진다는 뜻이기도 합니다. 마지막으로 세 번째는 그렇게 형성된 자아가 다른 사람을 사랑하는 단계입니다. 프로이트에 따르면, 이때 두 가지 대상 선택이 있습니다. 하나는 자신을 모델로 하는 자기애적 대상 선택이고, 다른 하나는 자신을 사랑하는(또는 자신의 자기보존 욕동을 충족시켜주는) 어머니를 모델로 하는 의탁적 대상 선택입니다. 그러나 그

19 여기서 라캉의 유명한 명제가 나옵니다. <사랑은 자기가 가지고 있지 않은 것을, 그것을 조금도 원치 않는 사람에게 주는 것이다.>

20 사실 사랑의 고통은 <사랑할> 때부터 시작됩니다. <사랑을 받을> 때는 아무런 문제가 되지 않습니다. 따라서 <사랑의 은유>는 <사랑의 고통>의 공식이기도 합니다. 그 고통은 욕망의 동반자인 것입니다.

두 가지 대상 선택은 궁극적으로 하나로 결합됩니다. 프로이트의 연구가 진행되면서, 의탁적 대상 선택에서는 자기애적인 성적 과대평가가 발견되고, 역으로 자기애적인 대상 선택에서는 엄마와의 관계가 재현된다는 것이 발견되기에 이릅니다. 그렇다면 그러한 사실은 무엇을 말하는 것일까요? 사랑의 대상 선택은 복합적으로 이루어진다는 것을 말하지 않는다면 말입니다.

그러한 복합성은 자아형성 모델에서 이미 발견됩니다. 라캉이 <도식 L>로 도표화한 <거울 단계> 이론에 따르면, 거울 속에 비친 자신의 이미지가 자아와 동일시되기 위해서는 어머니의 인정이 필요합니다. 말하자면 자아가 형성되기 위해서는 자기 이미지로 대표되는 <이상적 자아>와 큰타자로 대표되는 <자아 이상>의 합작이 필요합니다. 그것은 역으로도 말할 수 있습니다. 다시 말해 사랑에 빠지는 것은, <이상적 자아>가 대상 위에 투영되면서 동시에 그 대상이 <자아 이상>의 위치에 놓일 때, 비로소 가능해집니다. 이렇게 사랑은 동일시의 복합성 위에 세워집니다. 물론 그 뒤에서 <대상 a>와 욕망이 작용하고 있다는 것을 잊어서는 안 되겠지요.

오늘 여기까지 하고, 다음 시간에는 결핍의 문제를 집중적으로 다루겠습니다.

2006년 9월 6일

II

존재 결핍과 소유 결핍

co-naissance(共-生)
존재 결핍과 소유 결핍
은유의 정신분석
상실, 결핍, 충만
애도와 멜랑콜리
코타르 증후군

지난 시간에 <존재 결핍>과 <소유 결핍>이 각각 <대상 a>와 <남근>과 일치한다고 말한 바 있습니다. 그랬더니 박지연 씨가 <카페>에, 예전에는 <존재 결핍>과 <소유 결핍>을 각각 <거세>와 <박탈>에 연결시켰었는데, 그것과는 어떤 관계가 있느냐고 글을 올려주었습니다. 오늘은 그 질문에 답을 하는 것으로부터 세미나를 시작하겠습니다. 정확히 말하면 <존재 결핍>과 <소유 결핍>은 <대상 a>와 <남근>과도 일치하지 않고, <거세>와 <박탈>과도 일치하지 않습니다.(그렇다고 그것들이 관계가 없는 것은 아닙니다.) <대상 a>와 <남근>은 모두 <존재 결핍>과 관련 있습니다. 괜히 혼란스럽게 해서 죄송합니다. 그것은 제 개인적인 견해가 가미되었기 때문에 생긴 결과입니다. 그렇게 연결시켰던 저의 의도는 천천히 말씀드리기로 하고, 우선 <존재 결핍>이라는 개념부터 살펴보겠습니다. 라캉은 『세미나 II : 프로이트의 이론과 정신분석 기법에 있어서 자아』(1954~55)에서 다음과 같이 말하고 있습니다.

> 프로이트의 세계는 사물의 세계가 아닙니다. 그것은 존재의 세계가 아니라 있는 그대로의 욕망의 세계입니다. [프로이트 이전의] 고전적인 이론의 관점에서 주체와 대상 사이에는 상호적응과 <공-생(co-naissance)> — 각 요소가 자신의 모든 가치를 갖고 있는 말놀음입니다 — 만이 있었습니다.[1]

여기서 <co-naissance(共-生)>은 라캉 자신이 지적한 대로 말놀음입니다. 그것은 <앎> 또는 <인식>이라는 뜻을 가진 불어의 <connaissance>를 구성요소로 분해한 뒤, 그것을 다시 접두사 <co->와 <탄생>이라는 뜻의 <naissance>를 결합시킨 말입니다. 따라서 <co-naissance>는 <함께 태어남>이라는 뜻을 갖게 됩니다. 저는 그것을 <共-生>이라고 번역합니다. 그런데 막상 <共-生>이라고 번역하고 나니까, 거기에는 또 다른 뉘앙스가 가미됩니다. <공생(共生)> 관계라는 뉘앙스 말입니다. 다 알다시피, 공생관계란 서로 다른 두 생물이 서로 해를 주지 않고 상대에게서 삶의 이익을 받으며 공동생활을 하는 것을 말합니다. 우리말 체계 안에서 생성되는 그러한 뉘앙스는, 라캉이 그 말놀음으로써 의도한 바를 더욱 강화해줍니다. 라캉이 그 말놀음으로써 말하고 싶었던 것은, 고전적인 관점에서의 대상에 대한 <인식(connaissance)>은 <co-naissance>, 즉 존재 대 존재의 관계였습니다. 다시 말해 거기에서는 인식 이전에, 대상의 존재가 인간 존재와 대등한

---

1 라캉, 『세미나 II. 프로이트의 이론과 정신분석 기법에 있어서 자아』(1954~55), Seuil, 1978, 261쪽.

존재로 이미 전제되어 있습니다. 라캉은 위 인용문 바로 뒤에서, <그 결과 인식이 인간과 세계의 관계에 대한 작업의 중심에 있게 되었다>고 말합니다. 주체와 대상이 대등한 자격으로 나란히 서 있는 것입니다. 그리하여 대상에 대한 인식은 <주체가 존재와 존재의 관계 안에서 사물과 합치되어야 합니다.> 그것들은 서로 마주 보고 있는 것입니다.

그런데 <프로이트의 경험의 장부(registre)가 성립되는 곳은, 관계라는 전혀 다른 영역입니다. 욕망은 존재와 결핍의 관계입니다. 그 결핍은 정확히 말해 존재 결핍(manque d'être)입니다. 그것은 이러저러한 것의 결핍이 아니라, 존재가 그것에 의해 존재하는 존재 결핍입니다. 그러한 결핍은 그것을 표상할 수 있는 모든 것 너머에 있습니다. 그것은 베일 위의 반영으로서밖에 표상되지 않습니다.>[2] 라캉이 이 말로써 의미하고자 한 것은, 첫째, 프로이트에게 있어서 주체와 대상의 관계는 존재와 결핍이라는 욕망의 관계로 구성되어 있으며, 둘째, 이때 결핍은 존재를 존재하게 하는 <존재 결핍>이며, 셋째, 그 결핍은 표상할 수 없는 것으로 베일 위에 반영으로만 나타난다는 것입니다. 마치 영사막에 비치는 실루엣처럼 말입니다.

	Freud 이전의 고전이론	Freud의 이론체계
주체 – 대상	존재 대 존재	존재 대 결핍
영역	사물의 세계	욕망의 세계

이제 우리는 <존재 결핍(manque d'être)>이라는 용어가 등장하는 라캉의 문장을 인용함으로써, 그것을 정확히 정의할 수 있게 되었습니다. 여기서

2 *Id.*

<être>는 <있는 것>이라는 뜻으로, 사물과 거의 등가관계에 있다고 할 수 있습니다. 따라서 <존재 대 존재>의 관계는 이미 <있는 것>끼리의 상호관계입니다.[3] 그러나 프로이트가 정신분석의 경험에서 보여주고 있는 주체는 다릅니다. 그것은 존재와 존재의 관계가 아니라, 한 존재와, 그 존재를 존재하게 하는 결핍의 관계입니다. 그러한 맥락에서, 주체와 존재도 구분해야 합니다. 라캉의 체계에서 주체와 존재는 일종의 대립 개념입니다. 주체는 한 마디로 <존재 결핍>입니다. 주체는 <존재가 없다>는 의미에서건, 주체는 전체로서의 존재와 거기에 필연적으로 내포될 수밖에 없는 결핍 사이에서 분열되었다는 의미에서건, 주체는 <존재 결핍> 자체입니다.

그것을 증명하기 위하여, 한번 이렇게 생각해봅시다. 우리는 <박지연>이라는 이름을 부를 때, 박지연이라는 주체가 <있다>고 생각합니다. 그러나 그것이 과연 사실일까요? 그래서 <박지연이 누구냐?>라고 물으면, 그녀를 형용하는 온갖 말들을 동원하여 그녀의 속성을 규정합니다. 그러나 그러한 속성이 박지연의 존재를 증명해줄 수 있을까요? 우리는 가끔 자신에게 이런 질문을 합니다. <나는 누구인가? 나는 과연 있는가?> 우리 모두는 그러한 진부한 질문이 항상 의구심으로 끝난다는 것을 잘 알고 있습니다. 그것은 존재를 규정하는 모든 속성 너머에 어떤 결핍이 있다는 것을 말해줍니다. 주체는 다른 것이 아니라, 바로 그 결핍 자체입니다. 그곳은 주체의 이름이 가리키는, 주체가 있다고 가정되는 장소입니다. 그러나 그곳은 항상 미지수로 남아 있습니다. 만약 그곳이 확실한 존재로 충만해 있다면, 그런 질문은 애초에 생기지 않았을 것입니다. 라캉은 형제의 수에 자신을 포함해

---

3 정확히 말해서, 인간 존재와 그 밖의 존재는 구분해야 합니다. 왜냐하면 인간 존재는 인식하는 존재이고, 그 밖의 존재는 인간 존재에 의해 인식되는 존재이기 때문입니다. 인간 존재는 <자신이 있다는 것을 알고 남이 있다는 것을 아는 존재>입니다. 따라서 존재 대 존재의 관계는 인간 존재의 인식 안에서 비로소 합치될 수 있는 것입니다.

서 세는 어린아이들에게서 존재와 주체의 분리, 또는 결핍으로서의 주체를 발견합니다. <나는 세 형제가 있다: 피에르, 폴 그리고 나.> <나>라는 존재는 형제 속에 하나의 수로 세어지지만, 그것을 세는 <나>는 빈 장소로 따로 떨어져 남게 됩니다.

우리가 자주 인용하는 선문답에 <보라는 달은 보지 않고 왜 손가락만 보느냐?>라는 말이 있습니다. 그러나 이 선어(禪語)는 애초부터 모순을 안고 있습니다. 왜냐하면 손가락이 사물을 가리키는 기호형식인 한, 그 기호형식은 지칭물을 결핍으로서 포함하고 있기 때문입니다. 비유적으로 말하면 이렇습니다. <박지연>이라는 이름은 <박지연>을 하나의 전체(적 이미지)로서 제시하고 있지만, 거기에는 결핍이 숨어 있는 것입니다. <박지연>이라는 하나의 전체(적 이미지)가 매혹적인 아름다움으로 우리에게 다가오는 것은, 그것이 숨기고 있는 결핍 때문입니다. 따라서 위의 선어에서처럼 어떤 대상이 지칭될 때, 그 지칭되는 곳에는 사물 자체가 있는 것이 아니라, 이상화되고 미화된 이미지만 있는 것이며, 그 이미지의 매력 근저에 결핍이 생기게 마련입니다. 이미지는 결핍으로부터 매혹의 힘을 끌어내는 것입니다. 김천 직지사는 어떤 고승이 거기를 가리키며 절을 지으라고 한 데서 이름이 유래했다고 하더군요. 그러나 직지사에는 직지사가 없습니다. 아마 고승의 뜻을 찾아 직지사에 가면, 고승이 우리에게 전해주고자 한 뜻도 없을 것입니다. 그 뜻은 아마 <다른 데> 있을 것입니다. 그것은 마치 <나를 만나려거든 3,000배를 하고 오너라!>라고 말한 이성철 종정의 뜻을 찾는 놀이와 같은 것입니다. 아무튼 주체는 결핍으로서 존재하고, 그것의 존재 조건 자체가 결핍입니다.[4] 그러한 <존재 결핍>의 개념은 사르트르의 『존

4 우리는 보통 인간 존재를 명명할 때, 두 가지 선입견에 사로잡힙니다. 그것은 다름 아닌, 그 존재가 하나의 <통일체>로 <있다>는 것입니다. 그러나 정신분석은 그 역을 이야기합

재와 무(L'Etre et le Néant)』와 맥을 같이하고 있습니다. 그 제목이 암시하듯이, 사르트르는 거기서 존재의 존재 조건으로서 무(無)를 설정하고 있습니다. 라캉은 그것을 <결핍(manque)>이라는 말로 바꾸고, 그것을 언어학적으로 설명하려고 했을 뿐입니다.

그렇다면 그러한 존재 결핍이 생기게 된 까닭이 무엇일까요? 라캉에 따르면, 주체가 <말하는 주체>인 한, 주체는 존재 결핍으로 생성됩니다. 그리하여 라캉은 <말하는 존재(parlêtre)>라는 조어를 만듭니다. 라캉은 그 용어를 1974년 로마 강연(10월 29일)에서 처음 제시하는데, 거기서 다음과 같이 말합니다. <말하는 존재(parlêtre), 그것은 무의식을 표현하는 방식이다. 인간은 말하는 동물이다.> 그다음 해에도 그와 비슷한 강연을 합니다.(1975년 1월 26일) <말하는 존재(être parlant), 또는 내가 <parlêtre>라고 부르는 것. 그것은 무의식의 또 다른 이름이다.> 여기서 우리는 주체가 말하는 존재, 결핍, 무의식이라는 세 다리에 의해 떠받쳐지고 있다는 것을 알 수 있습니다.

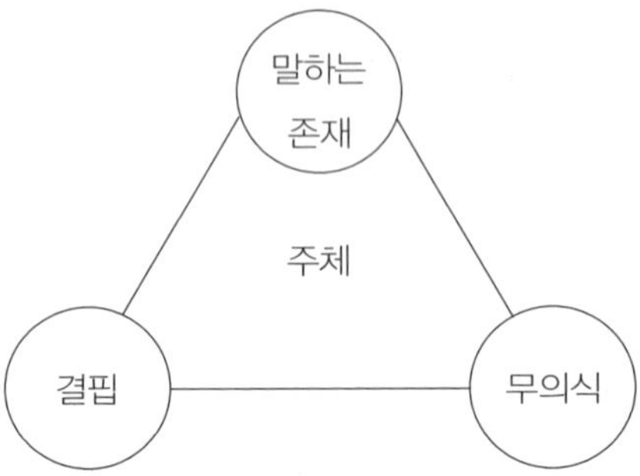

니다. 즉 나중에 다시 보게 되겠지만, 라캉의 정신분석에 따르면, <누군가를 부를 때> 그는 <분열>되고, 따라서 결핍이라는 그 분열 공간에 위치하게 됩니다.

한마디로, 존재 결핍은 그것에 의해 존재가 존재하게 되는 그러한 결핍입니다. 그렇게 결핍에 의해서 존재하게 되는 존재가 바로 주체입니다. 따라서 주체는 곧 존재 결핍입니다. 다른 한편, 우리는 욕망을 <말 속에 등록된 결핍>이라고 정의한 바 있습니다. 욕망은 곧 결핍인 셈이지요. 그렇다면, 주체를 욕망의 주체와 등가로 놓을 수 있으며, 그에 따라 욕망을 존재와 결핍의 관계로 정의할 수도 있습니다. 그렇습니다. 욕망은 흔히 생각하듯이, 주체 밖의 존재를 그리워하는 것이 아닙니다. 그것은 존재 내의 결핍이며, 따라서 그것이 그리워하는 것은 존재 자체입니다. 존재 자체가 욕망의 대상이라는 말입니다.

....

정은경 : 결국 욕망은 대상이 없는 거네요?

답변 : 예. 욕망에는 대상이 없습니다. 욕망에 대상이 없다는 말도 그러한 문맥에서 생각해야 합니다. 가령 욕구의 대상이나 욕동의 대상이나 사랑의 대상은 주체 밖에 있는 대상으로서, 주체의 욕구나 욕동을 충족시켜주는 수단입니다. 그러나 욕망의 대상은 그렇게 주체 밖에 있지 않습니다. 그것의 대상은 존재 자체입니다.

이동민 : 사랑과 욕망은 어떻게 다릅니까?

답변 : 지난 워크숍의 주제가 <사랑과 욕망>이었습니다. 이번 학기의 세미나도 그것의 연장선에 있다고 할 수 있습니다. 그것은 정신분석의 가장 중심적인 주제로, 한마디로 대답하기 힘듭니다. 단지 프로이트는 사랑과 욕망을 구분했다는 것[5]과, 지금 여기서 이야기되고 있는 결핍은 욕망과 관계된다는 사실만 말씀드리고, 구체적인 것은 워크숍 자료를 참조해주시기 바랍니다.

존재 결핍의 차원에서 욕망과 사랑의 요구의 차이를 설명할 수도 있습니다. 존재 결핍은 존재를 확인하려는 일종의 노력을 만들어냅니다. 다시 말해 주체는 존재 결핍으로 말미암아 끊임없이 큰타자의 인정을 받으려고 노력합니다. 그것이 바로 존재 확인이고, 그러한 존재 확인의 요구가 사랑의 요구라고 말할 수 있습니다. 사실 저를 찾아온 여러 환자는 사랑과, 존재의 인정을 거의 동의어로 사용하고 있었으며, 인정받지 못하면 마치 존재감이 없어지는 것 같다고 말하곤 합니다. 우리는 그것을 역으로 해석해야 합니다. 즉, 사랑을 못 받기 때문에 존재감이 없는 것이 아니라, 존재 결핍 때문에 사랑을 요구하는 것이라고 말입니다. 사랑의 요구가 끊임없이 회귀하는 것도, 존재 결핍이 사랑의 요구 근저에 있다는 것의 증거입니다. 사랑한다는 말은 아무리 들어도 부족한 것 아니겠습니까? 사랑은 아무리 먹어도 배고픈 법입니다. 그것이 배고플 수밖에 없는 것은 바로 존재 결핍 때문입니다.

여기가 바로 <존재 결핍>과 <소유 결핍>이 갈라지는 곳입니다. 다시 말해 존재 결핍에 의한 사랑의 요구는 <소유 결핍>의 확인 — 즉 좌절 — 으로 끝날 가능성이 있습니다. 라캉은 존재 결핍이라는 표현은 비교적 자주 쓰는 편인데, <소유 결핍>이라는 말은 자주 사용하지 않았습니다. 900페이지가 넘는 『에크리』에서 소유 결핍이라는 용어는 별로 보지 못했습니다. 그것은 모든 결핍이 존재 결핍인 데 반해, 소유 결핍은 존재 결핍을 사랑의 요구의 차원에서 확인할 때 나오는 개념이기 때문입니다. 『에크리』에는 존재 결핍과 소유 결핍의 관계와 차이를 보여주는 중요한 문단이 있습

5 그것을 보여주는 가장 대표적인 명제가, <사람은 사랑하는 곳에서 욕망하지 않고, 욕망하는 곳에서 사랑하지 않는다>는 것입니다.

니다.

> 박탈 관계나 남근이 상징하는 <존재 결핍(manque à être)>의 관계는, 요구의 모든 좌절 — 특수하건 전체적이건 — 이 가져오는 <소유 결핍(manque à avoir)> 위로 파생되면서 확립된다.[6]

이 간단한 문장에서 우리가 끌어낼 수 있는 명제는 다음과 같습니다. ① 존재 결핍과 소유 결핍은 서로 대립되는데, 소유 결핍은 사랑의 요구와 관련 있고, 존재 결핍은 욕망과 관련 있습니다. 왜냐하면 남근은 욕망의 상징에 지나지 않기 때문입니다. ② 소유 결핍은 존재 결핍이 요구의 차원에서 좌절될 때 나타납니다. 다시 말해 큰타자에게 존재를 인정해달라고 요구했는데, 큰타자에게서 응답이 오지 않으면, 존재 결핍이 소유 결핍으로 나타납니다. 그러한 사실을 『향연』에 나오는 알키비아데스와 소크라테스의 관계에서 확인할 수 있습니다. 알키비아데스는 소크라테스에게 사랑을 요구하지만, 소크라테스로부터 사랑의 응답이 오지 않자 심한 결핍감에 사로잡힙니다. 그래서 <사랑은 자기가 가지고 있지 않은 것을 주는 것>이라고 라캉이 말하는 것입니다. ③ 존재 결핍은 소유 결핍으로 파생되면서 비로소 확립됩니다. 논리적인 시간의 차원에서 볼 때, 소유 결핍은 존재 결핍을 대체하는 것입니다. 그리고 존재 결핍은 소유 결핍에서 확인되는 것입니다. 그리하여 욕망은 사랑의 차원에서 불충족의 확인으로 끝나게 마련이고, 결핍은 계속 재생되게 마련입니다.

6 Lacan, "*Propos directifs pour un Congrès sur la sexualité feminine*"(1960), in *Ecrits*, Seuil, 1966, pp.729~30.

신상조 : 그렇다면 영원히 죽을 때까지 불충족 상태로 끝날 가능성이 아니라 확실히 불충족 상태로 남겠네요?

답변 : 예. 맞습니다. 그러나 우리에게는 환상이나 환각이라는 신기한 장치가 있습니다. 그것은 우리로 하여금 충족 가능성을 열어주는 장치입니다.

이제 제가 왜 존재 결핍과 소유 결핍을 때로는 <대상 a>와 남근과, 때로는 거세와 박탈과 연결시키는 오류 — 오류가 아닐 수도 있습니다 — 를 범했는지 말씀드리겠습니다. 눈치가 빠른 분은 라캉이 <존재 결핍>이라는 용어를 처음 제시할 때(1955)[7]는 <manque d'être>로 썼다가, 그 뒤부터는 <manque à être>로 바꾸어 쓴다[8]는 것을 발견했을 것입니다. 그 두 용어의 차이는 단순히 전치사 <de>를 <à>로 교체한 것뿐이지만, 그것들의 용법의 거리는 상당합니다. 우선 <manque d'être>는 영어로 <lack of being>으로 간단히 번역되지만, <manque à être>는 어떤 사람 — 『에크리』를 처음으로 발췌 번역한 쉐리던(Sheridan) — 은 <want to be>로 번역하고, 어떤 사람 — 슈나이더만(Schneidermann) — 은 <want of being>으로 번역합니다. 그것은 <manque à être>가 <manque d'être>보다 번역하기 까다롭다는 것을 말해줍니다. 왜 그런 결과가 생길까요? 프랑스어를 공부한 사람은 금방 알 수 있지만, <manque d'être>에서 <manque>와 <être>는

7 이 세미나의 초두에 처음으로 인용한 글을 참조하기 바랍니다.(라캉, 『세미나 II. 프로이트의 이론과 정신분석 기법에 있어서 자아』(1954~55), Seuil, 1978)

8 Lacan, "*La direction de la cure*"(1958), in *Ecrits*, Seuil, 1966.

거의 동격으로 <être>가 명사로 쓰인 것이 분명한 데 반해, <manque à être>에서는 영역에서도 보다시피, <être>를 동사(또는 거기서 파생한 명사)로 볼 수 있습니다. 아마 그것은 <manquer à 원형동사>[…하는 것을 잊다, …을 하지 않다]에서 온 표현일 것입니다.[9] 그래서 <manquer à être le phallus>[남근이 아니다]나 <manquer à avoir le phallus>[남근을 가지고 있지 않다]라는 표현이 가능해지는 것입니다. 실제로 라캉이 그런 표현을 쓴 것으로 기억합니다. 제가 <manque à être>를 자신이 어머니의 <상상적 남근임>을 포기하는 거세와 연결시키고, <manque à avoir>를 <현실적 남근을 가지고> 있지 않음을 인정하는 박탈과 연결시키게 된 까닭이 거기에 있습니다. 다시 말해 <manquer à être le phallus imaginaire>[상상적 남근이 아니다][10]에서 <존재 결핍(manque à être)>을, 그리고 <manquer à avoir le phallus réel>[현실적 남근을 가지고 있지 않다]에서 <소유 결핍(manque à avoir)>을 발견한 것입니다. <존재 결핍>을 <대상 a>와, <소유 결핍>을 남근과 연결시킨 것도, 아마 그러한 착각이 작용한 것 같습니다.(특히 남근의 박탈의 의미가 제 뇌리에 강하게 남아 있었나 봅니다) 혼란을 일으킨 데 대해 다시 한번 사과드리고, 지금부터 모든 것을 수정해주시기 바랍니다. 정확히 말하면, <대상 a>든, 거세와 관련된 <남근>이든, 모두 <존재 결핍>과 관련 있습니다.[11] 그것들은 존재 결핍을 구성하는 결핍의 대상들

---

9 게다가 <manquer à 원형동사>는 고어적인 표현입니다. 오늘날에는 <manquer de 원형동사>를 주로 씁니다.

10 제가 셰익스피어의 『햄릿』에 나오는 유명한 말, "To be or not to be, that's the question!"을 "To be the phallus of the mother, not to be, that's the question!"이라고 개작 시문한 것 기억나시지요? 바로 <어머니의 상상적 남근이냐 아니냐>와 같은 문맥에서였습니다.

11 그렇다면 남근과 <대상 a>는 어떤 관계에 있는 것일까요? 남근은 존재 결핍의 자리에 주체를 상상적으로 등록시킴으로써, 주체의 존재 가치를 나타내는 상징 또는 기호형식입니다. 반면에 <대상 a>는 남근이 박탈당할 때, 그 구멍의 가장자리에 나타나는, 육체로부터 분리된다고 상상하는 대상입니다. 이것에 대해서는 나중에 다시 언급할 기회가 있을 것입

입니다. 그리고 <소유 결핍>은 사랑의 차원에서 존재 결핍이 좌절로 확인되는 것을 말합니다.

....

정은경 : 존재 결핍과 주체, 말, 욕망이 하나의 고리로서 연결되어 있다는 것은 어느 정도 머릿속으로 그려지는데, 사랑의 요구와 소유 결핍으로 넘어가니까 조금 헷갈립니다.

답변 : 제가 지난 시간에 그려드린 <욕망의 은유>를 곰곰이 생각해보십시오. 라캉의 이론을 이해하는 첩경은 <은유의 공식>을 확실히 소화하는 것입니다. 그것은 사물이 언어(또는 말)로 대체(또는 지칭)될 때, 사물은 살해되고 언어 속에 결핍으로 예속(또는 소외)된다는 것입니다. 그것이 요체입니다. 그것을 <욕구－요구－욕망>의 관계에도 적용할 수 있습니다. 그것은 한마디로 욕구가 언어로 요구될 때, 욕망이라는 순수 결핍이 발생한다는 것에 지나지 않습니다. 또한 <아버지의 은유>도 마찬가지입니다. 어머니의 욕망에 사로잡힌 아기가 <아버지의-이름>을 받아들임으로써(이것은 <어머니의 욕망>이 <아버지의-이름>으로 대체되는 것에 지나지 않습니다), 말에 등록된 진정한 욕망을 설립하는 것입니다. 따라서 그것도 상징화(또는 언어화, 또는 기호형식화)에 지나지 않습니다. 그러한 은유화에 성공하면, 어머니와의 <향락을 벗어나서(se tirer de la jouissance)> 언어적 <향락을 끌어내게(tirer de la jouissance)> 되는 것입니다. 라캉은 거세도 그러한 문맥에서 해석합니다. 라캉에게 있어서, 거세는 주체가 남근의 기호형식에 예속됨으로

니다.

써 생기는 결과의 총체입니다. 따라서 거세도 상징화의 일종입니다. 그렇다면 상징화, 은유(화), 기호형식에의 예속(또는 소외) 등, 비슷한 개념을 돌아가면서 사용하고 있는데, 그것들은 대체 무슨 뜻일까요? 그것은 상상적 대상을 상징적 대상으로 바꾼다는 말이고, 그러한 대체 과정은 대상의 <단일한 특성(einziger Zug)> — 이것이 라캉이 말하는 <단성(trait unaire)>입니다 — 과의 상징적 동일시를 통해서 이루어집니다. 제가 라캉의 정신분석을 <기호형식의 정신분석>이니 <언어학적 정신분석>이라고 부르는 까닭이 바로 여기에 있습니다. 이제 여기에 <은유의 정신분석>이라는 별명을 하나 더 덧붙여야겠네요. 아무튼 모든 것을 쉽게 이해하기 위하여 도식화한 점이 없지 않으나, 아무튼 이것은 라캉의 정신분석으로 들어가는 관문입니다.

언어	요구	아버지의 이름	
——	——	——————	↑ 대체, 은유, 기호형식화(상징화), 거세
사물	욕구	어머니의 욕망	

정은경 : 그것을 이해했으면 관문에 들어간 건가요?

답변 : 예.

정은경 : 사람이 집 짓고 죽는다고 하는데, 그 골격을 다 이해하고 나면, 혹시 맥이 풀려서 집에 가서 쓰러지는 것 아닌지 모르겠습니다.(웃음)

답변 : 여기에 이르면 어쩌면 정신분석이 아니라 철학이라는 느낌이 들지 모릅니다. 그러면서 그러한 사변은 실제 증례와 아무런 관계가 없다고 생각할지 모르겠습니다. 그러나 지금 우리가 하고 있는 것이 <메타-심리학(meta-psychology)>이라서 어려울지는 모르겠지만, 그렇다고 공허한 사변은 아닙니다. 철학이 삶과 현실의 추상화이듯이,

메타-심리학도 증례를 설명하는 핵심 개념입니다. 욕망을 구성하는 <결핍>만 해도 그렇습니다. 그것은 <애도>와 <멜랑콜리>의 차이를 설명하는 핵심 개념입니다.

다 알다시피, 프로이트의 이론 체계에서, <애도>와 <멜랑콜리>는 사랑하는 사람의 <상실(perte)>과 관련 있습니다. 단지 다른 점이 있다면, 후자는 상실된 사랑하는 사람과의 (상상적) 동일시가 이루어지는 것이고, 전자는 그에게 투여되던 심리 에너지를 자기 자신과 다른 데로 돌리는 데 성공하는 것을 말합니다. 라캉은 그러한 프로이트의 설명을 언어학적으로 재해석합니다. 다시 말해 라캉에 따르면, <애도>는 상실된 대상의 어떤 <단일한 특성(단성)>과의 (상징적) 동일시에 성공하는 것으로, 상실된 대상을 기호형식 속 결핍의 구조로 바꾸는 것입니다. 결과적으로 라캉에게 있어서, <애도 / 멜랑콜리>의 대립은 <결핍 / 상실>과 <상징적 동일시 / 상상적 동일시>의 대립에 대응합니다. 그리고 <애도>는 사랑하는 사람과의 향락에 머물러 있는 <멜랑콜리>와는 다르게, 자신의 욕망과 언어적 향락을 창설하게 됩니다.

신상조 : 이해는 되는데, 상실된 대상이 상징화된다는 것이 어떤 건지 잘 모르겠습니다.

답변 : 그럼, 여러 차례 공부했지만, <애도>와 <멜랑콜리>를 다시 한 번 정리해볼까요?

<상실>이라는 것은 죽음을 말하는 것입니다. 라캉 식으로 말하면, 어떤

대상이 상징화될 때, 상징계 밖으로 완전히 떨어져나가 실재계에 머무는 것입니다. 멜랑콜리는 그러한 상실과 관계합니다. 프로이트는 「애도와 멜랑콜리」라고 하는 유명한 논문에서 멜랑콜리의 특성을 다음과 같이 열거합니다. 첫 번째 특성은 잃어버린 사랑의 대상과의 동일시입니다. 제가 자주 예로 들었던, 애견의 죽음과 애견과의 동일시를 한번 생각해보십시오. 두 번째 특성은 자기애의 단계로의 퇴행입니다. 그것은 어찌 보면 당연한 일입니다. 왜냐하면 자기 자신이 사랑하는 대상이 되었으니까, 대상을 사랑하듯이 자신을 사랑할 수밖에 없기 때문입니다. 그것은 자기애로의 퇴행과 일치합니다. 그래서 프로이트는 멜랑콜리를 <자기애적 정신병>이라고 부릅니다. 그러나 여기서 명심해야 할 것은, 자아를 사랑하는 것이 아니라, 자아가 된 사랑하는 대상을 사랑한다는 것입니다. 바로 여기서 세 번째 특성이 나타납니다. 그것은 마치 이물질이 신체에 침범한 것처럼, 자아가 된 그 대상에 대해 애증이 극단적으로 분리되어, 겉으로는 자기 공격처럼 보이는 파괴 행위가 대상에게 이루어진다는 것입니다. 그리하여 급기야는 자살에 이르기도 합니다. 여기에 페렌치나 아브라함과 같은 프로이트의 후예들은 한 가지 특성을 더 덧붙입니다. 욕동의 원천의 차원에서 볼 때, 그것은 구강기적인 합체로의 퇴행입니다. 정확히 말하면, 가학적 구강기로의 퇴행입니다. 다 알다시피, 합체의 가장 이상적인 모델은 어머니의 젖을 먹음으로써 어머니가 내 몸속으로 들어와 한 몸이 된다고 느끼던 때입니다. 그것은 어떤 원시 종족의 식인풍습(cannibalism)에도 남아 있습니다. 그 종족은 사랑하는 사람의 육체의 일부분을 먹음으로써 그를 자기로 만든다고 믿었다고 합니다. 그 흔적은 기독교와 같은 고등 종교의 의식에도 그대로 남아 있습니다. 예수는 최후의 만찬에서 다음과 같이 말합니다: <이것이 내 피요 살이니 이것을 먹는 자마다 나를 기억하라.>

그러한 일이 일어나는 것은 사랑하는 사람에 대한 애도가 일어나지 않았기 때문입니다. 「애도와 멜랑콜리」에서 요약한 것을 다시 한번 기억해보십시오. 거기서 프로이트는 정상적인 애도를 세 단계로 나누고 있습니다. 첫 번째는 사랑하는 대상이 살아 있을 때 그 대상에 대해 리비도가 투여되는 단계, 즉 살아서 서로 사랑하는 단계입니다. 두 번째는 사랑하는 사람이 상실되고(다시 말해 죽고), 그 대상에 대한 기억에 과투여가 일어나는 단계입니다. 이 단계에서 살아남은 자는 죽은 자를 생각하며, 양파껍질 벗기듯이, 기억의 껍질을 하나씩 벗겨 나갑니다. 프로이트가 이 단계에 대해 이렇게 이야기했습니다. <그 단계에서 리비도를 대상에 묶어두는 모든 회상과 모든 기대는 현재화되고 과투여되었다가 그 하나하나에 대해서 리비도의 분리가 일어난다. 그 분리작업은 마치 순서가 있는 듯이 단계별로 양파껍질 벗기듯이 이루어진다. 사랑하는 사람이 죽은 직후에, 환자에게 그가 재현되는 것이다. 즉 그녀의 눈앞에 병과 죽음의 장면이 다시 상연된다. 그녀는 매일 자기의 인상을 하나씩 다시 불러내어 그것 때문에 울고 그러면서 천천히 마음을 달랜다. 이러한 과정은 잃어버린 대상과 운명을 같이해야 할지 결정해야 하는 자아가, 삶 속에 남아 있는 자기애적인 만족을 고려하여 죽은 대상과의 인연을 끊기로 결심할 때까지 계속된다.> 세 번째는 그러한 투여가 서서히 대상에서 분리되어 자기애적인 만족으로 이어지는 단계입니다. 이 단계의 전형적인 예는 제 장모님입니다. 제 장모님은 처형이 죽은 다음 몇 달 동안 식음을 전폐하다가, “내 딸 몫까지 살아야 되겠다”며 자리를 박차고 일어나셨습니다. 지금 아주 건강하게 잘 살고 계십니다. 이렇게 애도는 죽은 대상에게 빠져나가던 리비도를 자기 자신의 삶 쪽으로 돌리는 것입니다. 그리하여 나르시시즘적으로 자신의 삶에 대한 애착을 확보하는 것입니다. 언젠가 말씀드렸듯이, 애도는 생물학적인 죽음에 이어, 죽은 자를 다시 죽이는 것입니다.

여기까지가 애도와 멜랑콜리의 요약입니다. 그렇다면 애도는 이미 (현실적인 차원에서) 상실된 대상을, (심리적인 차원에서) 결정적으로 완전히 상실되게 만드는 작업이겠네요? 바로 이 부분에 라캉의 핵심이 있습니다. 그가 보기에, 상실된 대상을 완벽하게 상실되게 만드는 것은, 바로 그 대상을 기호형식화 — 제가 상징화나 언어화라고 말하는 — 하는 것입니다. 라캉식 표현으로, 그러한 <상실의 상실>(두 번째 서거 행위 또는 상실 행위라는 의미에서) 작업은 그 대상의 <단성>과의 상징적 동일시를 통해 이루어집니다. 다시 말해 그 대상의 <단성>이 기호형식으로 자아 이상으로 등록되는 것입니다. 이것을 <아버지의 은유>나 <사랑의 은유>와 같은 라캉의 은유로 표시하면, 상실이 결핍으로 대체되는 결핍의 은유입니다. 그것이 바로 언어에의 접근입니다.

···························

정은경 : 상실이 언어에 접근하는 것이 아니라, 결핍이 언어에 접근하는 것 아닌가요?

답변 : 같은 말입니다. 상실된 대상을 상징적 동일시를 통하여 언어화(기호형식화)하면, 거기에 그 대상은 결핍으로 구조화됩니다. 따라서 애도는 상실의 차원을 떠나 결핍을 확립하는 것이고, 그에 따라 욕망을 창설하는 행위입니다.

···························

그렇다면 상실의 차원을 떠나지 못할 때는 어떤 일이 일어날까요? 다시 말해 결핍이 구조화되지 못하면 어떤 일이 일어날까요? 여러분이 알다시피, 최초의 상실된 대상은 <어머니>입니다.(라캉이 이렇게 근본적으로 상실된 대상을 <la Chose>라고 한다는 것은 기억하시지요?) 만약 어머니가 언어에 결핍으로 등록되지 못한다고 생각해보십시오. 그러면 그녀는 아마 멜랑콜리 환자에게 <충만(plénitude)>한 상태로 남아 있을 것입니다. 생물학적으로는 이미 상실되었지만, 심리적으로는 상실된 것이 아니기 때문입니다. <구천(九泉)>이라든지 <혼령>이라는 것은, 아마 그러한 심리적 공간 — 즉 죽은 자가 완전한 상실이 이루어지지 않고 기억으로 떠도는 공간 — 과, 그 대상에 대한 투여로 말미암아 그 대상이 살아 있는 것처럼 환각적으로 나타나는 것을 말할 것입니다. 라캉에 따르면, 그러한 충만 상태에서 결핍으로 가는 길은, 그 대상의 <단성>과 자아를 동일시하여, 대상으로 하여금 자아에 상징적으로 참여하게 하는 것입니다. 그것이 단성과의 동일시이고, 상징적 동일시이고, 상징화 또는 언어화이고 은유적 대체입니다.

정은경 : 말은 이해가 되는데 의미가 이해 안 됩니다. 시니피앙과 시니피에가 따로 노는 것 같습니다.

신상조 : 동일시를 알고 있는 것 같았는데, 상징적 동일시라고 하니까 잘 모르겠습니다.

답변 : 동일시에 대해서는 지지난 학기 세미나에서 자세히 다룬 바 있습니다. 그때의 녹취록을 참조해보십시오. 거기서 프로이트가 분류한 세 종류의 동일시와, 그 동일시를 라캉이 어떻게 다시 <상상적 동일시>와 <상징적 동일시>로 재편하는지와, 그리고 프로이트의 <단성과의 동일시>가 어떻게 기호형식화와 일치하는지를, 도표를 그려가며 자세히 설명했었습니다.

상실된 대상이 완전히 상실되지 않고 충만된 상태로, 다시 말해 자아와 동일시되어 자아를 가득 채우는 정신질환 중에 대표적인 것이 <코타르

증후군(syndrome de Cotard)>입니다. 코타르(J. Cotard)는 19세기의 프랑스 정신과 의사로, <코타르 증후군>은 1880년 그가 처음으로 기술한 증상에 그의 이름을 붙인 것입니다. 오늘날에는 미국 정신의학의 영향으로 거의 쓰이지 않지만, 유럽 쪽에서는, 특히 라캉 정신분석에서는 아직도 가끔 거론됩니다. 그것은 여성 퇴행기에 자주 나타나는 심한 우울증에서 볼 수 있는 체계적인 <부정 망상>입니다. 대표적인 것이 건강염려증과 연관된 기관 부정입니다. 가령 건강염려증이 전신 감각장애를 동반하면서, <이제 내 몸과 내장은 말라 비틀어져 썩어버렸다>든지, 아니면 <나에게 이제 위와 심장 같은 것은 없다>는 망상에 사로잡히는 것입니다. 이를테면 자기 신체 기관에 대한 부정이지요. 그러면서 그것은 <불멸 망상>으로 발전합니다. <이미 내장이 없으니 죽은 거나 다름없고, 따라서 더 이상 죽을 필요가 없다. 나는 불멸이다>라든지, <나는 초인적인 운명에 좌우된다>든지 하는 망상이 그것입니다. 여기에 이 증후군의 가장 중요한 특징 중의 하나인 <세계 종말 망상>이 덧붙여집니다. 그래서 이것을 <세계 종말 정신병(end of the world psychosis)>이라고도 합니다. 그런데 문제는 그러한 망상에 참을 수 없는 도덕적 고통이 따라오면서, 환자는 그 고통으로부터 도주하기 위하여 자살을 기도하거나 자해를 한다는 것입니다. 그것을 망상적 우울증의 형태로 보는 이유가 바로 거기에 있습니다. 아무튼 라캉은 코타르 증후군을, 대상이 결핍으로 구조화되지 않고 충만 상태로 지속된 결과로 봅니다. <그러한 충만 상태의 지속은 아주 고통스러운 것으로 드러나고, 기관 전체나 부분의 근본적인 상실감으로 바뀌며, 급기야 주체와 세계의 유착과 불멸의 감정으로 바뀌게 됩니다.>(쉐마마, 『정신분석 사전』, <결핍> 항목)

그것은 상실된 대상과의 향락을 포기하지 못하고, 단성과의 동일시를 통해 결핍 — 즉 욕망 — 을 창설하지 못한 결과입니다. 우리는 흔히 욕망을 나쁜 것으로 치부하면서 억압하려고만 합니다. 그러나 <욕망해서는 안 된

다>고 생각하면 할수록 신경증에 시달리며 신경증의 노예가 되게 마련입니다. 그것은 결핍과 욕망을 수용하여 창설하지 않으면 신경증에 시달린다는 것을 보여주고 있습니다. 욕망은 좋고 나쁘고의 차원에 있는 것이 아니라, <건강한> 것입니다. 모두 진정한 의미에서의 자신의 욕망의 창설에 관한 한, 한 치의 양보도 하지 맙시다.

……………………………

정은경 : 이론적으로는 상실과 멜랑콜리가 이해가 되는데… 멜랑콜리가 우울증으로 나타나는 건가요?

답변 : 멜랑콜리와 우울증은 동의어라고 할 수 있습니다. 프로이트 시대의 정신분석에서는 멜랑콜리(melancholia)라고 하고, 오늘날의 정신의학에서는 우울증(depression)이라고 합니다.

정은경 : 우울증이면, 상실된 대상 즉 어머니와 동일시해서 향락적 관계가 되는데, 왜 자살을 합니까?

답변 : 향락과 쾌락을 혼동하고 있군요. 향락은 피학증적인 고통스러운 쾌락입니다. 그리고 향락도 여러 가지가 있습니다. 어머니와의 향락이 언어적 향락으로 대체되지 않는다는 것은, 거세를 수용하지 못하고 폐기(forclusion)되는 것이기 때문에, 정신병의 차원에 머물게 됩니다. 마지막으로 상실된 대상과의 동일시가 <la Chose>로서의 어머니와의 동일시와 동의어는 아닙니다. 그 둘은 시간적인 연속선상에 놓여 있기는 하지만, 후자는 심리를 구조화하는 동일시이고, 전자는 그 이후에 그것을 일깨우는 동일시입니다.

……………………………

여기서 하나 짚고 넘어가야 할 것이 있습니다. 정신분석에서는 정신질환이 현재의 상황 때문에 갑자기 나타난 것이라고 보지 않습니다. 가령 입시를 앞두고 우울증에 빠졌다고 합시다. 그러면 상담심리에서는 입시에 대한 중압감을 원인으로 볼 것입니다. 그러나 정신분석은 항상 현재의 상황과 과거의 심리 구조의 교호 작용으로 설명합니다. <사후 작용>의 원리가 대표적인 것입니다. 저는 그것을 소리굽쇠의 공명 현상에 비유하곤 했습니다. 아주 어린 시절에 금지된 대상인 어머니를 포기하고(또는 상실을 인정하고), 그것을 <아버지의-이름>으로 대체하는 것(또는 아버지의 단성과 동일시하는 것)[12]은 심리 구조화의 차원에 있는 것입니다. 그렇게 아버지와의 상징적 동일시가 이루어질 때만이 비로소 어머니의 완벽한 상실이 동시에 이루어지는 것입니다. 그리하여 어머니는 근본적으로 상실된 최초의 대상인 <la Chose>가 됩니다. 멜랑콜리와 애도도 그러한 각도에서 말할 수 있습니다. 멜랑콜리가 애도로 대체되어야 <아버지의 은유>가 원만하게 이루어진다고 말입니다. 따라서 라캉의 관점에서, 애도야말로 인간의 심리발달에서, 가장 중요한 한 단계를 구성한다고 말할 수 있습니다. 그것은 정상화 과정의 핵심에 있는 것입니다.

질문 : 은유의 과정에서 욕망이 탄생하는 것은 알겠는데, 그렇다면 그것은 환유와 어떻게 연결됩니까?

답변 : 은유화 과정은 대상의 한 가지 특성(단성)이 자아와 동일시될 때, 기호형식으로 자리 잡는 것입니다. 그것은 욕망과 결핍의 창설과 일치

12 이것을 라캉은 <아버지의 은유>라고 부르고, 다음과 같은 방정식으로 만듭니다.

$$\frac{\text{아버지의-이름}}{\text{어머니의 욕망}}.$$

합니다. 그런데 일단 기호형식으로 자리 잡으면, 기호형식의 본질상, 다른 기호형식으로 이동하게 마련입니다. 왜냐하면 하나의 기호형식은 다른 기호형식과의 결합과 차이에 의해서 그 가치가 결정되기 때문에, 기호형식이 가치를 갖기 위해서 다른 기호형식을 참조하는 것은 필수적이기 때문입니다. 그래서 라캉이 욕망은 존재 결핍의 환유라고 말하는 것입니다. 다 알고 있듯이, 환유는 인접성의 축 위에서 다른 기호형식으로 이동하는 것에 지나지 않습니다.

정은경 : <la Chose>와 <대상 a>를 같은 것이라고 봐도 됩니까?

답변 : 아닙니다. 그것들은 아주 다른 것입니다. 그것에 대해서는 다음 시간에 다시 하겠습니다.

2006년 9월 13일

III

사랑과 욕망

사랑의 치료
Verliebtheit(반하기)
hainamoration(사랑-증오에 빠지기)
〈도식 L〉
부분적 대상애
inter-dit
아우구스티누스의 『고백록』

우리는 지난 여름방학 워크숍에서부터 <사랑과 욕망>이라는 주제를 정신분석적으로 접근해오고 있습니다. 다시 말해 <정신분석에서 보는 '사랑과 욕망'이란 무엇인가?>라는 문제에 답변을 구하려고 노력하는 중입니다. 우리는 흔히 사랑과 욕망의 주인공은 <나>라고 생각합니다. 그래서 자기 자신이 사랑<하다>라는 동사의 주어라고 생각하고, 그것의 능동성을 강조합니다. 그런데 그것이 과연 사실일까요? 정녕 우리가 사랑의 주인일까요? 그러려면 그 사랑과 욕망은 의식적이고 의지적이어야 합니다. 그러나 정작 우리는 <그를, 또는 그녀를 왜> 사랑하고 욕망하는지 모릅니다. 사랑과 욕망은 무의식적인 것이기 때문입니다. 따라서 우리가 사랑과 욕망의 대상을 선택하는 것이 아니라, 사랑과 욕망이 우리를 선택해서 그 대상으로 끌고 가는 것입니다. 때로는 사랑과 욕망이 분리되기도 합니다. <사랑하는 곳에서 욕망하지 않고, 욕망하는 곳에서 사랑하지 않습니다.> 그러나 그것들이 왜 하필이면 자기에게서 분리되는지 아무도 모릅니다. 정신분석은 그러한 사랑과 욕망에 관한 학문입니다. 정신분석 이전에 어떠한 학문도 일찍이 사랑과 욕망을 전문적으로 탐구 대상으로 삼은 적이 없습니다. 그것은 참 아이러니합니다. 왜냐하면 인간사에서 사랑과 죽음만큼 중요한 것이 없기 때문입니다.[1] 어쩌면 삶에서 사랑이 가장 중요한 것이기 때문에, 삶과 사랑은 동의어라고 할 수 있는데도 일찍이 사랑을 학문의 대상으로 하지 않았다는 것이 얼마나 아이러니합니까? 그래서 누군가는 — 아마 소크라테스 — 사랑의 탐구만이 유일한 가치 있는 학문이라고 말했나 봅니다. 제가 보기에, 정신분석은 소크라테스의 말에 합당한 유일한 학문입니다. 그것은 사랑과 욕망이 발생하고 움직이는 과정을 보여주려고 합니다. 마치 기계가 어떻게 돌아가는지, 그리고 그것이 어떻게 조립되어 있는지를 알려고 하는 것처럼 말입니다. 그런데 왜 그것을 알려고 하는 것일까요? 그리고 왜 알아야 하는 것일까요? 실제로 사랑하고, 사랑을 실천하는 것이 사랑의 이론보다 더 중요한 것이 아닐까요?

정은경 : 몰라도 되는 거 아닙니까?

1 저는 지금 욕동의 차원에서 말하는 것입니다. 프로이트에 따르면, 인간의 욕동은 두 욕동, 즉 삶의 욕동(에로스)과 죽음의 욕동(타나토스)으로 환원됩니다.

사랑과 욕망이 심리적 고통을 동반하지 않고 현실에서 조화롭게 잘 실현된다면, 몰라도 됩니다. 그러나 만약 정신적 고통 — 즉 증상[2] — 이 심하다면, 그러한 고통이 어디서 어떻게 오는지를 알기 위해, 사랑과 욕망을 알아야 합니다. 그런 말이 있지 않습니까? <원인이 사라지면 결과도 사라진다.> 따라서 적어도 원인을 완전히 없애지는 못한다고 하더라도, 원인에 대한 철저한 인식은 다른 결과를 가져오게 됩니다. 사실 정신분석 치료의 야심 찬 목표는, 원대하게 말한다면, 고통으로부터의 해방입니다. 설혹 그것이 가능하지 않다고 하더라도 말입니다. 어떤 의미에서, 정신적 고통은 거의 사랑과 욕망으로부터 온다고 말할 수 있습니다. 정신분석은 그것을 사랑으로써 치유하려고 합니다. 다시 말해 사랑과 욕망으로부터 고통받는 환자로 하여금, 그 사랑과 욕망을 분석가에게 전이시킨 뒤, 분석가의 인내 어린 사랑으로, 환자를 사랑과 욕망의 고통으로부터 벗어나게 하는 것이 정신분석입니다. 이렇게 사랑이라는 단어는 정신분석적인 논의와 설명의 토대입니다. 그래서 프로이트는 <정신분석적 치료는 사랑의 치료>라고 말하고 있는 것입니다.(프로이트, 1907년 1월 30일, <수요 모임>) 그는 소크라테스와 똑같이, 단 하나의 학문, 즉 에로티케(erotikè)의 학문만이 있다고 말하고 있습니다.

그렇다면 정신분석에서 말하는, 욕망과 다른 사랑의 현격한 특징은 무엇일까요? 저는 지금 <정신분석에서 말하는>이라는 표현을 썼습니다. 그리고 욕망과 대별되는 특징이라고 말했습니다. 인류 역사상 사랑을 정의하고 노래하는 시인들과 작가들은 무수히 많았습니다. 어찌 보면, 모든 문학의 주제 역시 사랑과 죽음으로 귀결된다고 말할 수 있습니다. 그렇기

---

2 가장 넓은 의미에서 증상을 정의하면, 그것은 심리적 고통에 지나지 않습니다.

때문에 사랑을 한마디로 규정하는 것은 어려울 뿐 아니라 불가능합니다. 그렇지만 정신분석에 국한한다면, 혹시 그것이 가능할지 모르겠습니다. 그래서 제가 정신분석의 관점, 그것도 욕망과의 차이에 국한한 것입니다. 프로이트의 연구 결과에 따르면, 사랑의 대상은 욕망의 대상과 다르게, 무엇보다도 이상화와 나르시시즘으로 특징지어집니다. 다시 말해 타자 속에서 사랑하는 것은 다소 이상화된 자기 자신의 이미지의 반영입니다. 넓은 의미에서 사랑과 성욕은 동의어입니다. 왜냐하면 사랑은 성적인 것과 성 생활의 심리적 요인을 포괄하고 있기 때문입니다. 프로이트는 사랑이라는 말 속에 최초의 성적인 흥분으로부터 오는 애정의 감정을 분명히 포함시키고 있습니다. 그렇지만 욕망과 분리될 수 있는 사랑(그러나 이것이 일반적인 의미의 사랑입니다)은 성적인 목적이 억제되거나 비-성적인 목표로 대체되어 있습니다.[3] 역으로 사랑과 분리될 수 있는 욕망의 성격은 한마디로 성적입니다. 욕망은 성욕과 같은 것입니다. 실제로 우리가 다양한 표현 가운데서 발견할 수 있는 사랑은 분명히 비-성적입니다. 자기 자신을 사랑하는 자기애, 부모 자식 간의 모성애나 부성애나 효도, 친구 간의 우정, 그리고 일반적인 인간애, 뿐만 아니라 인간 이외의 자연적인 대상이나 예술과 같은 추상적 분야에 대한 애착에서, 성적인 것을 운위하기는 힘들어 보입니다. 따라서 사랑(amour)과 열정(passion)은 구분해야 합니다. 프로이트가 <사랑(Liebe)>과 <반하기(Verliebtheit)>를 구분하는 까닭이 거기에 있습니다. 그에 따라, 프로이트의 <반하기(Verliebtheit)>라는 개념은, 라캉에게 사랑에는 반드시 증오가 따르게 마련이라는 근거를 제공하게 됩니다.

3 특히 청소년기에는 보통 사랑과 성욕을 구분하지 못하고, 성욕을 이상적인 사랑으로 포장합니다. 특히 그들은 종교적인 사랑 — 아가페적 사랑이라고 하나요? — 으로 남녀 간의 사랑을 대체 위장합니다.

지난 워크숍에서 이미 설명했듯이, 라캉은 <Verliebtheit(반하기)>를 <hainamoration>라는 조어로 번역함으로써, 반하기에서 사랑과 증오의 양가성을 잘 보여주고 있습니다. 원래 <Verliebtheit>에 해당하는 불어는 <énamoration>인데, 그것을 <haine(증오)>와 <énamoration(사랑에 빠지기)>을 결합하여, <énamoration>과 동음이의어인 <hainamora tion>이라는 조어를 만들고 번역합니다. 그리하여 라캉은 자연스럽게 사랑과 반하기의 차이를 보여주고 있습니다.

프로이트는 대상애에서 발견되는 나르시시즘적인 경향을 여기저기서 지적하고 있습니다. 한마디로 사람들은 사랑하는 대상에게 자기 자신을 사랑하듯이 자아의 이미지를 투사한다든지,[4] 아니면 그 대상으로부터 나르시시즘을 확인받으려고 합니다. 성도착자와 동성애자와 같은 몇몇 남자들은 사랑의 대상을 어머니를 모델로 해서 선택하는 것이 아니라 자기 자신을 모델로 해서 선택합니다. 그리하여 그들은 분명히 사랑의 대상으로 자기 자신을 찾고 있는 것처럼 보입니다. 그것은 자기애적이라고 부를 수 있는 대상 선택의 유형입니다. 또한 프로이트에 따르면, 여자는 남자보다 훨씬 더 자주 자기애적인 유형에 따라 대상을 선택하고 그를 사랑합니다. 여자의 사랑은 자기보존욕동의 충족에 기반을 두고 있는 의탁적 대상 선택을 따르지 않습니다. 다 알다시피, 의탁적 대상 선택은 생명 유지를 위해 절대적으로 필요한 존재, 즉 자기를 양육해주는 여자나 자기를 보호해주는 남자를 겨냥하는

4 이러한 각도에서, 인간이 하느님의 이미지에 따라 만들어졌다는 것은 정신분석적으로 중요한 의미를 내포하고 있습니다. 그것은 하느님의 인간 창조가 나르시시즘의 소산임을 말해주고 있기 때문입니다. 여기에 한 가지 사실을 덧붙인다면, 하느님과 인간이 닮은 자의 관계에 있다면, 필경 그들은 정신분석적으로 경쟁자의 관계에 있을 것이며, 따라서 그들 사이에는 사랑과 공격성이 공존할 것입니다. 따라서 <하느님은 사랑>이라고 일면적으로 말하는 것은, 적어도 정신분석으로는 허용되지 않습니다.

사랑의 형태를 말합니다. 따라서 의탁적 대상 선택은 자기애적 대상 선택과 대척점에 있습니다. 한마디로, 프로이트에 따르면, 여자들은 자기가 자신을 사랑하듯이, 자신을 사랑해주는 남자를 선택하고, 남자가 그녀를 사랑하는 것을 기화로, 자기 자신만을 사랑합니다. 그녀들은 사랑하는 방향으로 나아가기보다 사랑받는 방향으로 나아갑니다. 그러한 욕구를 만족시키는 남자들만이 그녀들의 마음에 들 뿐입니다. 가령 <예쁘다>라든가 <사랑한다>는 말을 싫어하는 여자는 없습니다. 그것은 자기 자신에 대한 나르시시즘을 확인시켜주는 말이기 때문입니다. 그렇게 그 말들은 주체 자신에 대한 우호적인 이미지나 생각을 주체에게 되돌려주는 말입니다. 그러나 그러한 관점 — 즉 남녀의 사랑에 차이를 두는 — 은, 여성주의적인 관점이 아니더라도 남성중심주의가 스며 있다는 점에서 문제가 있습니다. 그렇지만 모든 사랑에 나르시시즘이 숨어 있다는 지적은 프로이트의 혜안이 아니면 가능하지 않았을 것입니다.

그런데 다른 한편으로, 사랑에 나르시시즘적인 요소가 내포되기 위해서는, 우선 자아의 형성이 전제되어야 합니다. 왜냐하면 나르시시즘이라는 것은 자신의 이미지나, 그것으로 형성된 자아를 사랑하는 것이기 때문입니다. 게다가 프로이트에 따르면, 사랑에는 욕망과 다르게 전체적 자아가 참여합니다. 말하자면 자아가 총체적으로 대상을 사랑하는 것입니다. 그렇다면, 나르시시즘은 어떻게 형성되는 것일까요? 프로이트는 <나르시시즘이 형성되기 위해서는 새로운 형태의 심리적 과정이 자기성애에 덧붙여져야 한다>(「나르시시즘 서론」, 1914)고 말하고 있습니다. 프로이트의 이 말은 우리에게 두세 가지 새로운 사실을 전해줍니다. 첫째는, 자아는 처음부터 존재하는 것이 아니라는 것이고, 둘째, 그것은 특별한 심리 과정을 거쳐 형성되는 것이고, 셋째, 자기애(narcissisme)와 자가-성애(auto-éroticisme)는 대립되는 것으로, 시간적으로 후자가 전자에 선행한다는 것입니다. 나중에 다시 거론하겠지만, 눈치가 빠른 분은 전자가 사랑과 애정(tendresse, Zärtlichkeit)과 관련 있다면, 후자는 욕망과 관능(sensualité, Sinnlichkeit)과 관련 있다는 것을 알아차릴 것입니다. 여기에 사랑(Liebe)과 반하기(Verliebtheit)의 대립이 삽입됩니다. 어쩌면 반하기는 애정과 관능, 또는 사랑과 욕망의 중간 지점 또는 그것의 결합으로 생기는지 모르겠습니다.

자가-성애	자기애
욕망	사랑
관능	애정[5]
부분적 대상[6]	전체적 자아

여기까지가 프로이트의 발견을 제가 나름대로 정리한 것입니다. 여기에 라캉의 공헌이 첨가됩니다. 그것은 자아의 형성 과정을 일목요연하게 보여주는 <거울 단계>라는 개념의 소개입니다. 그것은 라캉의 가장 위대한 업적 중 하나라고 알려진 것으로, 라캉은 그것을 보통 <도식 L>로 그리고 있습니다. 그 도식은 자아의 형성 과정을 보여줍니다. 그것에 따르면, 자아는 거울 속에 비친 자신의 이미지와의 동일시에 지나지 않습니다.[7] 그러나 그 과정은 그렇게 간단하지만은 않습니다. 우선, 그 도식은 거울 속의 이미지를 자기 자신으로 받아들여 자아가 형성되기 위해서는, 큰타자의 인정을 필수적으로 요구한다는 것을 보여줍니다.

5 관능과 애정은 나중에 각각 <지상의 사랑>과 <천상의 사랑>으로 연결됩니다.

6 이것도 나중에 다시 공부할 기회가 있겠지만, 사랑이 <전체적> 자아에 관계하고 있다면, 그것의 대척점에 있는 욕망은 당연히 <부분적> 대상과 관계할 것은 불 보듯 뻔합니다.

7 물론 프로이트도 자아의 형성에는 자기 자신의 육체의 이미지가 큰 역할을 한다는 것을 지적한 바 있습니다.(『집단 심리학과 자아 분석』 참조) 그러나 그것을 완벽하게 구성해낸 것은 라캉입니다.

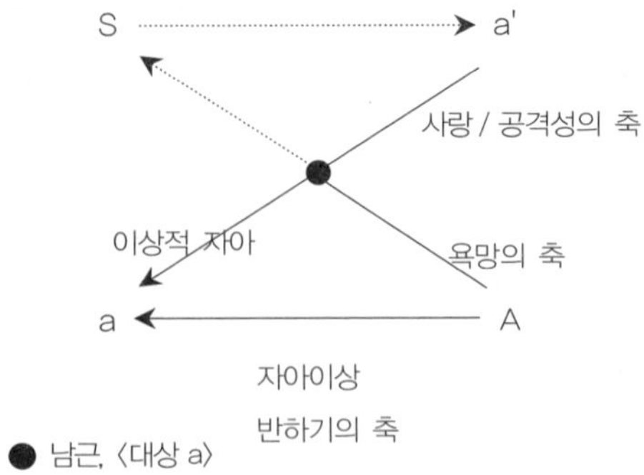

이를테면 6~18개월 된 어린아이가 어머니의 등에 업혀, 거울 속의 자신의 이미지를 보면서 그것이 자기 자신이라는 것을 인정해달라는 시선을 어머니에게 보냅니다. 어머니가 그것을 인정해주면, 아기는 몹시 기뻐합니다. 아마 그러한 환희는 <자아>로서의 첫출발을 알리는 깨달음 — 정신분석적 용어로 동일시 — 의 순간을 내포하고 있을 것입니다.[8] 여기에 이상적인 통일성이 덧붙여집니다. 왜냐하면 그 당시는 운동감각의 차원에서는 제 몸을 제대로 가눌 수 없는 상태이기 때문에, <조각난 육체>로 지각하는 데 반해, 눈에 비친 거울의 이미지는 통일된 상을 보여주기 때문입니다. 그러한 운동감각과 시각의 불일치는 거울 속의 이미지를 이상화하게 마련입니다.(이 이미지와 동일시되어 형성된 자아가 <이상적 자아>입니다.) 그뿐만이 아닙니다. 거울 속의 이미지가 자기 자신의 이미지라는 사실을 알려주는 큰타자는, 무력 상태에 있는 아이에게는 전능한 존재로 비쳤을 것은 뻔한 이치입니다. 그리하여 그는 <자아-이상>으로 동일시되어 또 다른 자아를

8 그것은 아마 인류가 달에 첫걸음을 내딛는 것에 버금가는, 아니 그보다 몇 백 배 더한 환희일 것입니다. 라캉은 그것을 쾰러(Köhler)의 <아하-경험(Aha-Erlebnis)>으로 설명하고 있습니다.(*Ecrits*, Seuil, 1966, 93쪽 참조)

형성합니다. 이렇게 자아는 형성 단계부터 복수적 동일시에 의해 이상화로 치닫게 마련입니다. 자아의 형성이 그렇다면 전체적 자아가 참여하는 사랑은 어떻게 되는 것일까요? 그러한 복수적 자아의 투영, 즉 이상화된 자기 자신의 이미지의 반영을 사랑하는 대상 속에서 찾는 것이 아니라면 말입니다. 그것을 사랑하는 대상에 대한 자아의 복수적 동일시라고 말할 수 있지 않을까요? 그러한 사랑은 <도식 L>에서 실선 — 즉 <a'-a>의 축과 <A-a>의 축 — 위에서 나타납니다.

그렇다면 <도식 L>에서 자가-성애와 그것의 부분 대상은 어느 축에 나타날까요? 그것은 한마디로 <A-S>의 축 위에서 나타납니다. <도식 L>로 말하면, 그것은 실선 뒤에 숨어 있는 점선의 축 위에서 작용합니다. 말하자면 사랑 뒤에 욕망을 숨기고 있는 것입니다. 라캉이 말했듯이, 사랑은 욕망의 실현을 위한 속임수, 위장에 지나지 않습니다. 프로이트의 제자인 아브라함(Abraham)은 1924년에 재미있는 논문을 발표합니다. 「정신분석에 기초한 리비도의 역사에 대한 소고」가 그것입니다. 거기서 아브라함은 <대상에 대한 부분적 사랑(die Partialliebe des Objektes)>[9]이라는 개념을 전개합니다. 그 개념을 소개하게 된 동기는 다음과 같습니다. 어떤 여자 히스테리 환자가 꿈에서 발가벗은 아버지의 육체를 보았는데, 남자의 성기도 없고 거기에 체모도 없는 겁니다. 아브라함은 그와 비슷한 예가 많다는 것을 발견하고는 다음과 같은 결론을 내립니다. 즉 그에 따르면, 누구에게나 생식기는 자기애가 투여되는 고유한 육체의 부분인데, 닮은 자의 이미지는 그 장소에서 공백을 보인다는 것입니다. 그것이 대체 어떻게 된 것일까요? 그것은 한마디로, 사랑하는 대상의 이미지에 자가-성애의 핵이 없다는 것을

9 혹자는 이것을 <부분적 대상애>라고 번역합니다. 조금 의역이기는 하지만 압축적이고, 개념의 요점을 정확하게 전달하고 있어서, 저도 앞으로 이 역어를 사용할까 합니다.

말해줍니다. 다시 말해 대상을 사랑할 때, 자기 자신의 이상화된 이미지를 투영하면서 거기에 자기애의 리비도를 투여하지만, 자가-성애의 핵에 대한 리비도의 투여는 그대로 남는다는 것입니다. 말하자면, 대상에 대한 리비도의 투여가 <전적으로> 이루어지는 것은 아닌 셈입니다.

좋은 비유는 아니지만, 한번 이렇게 생각해보십시오. 남자들은 거세당하느니 죽는 것이 낫다고 생각합니다. 그것은 남근이 생명보다 더 큰 가치가 부여되는 대상이라는 것을 뜻합니다. 남근은 자가-성애의 핵인 것입니다. 그리하여 대상을 아무리 사랑하더라도 자기애의 핵심부분은 남을 것이라는 사실은, 사랑하는 이와 함께 순간적으로 사고를 당하면, 우선 자기 몸부터 움츠리고 피하게 된다는 사실로부터 알 수 있습니다. 대상애보다 자기애가 더 큰 것입니다. 프로이트는 일찍이 사랑하는 대상에 대한 이상적 자아의 투여가 전체적이지 않다는 사실을 지적한 바 있습니다. 리비도의 근원은 본래의 육체에 묶여 있는 것입니다. 그렇다면 사랑의 차원에서, 그 육체의 핵에 무엇이 있겠습니까? 남근이 아니라면 말입니다. 그리하여 남근의 이미지가 사랑받는 이미지 속에 없는 것입니다. 역으로 말하면, 어떤 대상이 사랑을 받는다는 것은, 그 대상에 자가-성애의 핵이 없기 때문입니다. 여기서 라캉의 유명한 명제가 나옵니다. <한 여자가 사랑을 받을 수 있는 것은 그녀가 가지고 있지 않은 것 때문이다.> 이렇게 해서 전체적 대상(애)과 부분적 대상(애)[10]이 분리되기에 이릅니다. 아브라함은 그러한 부분적 대상애 중에서, 리비도가 특별히 잘 투영되는 대상으로 네 가지를 거론합니다. <젖가슴, 똥, 시선, 음성>이 그것입니다. 이제 우리는 라캉이 <대상 a>라는 개념을 내세울 때, 왜 아브라함에 의지하는지를 알 수 있습니다. <대상

10 엄격히 말해 <부분적 대상>이라는 용어를 만든 사람은 아브라함이 아니라, 그의 제자인 클라인입니다. 아브라함은 <부분적 사랑>이라는 표현을 썼을 뿐입니다.

a>[11]는 아브라함과 클라인으로 이어지는 <부분적 대상>의 문맥에 있는 것으로, 사랑하는 대상의 이미지에 결핍된 자가-성애의 핵과 관련 있습니다. 그래서 라캉은 그것을 결핍의 개념과 연결시키는 것입니다. 라캉 식으로 이야기하면, 그러한 결핍은 사랑의 요구에 의해 욕구가 충족될 때, 사랑의 저편에서 욕망으로 나타나는 것입니다. 이것이 <도식 L>에서는, 표면적으로 드러난 실선의 사랑 뒤에서 점선의 욕망(A-S의 축)이 작용하고 있는 것으로 나타납니다. 아마 그 축 위 어딘가에서 자가-성애의 대상인 <남근>과 <대상 a>가 숨어 있을 것입니다.[12]

이제 우리는 사랑과 욕망의 차이를 이야기하면서, 여러 가지 분석소 — 분석의 최소 단위 — 에 도달했습니다. 프로이트의 용어로 말하면, 이상적 자아, 자아 이상, 자가-성애, 부분적 사랑, 부분 대상, 남근 등이고, 라캉의 용어로 말하면 I(A)(자아 이상), <대상 a>, <Φ>[13](상징적 남근), I(a)[이상적 자아], A(큰타자), S(주체) 등이 그것입니다. 이것들은 사랑과 욕망을 설명하는 데 필요한 최소 구성요소입니다. 따라서 어떤 환자를 분석할 때, 그 환자의 담화를 청취하면서, 그에게 <대상 a>는 무엇이고 큰타자는 누구인가를 눈여겨보아야 합니다. 그래야만 그의 사랑과 욕망의 변증법을 밝혀낼 수 있기 때문입니다.

---

11 라캉은 이상적 자아로 동일시되는 거울의 이미지와 욕망의 대상인 <대상 a>를 구분하기 위하여, 전자를 I(a)로 표시합니다. 사실 라캉은 <도식 L>을 소개할 당시만 해도, 그 둘을 구분하지 못했습니다.

12 결론적으로 말하면, 사랑과 욕망은 두 개의 실선(이상적 자아와 자아 이상)과 하나의 점선(<대상 a>) 위에서 복합적으로 작용하고 있습니다. 다른 한편, 부분적 대상에서 <남근>과 <대상 a>는 어떤 관계에 있을까요? 이것에 대해서는 지난여름 워크숍 때 잠깐 다룬 바 있지만, 머지않아 다시 다루게 될 것입니다.

13 이것은 프랑스어로 <grand Phi(그랑 피)>라고 읽습니다. 그에 따라 라캉은 거세를 그것의 소문자에 <-> 부호를 붙여 <-φ>로 표시하고, <moins phi(무엥 피)>라고 읽습니다.

여기서 잠시 성 아우구스티누스의 『고백록』에 등장하는 장면, 성 아우구스티누스가 세밀히 관찰하여 라캉에게 좋은 분석거리를 제공하고 있는 장면, 즉 자기 동생이 어머니의 젖을 빠는 것을, 아직 서너 살밖에 되지 않은 어린 형이 증오에 찬 눈초리로 쳐다보는 장면을 상기해봅시다. 그 어린아이는 누구를 증오하고 있을까요?

목소리 : 동생을 질투하고 있는 것 아닐까요?

질투라는 말은 너무 일반적입니다. 자, 그렇다면, 이렇게 한번 생각해봅시다. 한 둥지 안에서 먼저 부화한 형-새가 그보다 조금 늦게 부화한 동생-새를 어떻게 합니까? <동물의 왕국>을 애청하셨다면, 모두들 잘 알고 있을 것입니다. 형-새가 동생-새를 죽음에 이르기까지 눈을 쪼아댑니다. 그리고 둥지 밖으로 밀어냅니다. 그것은 어미-새가 가져오는 먹이를 독차지하기 위한 것입니다. 그것이 비단 질투에 의한 것일까요? 형-새와 동생-새는 <닮은 자>의 관계로 서로 경쟁적 위치에 있습니다. <도식 L>에 빗대어 말한다면, 그들은 서로 거울 관계에 있습니다. 따라서 그들은 서로에게 이상적인 자기 이미지가 반영될 수 있는, 따라서 매혹적인 이미지로 다가올 수 있지만, 역으로 경쟁자로 공격의 대상이 되기도 합니다. 거울 속에 비친 자기 자신의 이미지를 보고 짖어대거나 공격하는 개나 원숭이와 같은 동물들을 떠올려보십시오. 그러면 거울 속의 이미지가 경쟁자로 공격 대상이 된다는 것을 잘 이해할 수 있을 것입니다. 아마 아우구스티누스에 의해 묘사된 그 어린아이는 어머니 품에 안긴 동생의 이미지에서, 자기가 그 위치에 있었으면 하는 매혹적인 힘을 느낌과 동시에 공격성이 올라옴을 느꼈을 것입니다. 제가 앞에서 그려드린 <도식 L>에서 <a'-a>의 축을 사랑과 공격성의 축으로 규정한 이유가 바로 그것입니다. 그렇다면 증오는 어느 축에 위치할까요? 괴테의 『베르테르의 슬픔』에서 베르테르가 롯테에게 <사랑에 빠지는> 장면을 기억해보십시오. 그것은 아주 하찮은 장면의 목격이었습니다. 롯테가 어린 동생들을 뒷바라지하는 것을 본 직후에, 베르테르는 롯테를 사랑하게 됩니다. 그 여자는 베르테르에게 누구의 위치에 있는 것일까요? 아마 그녀는 베르테르에게 어머니의 위치, 즉 큰타자의 위치에 있을 것입니다. 프로이트도 『집단심리학과 자아분석』에서 <반하기>는 동일시의 대상이 자아 이상에 놓일 때 비로소 가능해진다고 말합니다. 다시 말해 대상이 자아 이상의 자리에서 자아와 동일시될 때, 주체는 비로소 사랑에 빠지는 것입니다. 프로이트는 거기서 그러한 동일시의 메커니즘으로 이상한 사랑의 마력이나, 최면술사에 대한 예속과 지도자에 대한 집단적 복종을 설명하고 있습니다. 그에 따르면, 그 모든 것은 대상을 자아 이상의 자리에 놓고 자아와 동일시할 때 일어나는 현상입니다. 한 지도자의 일거수일투족에 따라 울고불고하는 군중도, 그 지도자를 자아 이상과 동일시하는 개인의 합에 지나지 않습니다. 다시 말해 그들은 유일한 동일시의 대상을 중심으로 서로를 동일시합니다. 그 대표적인 예가 남한에서는 박정희이고, 북한에서는 김일성이 아닌가 싶습니다. 그런데 여기서 눈여겨보아야 할 것은, 그러한 <사랑에 빠지기(또는 반하기)>는 곧바로 증오로 반전될 가능성이 높다는 사실입니다. 그래서 라캉은 프로이트의 <Verliebtheit>를 굳이 <hainamoration>으로 번역합니다. 그러한 맥락에서 성 아우구스티누스의 사례를 도표화하면 다음과 같습니다.

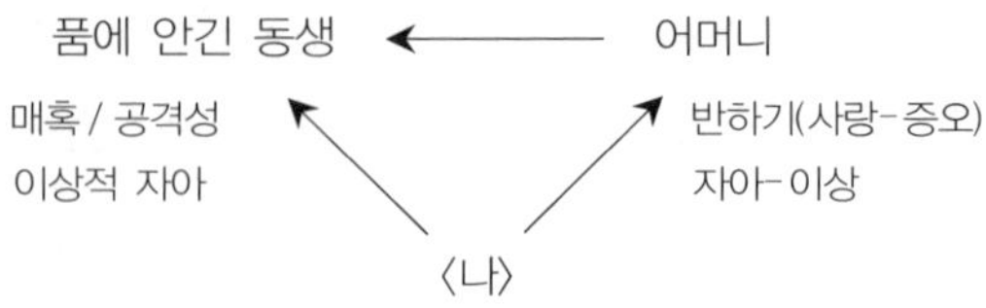

질문 : 정은경 씨, 그렇다면 <남근>이나 <대상 a>의 존재를 어떻게 알 수 있나요?

정은경 : 생물학적으로 알 수가 있습니다.

답변 : 제가 생물학적인 비유를 많이 들었고, 프로이트도 생물학을 참조했지만, 생물학적으로 알 수 있는 것은 아닙니다. 그것은 정신질환자, 특히 도착증 환자를 통해서 알 수 있습니다. 제가 자주 비유를 드는 것 중에, 좌골신경이 뒤꿈치까지 연결되어 있다는 것을 좌골신경통 환자를 통해 알 수 있다는 비유가 있지 않습니까? 대장과 무릎이 관련 있다는 것은 과민성대장증상에 의해 알 수 있습니다. 오랫동안 설사로 고생한 사람은 무릎이 약해지는 법이니까요. <남근>과 <대상 a>도 마찬가지입니다. 그것들은 신경증과 정신병 그리고 특히 도착증을 연구하다 보면 가정하지 않을 수 없는 분석소입니다. 그러나 정신질환이 없는 사람들은 그것의 존재를 인식하지 못합니다. 그것은 마치 20~30km밖에 되지 않는 지각이 반경 6,400km의 불덩어리인 맨틀 위에 떠 있다는 것을 믿지 못하는 것과 같습니다.

지난 시간에 공부한 애도와 멜랑콜리, 결핍과 상실에 대해서도 우리는 똑같이 추상화시킬 수 있습니다. 프로이트와 라캉은 애도를, 개인의 발달의 차원(자아 이상의 형성)에서건, 아니면 사회인류학적인 차원(장례)에서건

문명의 최초의 징후로 봅니다. 어떻게 이런 일이 가능할까요? 지난 시간에도 공부했듯이, 멜랑콜리는 상실된 사랑의 대상과 동일시하는 것이고, 애도는 그 대상과 그 대상에 대한 기억에 투여되던 에너지를 그로부터 분리시켜 다른 데로 돌리는 것입니다. 그런데 라캉에 따르면 그러한 분리는 상실된 대상의 상징화, 즉 그의 단성과의 동일시(다시 말해 그 단성을 자아이상으로 받아들이는 것)를 통해서 이루어집니다. 그런데 최초의 상실된 사랑의 대상은 어머니입니다. 만약 여기서 상실(즉 어머니의 상징적 죽음)이 이루어지지 않고, 아버지의-이름으로의 대체가 거부되면, 심리발달은 고착되고 정신병의 임상구조에 머물게 됩니다. 따라서 애도는 인간의 심리를 정상화하는 최초의 메커니즘으로, 심리발달에서 가장 중요한 단계를 구성하고 있는 것입니다. 그것은 인류학적 차원에서도 마찬가지입니다. 인류문명의 최초의 흔적을 보통 관혼상제(冠婚喪祭)에서 찾는데, 그러한 사례(四禮) 중에서 가장 중요한 것이 상제(喪祭) 아닐까요? 레비-스트로스와 라캉은 소포클레스의 『안티고네』에서 그 증거를 찾습니다. 안티고네는 오빠 폴리네이케스의 시체를 매장하지 말라는 크레온 왕의 법을 어기고 그를 묻어줍니다. 여기서 시체를 매장하라는 신의 불문율과 크레온 왕의 명령으로 대변되는 인간의 법의 대립을 읽을 수 있습니다. 그것은 자연에서 인간의 문명으로 넘어오는 경계에 장례에 관한 법이 문제가 되고 있음을 보여줍니다. 정신분석적으로 말하면, 그것은 곧 어머니에서 아버지로, 상실에서 결핍으로, 멜랑콜리에서 애도로, 향락에서 욕망으로 넘어오는 상징적 은유화와 궤를 같이하고 있습니다.

결핍	애도	욕망
상실	멜랑콜리	향락

우리는 거식증(anorexia)도 그러한 각도에서 보아야 합니다. 라캉은 거식증을, 미완성의 욕망을 가진 소녀에게 나타나는 일종의 멜랑콜리로 봅니다. 위의 도식에 비추어서 말한다면, 거식증은 상실(또는 향락)이 결핍(또는 욕망)으로 채 구조화되지 않고, 중간에 걸쳐 있다고 할 수 있습니다. 다시 말해 일부는 멜랑콜리처럼 최초의 대상을 상실하지 않고 그와 동일시하고, 다른 한편으로는 욕망이 완전히 창설되지 않은 것입니다. 그러한 임상구조는 욕동의 발달 단계로 보면, 구강기적인 합체에 머물러 있다고 할 수 있습니다. 그래서 우리는 거식증에서, 성애에서의 구강 욕동의 힘을 엿볼 수 있습니다. 그 힘이 변형된 형태로 나타난 것입니다. 언젠가 정신과 의사인 친구가 대식증과 거식증 환자[14]는 대개 어린 시절에 어머니와의 관계에서 문제가 있었다고 말하더군요. 그의 경험적인 통계에 따르면, 그들은 어머니와의 사이가 아주 나빴다고 합니다. 그의 말을 들으면서, 저는 우리가 지금까지 공부한 프로이트와 라캉이 밝혀낸 개념적 도구를 가지고 거식증과 대식증을 분석해 들어간다면, 좋은 연구 결과가 나올 것이라는 생각이 들었습니다. 우리의 방법론을 여러 사례에 적용할 수 있는 기회를 넓혀가야 합니다.

다시 처음으로 돌아가 봅시다. 주체가 언어화의 과정에서 생기는 효과이고 존재 결핍이라면, 그 결핍을 대표하는 것이 왜 하필 <남근>과 <대상

---

14 라캉은 거식증 환자를 멜랑콜리의 형태로 보는 반면에, 대식증 환자는 히스테리로 보는 것 같습니다.

a>일까요? 다 알다시피, 모든 언어적인 것은 결핍을 내포하고 있습니다. 따라서 결핍은 남근과 <대상 a>의 결핍만 있는 것은 아닙니다. 주체의 존재 결핍과 관련지어 볼 때, 그것들이 모든 결핍 중에서 가장 중요한 결핍일 뿐입니다. 그것은 마치 무의식과 억압된 것의 관계와 같습니다. 억압된 것은 다 무의식이지만, 무의식이 모두 억압된 것은 아닙니다. 프로이트가 무의식중에서도 억압된 것을 집중적으로 조명하는 것은, 그것이 심리 구조화에 결정적인 역할을 하기 때문입니다. 융의 집단무의식이나 원형과 같은 개념도 그러한 문맥에서 생각할 수 있습니다. 그의 집단무의식과 원형에는 억압과 갈등의 구조가 없습니다. 그렇기 때문에 그것으로는 신경증이나 도착증 그리고 정신병과 같은 정신질환을 설명하기 힘듭니다. 그렇다면 왜 남근일까요? 지난 시간에 말씀드렸듯이, 욕망은 존재와 결핍의 관계이고, 주체는 전형적인 결핍입니다. 그렇다면, 다시 말해 주체가 존재 결핍이라면, 주체가 존재 확인을 받으려고 할 것은 뻔합니다. 사랑의 요구는 그러한 존재 확인의 노력일 뿐입니다. 그래서 주체는 큰타자에게 사랑을 요구하는 것입니다. 그것은 욕구 충족을 큰타자에게 요청할 때, 말을 수단으로 할 수밖에 없기 때문에 필연적으로 생기게 마련인 주체와 큰타자와의 관계입니다. 왜냐하면 말은 말하는 주체와 그 말의 수신자, 즉 큰타자의 장소를 가정하기 때문입니다. 이렇게 라캉은 말 못하는 아이(infans)[15]가 말하는 존재가 됨에 따라 주체로 탄생하면서 결핍이 구조화되는 것을 강조합니다. 반면에 프로이트는 무력한 존재인 어린 아기가 어머니의 도움으로 욕구 충족이 될 때, 생기는 잉여 지각을 강조합니다. 그 잉여 지각은 한마디로 어머니라는 대상입니다. 말하자면 물질로서의 젖만 아기에게 공급되는 것이 아니라,

15 어린아이를 뜻하는 라틴어 <infans>(이것은 프랑스어 <enfant(어린아이)>의 어원입니다)는 <말 못하는 아이>라는 뜻입니다.

어머니라는 대상이 제공되는 것입니다. 그러나 어머니는 금지된 대상으로 곧바로 영원히 상실되기에 이르고, 주체는 그 대상을 환각적으로 되찾으려고 합니다.

아무튼 주체의 존재 결핍에 의한 존재 확인의 요구에 대해 큰타자는 응답할 것입니다. 아마 그 응답은 주체의 존재를 인정[16]해주는 응답일 것이고, 따라서 주체는 큰타자의 응답에 따라, 다시 말해 그 응답이 부여해주는 가치에 따라, 자신을 그것과 동일시합니다. 즉 큰타자의 응답에 상응하는 위치에 자신을 위치시킵니다. 그것이 상상적 차원에서 결핍된 자신에게 존재를 부여하는 유일한 길이기 때문입니다. 그만큼 주체는 큰타자의 대답에 예속되어 있습니다. 그렇다면 큰타자가 지정해주는 주체의 존재의 자리는 무엇일까요? 제가 언젠가 <섬 그늘>이라는 동요를 예로 들면서, 아기는 엄마가 욕망하는 것에 자신을 위치시킴으로써, 엄마의 사랑을 받으려고 한다는 것을 말씀드린 적이 있지요? 그렇습니다. 주체는 큰타자에게 부족한 것, 없는 것에 자기를 위치시킴으로써(이것이 <동일시>입니다), 자신의 존재를 인정받으려고 합니다. 이제 주체가 자신을 동일시하는 것이 무엇인지를 알기 위해서는 큰타자에게 결여된 것이 무엇인지를 알면 됩니다. 그것이 무엇일까요? 아내는 보통 남편에게서 충족되지 못한 것을 자식에게서 찾는다고 합니다. 라캉에 따르면, 그것은 상상적 남근입니다. 그것은 현실적으로 부족한 것이 아니라, 구조적으로 결핍되어 있는 것입니다. 주체는 그렇게 큰타자(어머니)에게 결핍되어 있는 것을 그녀의 <말 사이(inter-dit)>[17]에서

16 존재 확인은 라캉의 용어로 말하면, 존재 인정(reconnaissance)입니다. 따라서 욕망은 존재 <인정의 욕망(désir de reconnaissance)>이고, 사랑은 그 <욕망의 인정(reconnaissance de désir)>입니다.

17 라캉은 여기서도 말놀음을 하고 있습니다. <inter-dit>는 <interdit(금지된)>라는 과거분사를 두 요소-<사이>를 뜻하는 접두사 <inter->와 <dire(말하다)>의 과거분사인 <dit(말해

탐지하고, 그것과 자신을 상상적으로 동일시합니다. 한마디로 큰타자의 대답의 형태는 큰타자에게 결핍된 대상의 자리에 주체를 등록시킴으로써, 주체에게 존재의 상징으로서의 가치를 갖게 되는 것입니다. 우리는 사랑을 할 때 보통 <나는 너에게 필요한 존재가 되고 싶어!>라고 말합니다. 그러면서 사랑을 받고 싶어합니다. 그것이 바로 아기가 어머니에게 하는 말이고, 어머니에게 바라는 바입니다. 다른 한편 어머니 쪽에서는 그러한 명목으로 아기를 기다렸고, 아기에게 기대하고 있습니다.[18]

김정미 : 그것이 [어머니와 아이의 관계에서] 전에 <x>라고 표시한 것입니까?

답변 : 예. 바로 그 <x>입니다. 라캉은 그것을 추상적인 용어로 바꾸었을 뿐입니다.

그러나 큰타자의 응답은 그 대상을 넘어서서, 어떠한 대상도 만족시킬 수 없는 근본적인 향수를 가리키고 있습니다.[19] 왜냐하면 큰타자의 사랑은

진 것)>-로 분해한 뒤, 재결합시킵니다. 그리하여 그것은 <말-사이(inter-dit)>라는 뜻을 갖게 됩니다. 라캉에 따르면, 어린아이는 어머니의 <말 사이>에서 탐지되지만 <금지된> 상상적 기관인 어머니의 남근-이것이야말로 어린아이에게나 어머니에게 진정한 사랑의 대상입니다-과 동일시하는 것을 즐깁니다.

18 카페에 올라온 김옥주 씨의 육아일기는 어머니가 아기에게 무엇을 기대하고 무슨 명목으로 그를 기다렸는지를 잘 보여주고 있습니다.

19 <욕망(desire)>의 라틴어 어원인 <desiderium>은 잃어버린 사람과 사물에 대한 <그리움>이라는 뜻입니다. 그래서 라캉은 욕망의 대상은 <후회(regret)>로써만 만날 수 있다고 말합니다. 라캉이 욕망과 애도가 관계가 있다는 전거로 <desiderium>을 내세우는 것도 그러한 맥락에서 이해해야 합니다. 욕망은 잃어버린 대상에 대한 채울 수 없는 끝없는 향수입니다. 환상이 욕망의 짝으로 나타나는 것은, 그러한 향수는 환상을 창조하고, 환상에서 확

주체의 사랑의 요구대로 충분히 제공될 수 없는데, 그것은 어머니 자체가 결핍되어 있기 때문입니다. 그것은 이러저런 것이 결핍되어 있다는 뜻이 아니라, 어머니가 결핍 자체라는 뜻입니다. 따라서 어머니와 아이의 관계는 직접적인 양자 관계가 아니라, 남근을 매개로 한 삼자 관계인 것입니다. 어머니와 아기는 각자의 차원에서 남근과 관계하고 있고, 그에 따라 그들은 남근을 통해 간접적으로 관계하고 있는 것입니다. 어머니와 아기의 관계는 애초부터 없다고 말할 수 있습니다. 태초에 주체와 남근의 관계가 있을 뿐입니다. 그러한 남근의 기호형식이 상징적 남근입니다. 라캉이 프로이트보다 더 남근중심적이고, 따라서 <초-프로이트적(hyperfreudien)>이라고 말하는 까닭이 여기에 있습니다. 물품음란증과 같은 도착증이나, 신경증 환자의 환상 — 하다못해 정상인의 꿈 — 을 조사 분석해보면, 임상구조에서 남근이 차지하는 중심성을 금방 알아차릴 수 있습니다. 단지 차이가 있다면, 정신병에서는 그것이 환각으로 나타나고, 도착증 환자에게는 그것이 현전하고, 신경증 환자에게는 그것이 억압 엄폐되어 환상으로 나타난다는 것입니다.

다음 시간에는 남근과 <대상 a>의 관계와, 존재 결핍의 세 양태, 즉 좌절-박탈-거세를 공부하겠습니다.

···························

박지연 : 전에 거식증을 히스테리의 극단적인 예라고 하셨던 것 같은데요?

답변 : 거식증이 아니라 대식증을 히스테리라고 했지요. 그러나 거식증

인되기 때문입니다.

도 욕망을 끊임없이 불충족의 상태로 남겨둔다는 점에서 히스테리로 보는 사람도 있습니다.

2006년 9월 20일

IV

대상 결핍

세 범주의 존재 결핍 : 좌절－박탈－거세
남근의 애도
원향락과 대체 향락
옷 입히기
아프로디테의 탄생

지난 시간까지 말씀드린 것 중에서 기억해야 할 것은, 첫째, 욕망은 존재 대 존재의 관계에서 생기는 것이 아니라, 존재 대 결핍(존재에 내포되어 있는)의 관계에서 생긴다는 것입니다. 따라서 욕망은 주체 바깥이 아니라 내의 문제입니다. 한마디로 그것은 존재의 문제입니다. 우리는 보통 욕망의 대상이 주체 바깥에 있는 어떤 존재에 대한 것이라는 생각을 하고 있습니다. 그러나 그것은 존재 내 결핍에 지나지 않습니다. 그러한 결핍이 밖에 있는 대상 위에 상상적으로 투영되면서, 그 대상이 매혹적으로 비치는 것에 다름 아닙니다. 둘째, 결핍은 현실 속에서 물질성을 가진 사물이 사라지는 상실과는 달리, 사물의 언어 상징화와 함께 언어 속에 구조화된다는 것입니다. 따라서 모든 언어는 결핍을 포함하고 있습니다. 여기서 주체도 예외는 아닙니다. 인간 존재가 말하는 존재인 한, 그는 존재 결핍의 전형인 주체로 태어나게 마련입니다. 그것이 바로 주체의 존재 조건입니다. 라캉이 자아심리학이나 대상관계 이론을 비판하는 것은 그러한 결핍의 문제를 간과했기 때문입니다. 정신분석은 일종의 결핍의 철학이라고 말할 수 있습니다. 프로이트도 라캉처럼 정교하게 체계화하지는 못했지만, 그에게 있어서 대상은 <상실>된(그것도 영원히 상실된) 대상임을 분명히 하고 있습니다. 라캉은 그러한 <상실>이 언어에 의한 사물의 대체, 즉 은유의 결과이며, 그 결과 <결핍>이 언어에 등록된다는 것을 일목요연하게 설명했을 뿐입니다. 이렇게 결핍을 존재와 세계의 설명 기반으로 삼는다는 점에서, 정신분석은 공(空)이나 무(無)를 기본 개념으로 하는 불교나 노장사상과 일맥상통한다고 할 수 있습니다.

라캉은 그러한 결핍에서 가장 대표적인 결핍으로 세 가지 범주를 내세우고 있습니다. 저는 방금 전에 <가장 대표적>이라고 말했습니다. 위에서도 말했지만, 모든 언어 상징에는 결핍이 내포되어 있습니다. 따라서 <가장 대표적>이라고 하는 것은 결핍 일반 중에서, 주체의 존재 결핍과 관련하여, 구조화에 가장 중요하고 핵심적인 결핍이라는 말입니다. 그것은 마치 욕망과 성적 욕망의 관계와 같습니다. 성적 욕망은 일반적인 욕망에 속하지만(따라서 욕망에는 성적 욕망 이외에 다른 욕망이 있지만), 성적 욕망이 억압의 대상이 되는 것으로 무의식의 형성에서 가장 핵심적인 것입니다. 다른 예를 든다면, 그것은 언어학과 기호학의 관계와 같습니다. 언어는 기호의 일종이지만 기호 중에서 가장 대표적인 것입니다. 여기서 명심해두어야 할 것은, 언어학을 통하지 않고서는 기호학은 알려지지 않는다는 것입니다. 그래서 롤랑 바르트 같은 비평가는 언어학이 기호학의 하위범주가 아니라 기호학이 언어학에 포함된다고 말합니다. 그와 마찬가지로, 성적 욕망을 통하지 않고서는 욕망의 본질은 알려지지 않습니다. 세 가지 양태의 결핍 — 좌절, 거세, 박탈

— 과 존재 결핍 자체의 관계도 다르지 않습니다. 다시 말해 전자를 통하지 않고서는 후자는 드러나지 않습니다. 마치 전자는 보이지 않는 구멍에 형태를 부여하는 작은 구멍들과 같은 것입니다.

라캉은 존재 결핍을 세 범주로 나누고, 그것들 각각의 특징을, 결핍을 실행한다고 주체에게 생각되는 결핍의 대행자(agent de manque), 주체에게 결핍되는 결핍 대상(objet du manque), 주체의 결핍 상태(état de manque)를 말해주는 작용으로서의 결핍(manque comme opération)의 측면에서 규정합니다. 우선 좌절(frustration)(이라는 존재 결핍)의 결핍 대상은 어머니의 실재하는 젖가슴(sein réel)입니다. 주체가 어머니의 실제 젖가슴을 잃어버렸다고 생각한다는 말입니다. 그렇게 어머니의 젖가슴을 상실하게 만드는 주인공은 바로 어머니 자신입니다. 그런데 라캉은 이 어머니가 어린 주체에게는 상징적으로 해석된다고 말합니다. 다시 말해 주체에게는 젖가슴을 좌절시키는 어머니가 상징적 어머니로 비치는 것이지요. 왜 그렇게 될까요? 이유는 이렇습니다. 아기가 젖을 뗄 때(즉 이유할 때), 어머니는 젖을 주었다 뺐었다 합니다. 다시 말해 젖의 제공 여부는 어머니에 의해 결정되는데, 그것이 아이의 입장에서 이분법적인 교대 운동— (+)와 (−)로 표시할 수 있는— 으로 보이는 것입니다. 여러분이 다 알다시피, 이분법적인 대립은 언어에서 <변별적 자질>을 떠받치고 있는 기본 논리입니다. 그리하여 젖가슴을 좌절시키는 어머니가 <상징적>(정확히 말하면 변별적 자질의 대립을 나타내는) 어머니가 됩니다. 그렇다면 좌절에서 결핍 상태는 어떤 특성을 나타낼까요? 그것은 한마디로 상상적입니다. 좌절의 결핍은 상상적 결핍이라는 말입니다. 그렇다면 현실적 젖가슴이 상실되는데 결핍은 왜 상상적으로 작용하는 것일까요? 그것은 어린아이가 이미 젖을 뗀 상태에서, 어머니의 젖가슴에 안겨 있는 동생의 모습을 볼 때 감지됩니다. 어린아이는 그때 비로소, 저기 저렇게 엄연히 있는 어머니의 젖이 자기에게만 없음을 알게 되는 것이지요.

그렇기 때문에 대상이 상상적으로(쉬운 말로 한다면 <머리 속에서>) 결핍되었다고 말하는 것입니다.

그렇다면 거세(castration)라는 존재 결핍은 어떻게 정의될까요? 여러 차례 말씀드렸듯이, 아이는 엄마와의 양자 관계에서 상상적으로 자신을 어머니의 남근과 동일시합니다. 그것이 상상적인 동일시라는 것은, 불 보듯 뻔한 사실입니다. 왜냐하면 간단히 말해, 현실적으로는 아이는 남근이 아니기 때문입니다. 그렇게 아이가 자신을 어머니의 상상적 남근의 자리에 위치시킨다는 것은, 우리가 이미 공부한 클라인의 논문을 통해서든지, 아니면 프로이트의 등식(<아이=남근=똥=선물=돈>)을 통해 증명된 바 있습니다. 여기에 이제 아버지의 금지가 개입합니다. 다시 말해 남근을 매개로 한 어머니와 아이의 관계는 금지된 사랑이기 때문에, 아버지는 둘 사이의 분리를 명령합니다. 그것은 아이가 어머니의 상상적 남근임을 포기하라는 명령과 같습니다. 이때 그 포기 명령을 받아들이는 것을 거세라고 합니다. 따라서 거세의 대행자는 현실적 아버지입니다. 그렇다면 그 존재 결핍(즉 거세)은 어떻게 작용하는 것일까요? 한마디로, 거세 결핍은 상징적으로 작용합니다. 상징적 결핍이라는 말입니다. 그러나 상징적 결핍이라는 말은 꽤 까다롭게 느껴집니다. 그것은 필경 상징적 결핍 상태, 또는 상징적으로 작용하는 결핍이라는 뜻일 터인데, 막상 그렇게 풀어놓아도 잘 이해가 되지 않습니다. 왜냐하면 상징적으로 결핍된다는 것이 개념적으로 잘 그려지지 않기 때문입니다. 그러나 너무 어렵게 생각하지 마십시오. 어떻게 생각하면 그것은 아주 간단합니다. 앞에서 말한 바와 같이, 그것은 대상이 결핍으로 언어 상징에 등록된다는 말입니다. 그러기 위해서는 대상이 언어로 대체(언어화)되어야 합니다. 따라서 상상적 남근임을 포기하고 결핍으로 구조화되기 위해서는 그 남근이 상징화되어야 합니다. 그것을 다른 말로 (상상적) 남근의 상징적 동일시라고 하는 것이고, (상상적) 남근의 결핍이 상징적으로 작용한다는 말입니다.

그러나 그렇게 상상적 남근의 상징적 결핍(거세)이 완수되었다고 하더라도, 남근이 완전히 상실되기 위해서는, 다시 말해 어머니(근친상간 금지의 대상)에 대한 실재적 남근의 사용이 봉쇄되기 위해서는, 박탈(privation)이라는 한 단계를 더 거쳐야 합니다. 그 존재 결핍의 작용은 우선 실재적이고 현실적이어야만 합니다. 왜냐하면 그래야 남근을 실제로 사용하지 못하게 되기 때문입니다. 그렇다면 결핍의 대상은 무엇일까요? 라캉은 그것을 상징적 남근이라고 규정합니다. 사실 우리는 <상징적>이라는 말이 들어가면 고개가 갸우뚱합니다. 그 말이 난해하기 때문입니다. 그러나 이렇게 생각해 봅시다. 가령 어떤 것을 소유하고 있는데 그것을 사용하지 못하게 되었다면, 무엇을 박탈당한 것일까요? 어떤 학생이 집에 TV가 있는데 TV를 볼 수 없다면, 부모가 그 학생에게 무엇을 박탈한 것일까요? 아마 일종의 TV <사용권>일 것입니다. 따라서 박탈의 대상은 상징적 권리입니다. 그와 마찬가지로, 박탈의 결핍 대상은 남근의 사용권, 즉 상징적 남근입니다. 그렇다면 대행자는 누구일까요? 여기에 대해 라캉은 상상적 아버지라고 단호하게 대답합니다. 왜냐하면 현실적 아버지는 한 번도 남근을 박탈한 적이 없기 때문입니다. 아버지가 남근을 박탈한다는 것은 순전히 어린아이의 상상입니다. 따라서 박탈의 대행자는 상상적 아버지입니다.

그리하여 거세와 박탈은 남근에 대한 두 번의 <살해 행위>처럼 진행됩니다. 전자는 상상적 남근의 상징적 살해이고, 후자는 상징적 남근의 실재적 살해입니다. 라캉은 이렇게 두 번의 살해 행위에 의해 남근을 결정적으로 <상실>하는 것을 <남근의 애도>라고 부릅니다.(애도는 일반적으로 <죽은 자를 다시 죽이는 것>을 통해서 완성된다는 것을 기억해보시기 바랍니다) 라캉의 이론 체계에 따르면, 남근의 애도가 이루어져야 정상적인 심리 궤도에 진입하게 됩니다. 그것은 지난 시간에 도식으로 보여드렸듯이, 대상의 완전한 상실을 가져오는 애도가 충분히 이루어지지 않으면, 그 대상과의 동일시에 의한 멜랑콜리의 결과를 가져온다는 것과 맥을 같이합니다. 그리고 그것은 어머니의 향락을 벗어나서 욕망의 주체를 창설하는 것을 뜻합니다.

라캉은 그러한 좌절, 거세, 박탈이라는 세 종류의 결핍을 다음의 도식으로 그리면서, 그 차이를 명확히 하고 있습니다.[1]

	결핍의 대행자 [주체 밖의 행위자, 수행자]	결핍의 대상 [주체의 결핍 대상]	결핍 작용 [주체의 결핍 상태]
좌절	상징적 어머니	실재적 젖가슴	상상적
거세	실재적 아버지	상상적 남근	상징적
박탈	상상적 아버지	상징적 남근	실재적[남근의 애도]

그러나 이 도식은 문제가 많습니다. 우선 <상징(계)-실재(계)-상상(계)>와 <좌절-거세-박탈>이 돌아가면서 톱니바퀴처럼 맞아떨어지는 것이, 마치 일부러 그렇게 짜 맞춘 느낌이 듭니다. 작위적인 냄새가 난다는 말입니다. 사실 라캉 자신도 그러한 점을 의식했는지, 같은 해의 세미나에서 더러 거세의 대행자가 실재적 아버지인지 상상적 아버지인지를 혼동하고 있는 것처럼 보입니다. 게다가 오이디푸스 콤플렉스를 세 시기로 나눌 때는, 거세가 마지막 시기에 좌절과 박탈을 완성하는 것으로 제시하고 있는데[2], 대상

---

1 Lacan, 『세미나 IV : 대상 관계』(1956~57), Seuil, 1994, 269쪽.

2 다 알다시피, 라캉은 오이디푸스 콤플렉스를 세 시기로 나누고 있습니다. 첫 번째 시기는 아기가 자기 자신을 어머니의 남근과 상상적으로 동일시하는 시기입니다. 그리하여 제1기는 프로이트를 비롯한 그의 제자들이 생각하듯이 <모아(母兒)>로 구성된 양자 관계가 아니라, 남근을 매개로 한 삼자 관계입니다. 두 번째 시기는 상상적 아버지가 나타나서 어머니에 대한 접근을 금지시키면서, 어머니의 남근의 부재를 알리고 남근의 사용 금지를 명령합니다. 이것이 바로 박탈입니다. 이때 명심할 것은, 금지가 어머니의 입을 통해 이루어지지만, 아이는 그것을 아버지의 이름으로 명령하는 것으로 상상한다는 것입니다. 그렇기 때문에 박탈의 대행자는 상상적 아버지가 되는 것입니다. 따라서 라캉에 따르면, 제2기부터는 <어머니-남근-아기-아버지>라는 4자 관계가 성립합니다. 마지막으로 세 번째 시기

결핍을 이야기할 때는 박탈이 맨 마지막에 오는 것으로 설명한 것으로 기억합니다. 이렇게 라캉의 말은 시간의 흐름과 해설 대상에 따라 조금씩 어긋납니다. 그러나 라캉의 실험 정신은 높이 평가해주어야 합니다. 그를 공부하는 사람들로 하여금 그의 실험을 연구하도록 자극하니 말입니다.

그렇다면 이러한 세 가지 종류(좌절, 거세, 박탈)의 결핍 상에서 <대상 a>는 어디에 위치하는 것일까요? <대상 a>와 부분 대상은 약간 다르지만, <대상 a>가 부분 대상의 기능을 통해 현시된다면, 좌절의 젖가슴과 <대상 a>는 어떤 관계에 있을까요? 우선 강조해두어야 할 것은, 거세와 <대상 a>는 모두 존재 결핍을 구성한다는 사실입니다. 그렇다면 우선 거세와 <대상 a>의 관계를 설명해야겠군요. 위에서도 말했지만[각주], 거세는 존재 결핍을 결정적인 것으로 만드는 결핍으로, 그것과 거의 동의어입니다. 따라서 모든 결핍은 거세를 중심으로 배치된다고 할 수 있습니다. <대상 a>도 예외는 아닙니다. 논리적인 시간의 차원에서 말하면 그것은 거세 다음에 오는 결핍으로, 전자의 결핍을 대체하는 결핍입니다. 결핍으로 결핍을 대체한다는 말이 이상하게 들릴지는 모르지만, <대상 a>는 거세에 의한 구멍을 <장식하러(parer)>, 그 가장자리에 나타나는 결핍입니다. 그래서 아숭(Assoun) 같은 정신분석가는 "<대상 a>는 결핍, 즉 거세의 구멍의 지침(指針,

---

는 거세의 단계로, 실재적 아버지가 나타나서, 자기가 어머니의 욕망의 대상인 남근의 실제 소유자라는 것을 보여주면서, 아이에게 상상적 남근임을 포기하기를 강요합니다. 그래서 아기는 남근과의 상상적 동일시를 포기하고 상징적 동일시를 통해 남근을 결핍으로 등록시킵니다. 그것이 라캉이 말하는 상징적 거세입니다. 따라서 거세는 오이디푸스 콤플렉스를 종식시키면서(프로이트는 거세와 오이디푸스의 관계에서 남녀의 차이를 두고 있지만, 라캉은 남녀 모두 거세가 오이디푸스를 종식시킨다고 보고 있습니다), 꼬마 인간으로 하여금 정상화의 길을 가게 합니다.(라캉이 거세를 <상징적 빚(la dette symbolique)>의 대가로 보는 것은, 언어에의 등록이 정상화라는 상징적 생명을 가져다주기 때문입니다) 그러한 이유로 해서 라캉은 거세를 <좌절-박탈-거세> 중에서 가장 중요한 기능으로 보는 것입니다. 그에게 거세는 존재 결핍과 거의 동의어입니다.

index)으로, 동시에 욕망의 원인"이라고 말하고 있습니다.[3] 제가 예전에 젖가슴은 원래 욕구 충족의 기관이었는데, 그것이 성적인 함의를 갖게 되는 것은 거세와 함께 소급적으로 성화(sexualization)되기 때문이라고 말씀드린 적이 있습니다. 그것이 바로 거세와 <대상 a>의 관계입니다. 물론 젖을 먹을 때, 이미 젖가슴은 구강 욕동의 부분 대상으로 그것을 빠는 향락을 제공합니다. 그러나 그것이 거세의 대상이라는 것은 <사후에> 결정됩니다. 그리하여 <대상 a>는 거세를 통과하면서 비로소 결정적으로 결핍이 되는 것입니다. 이렇게 라캉은 남근과 거세를 이론적 설명의 중심에 두었다는 점에서 훨씬 더 프로이트적입니다. 그러한 의미에서 그는 <초-프로이트적(hyperfreudien)>[4]입니다. 단지 프로이트와 차이가 있다면, 환상 속에 나타나는 남근의 설명에서, 라캉은 언어적인(다시 말해 상징적인) 남근을 참조했다면, 프로이트는 생물학적 자지를 참조했다는 것입니다. 그래서 데리다가 라캉을 <남근언어중심주의(phallogocentrisme)>라고 비아냥거리는 것도 일견 적확한 지적처럼 보입니다. 이렇게 거세는 어머니와의 향락을 포기시키고, 욕망(의 주체)을 창설하며 욕망에의 길을 열어놓습니다. 그것은 남근의 애도와 일치합니다. 따라서 어머니(큰타자)의 차원이건 남근의 차원이건, 애도는 욕망에 선행합니다. 애도가 이루어져야지 결핍의 구조화가 정착하고 그에 따라 욕망이 발생합니다. 그러나 욕망은 상실된 대상의 향락을 되살아나게 해서 그리워하게 합니다.(욕망의 어원적 의미가 <그리움>이라는 것을 다시 한번 상기해주시기 바랍니다.) 한 번 경험한 쾌락을 영원히 잊지 못하는 법입니다. 그렇다면 거세 이전의 향락이 거세와 함께 다른 형태의 향락으로 대체될 것은 뻔한 이치입니다. 영원히 상실되어 지고선(큰사물)으로 작용할 대상인

3 Assoun, *La Psychanalyse*, P.U.F., p.659.
4 *Id.*

어머니와 나누었던 향락은 그야말로 지고의 향락으로서, 마약중독증과 같은 환각 상태 밖에서는 다시는 되찾을 수 없습니다. 그러한 의미에서 그곳은 <실낙원>입니다.[5] 그러한 잃어버린 최초의 향락을 <원향락(archi-jouissance)> 라고 합시다. 그러면 그것을 대체하는 <대체 향락(substitut-jouissance)>이 있을 것이라는 것은 불 보듯 뻔합니다. <fort-da> 놀이를 한번 생각해보십시오. 그 놀이를 발명하기 전에는 어머니의 유무에 따라 기쁨이 고조되었다가 저하되곤 했는데, 그 놀이를 발명한 후로는 어머니의 외출-귀가와는 관계없이 그 놀이 자체를 즐겼습니다. 그것은 어머니와의 향락이 놀이-향락으로 대체되었음을 말해줍니다. 말하자면 언어적 향락이 원향락을 대체하며 창설되는 것입니다. 거세가 상징화를 의미하는 은유적 대체를 의미하는 한, 모든 향락은 언어적 향락입니다. 그러나 언어적 향락은 원향락을 되찾기 위한 대체 향락에 불과할 뿐, 결코 원향락과 같을 수 없습니다. 그래서 라캉이 se <tirer de la jouissance>(원향락을 벗어나서(se tirer de) 약간의 언어적 향락을 여는(tirer) 것)라고 표시하는 것입니다.[6]

사랑과 욕망의 관계가 잘 정리되지 않는 것은 아마 전체와 부분의 관계 때문일 것입니다. 이렇게 생각해봅시다. 사랑에는 <전체적> 자아가 반영된다고 했는데, 그리하여 이상화와 자기애를 벗어날 수 없다고 했는데, 그것은 상상적 동일시와 상징적 동일시의 동시 작용을 통해 자아가 형성되듯이, 대상을 그렇게 형성된 이상적 자아와 자아 이상과 동일시한다는 것을 의미

5 이러한 구도는 성경에 나오는 에덴동산과 그곳으로부터의 추방과 일치합니다. 밀턴(Milton)은 그것을 『실낙원』(1667)으로 노래한 바 있습니다.

6 지금은 우리가 우리의 설명 구도에 맞춰 우리식 용어로 <향락>을 이야기했지만, 언젠가는 라캉의 향락에 대해 정식으로 공부해야 할 것입니다. 그때는 아마 우리의 구도를 다시 라캉의 용어와 개념에 맞춰 재조정하게 될 것입니다.

합니다. 상상적 동일시와 상징적 동일시, 이상적 자아와 자아 이상도 너무 어렵게 생각하지 마십시오. 라캉의 거울 단계 이론에 따르면, 자아는 거울 속의 이미지 — 전체적 이미지입니다 — 를 큰타자의 동의(인정)을 얻어 자기로 받아들인 것(자기와 동일시한 것)에 지나지 않습니다. 그래서 자아는 <하나>처럼 보이지만, 실은 거울 속의 이미지와 동일시해서 생긴 <이상적 자아>와 큰타자와 동일시해서 생긴 <자아 이상>으로 세분됩니다. 그것들을 이제는 사랑의 대상에 투영한다고 생각해보십시오. 그것은 이상적 자아와 대상을, 그리고 자아 이상과 대상을 동일시한다는 것을 의미합니다. 따라서 전자가 대상과의 차원에서 상상적 동일시이고, 후자가 상징적 동일시가 됩니다. 이렇게 사랑의 대상은 <내>가 아닌 타자이지만, 자아를 모델로 해서 선택됩니다. 그래서 사랑은 자기애로부터 자유롭지 못하다고 하는 것입니다. 그런데 여기서 주목해야 할 것은, 자아가 형성될 때부터, 자아로 동일시되는 것이 이상화된 채로 동일시되어 자아가 된다는 것입니다. 이미지의 차원에서는 통일성이 예기되고(그래서 <상상적>이라고 하는 것입니다), 큰타자의 차원에서는 전능한 이상(idéal)으로 비칩니다(그 <이상>의 기호형식적인 한 특징(단성)과 동일시한다는 점에서 <상징적>입니다). 다른 한편 욕망은 사랑과는 대조적으로 결핍된 어떤 <부분> 대상에 관한 것입니다. 지난 세미나에서 말씀드렸듯이, 아브라함은 사랑하는 사람의 이상적인 이미지 속에 자가-성애의 핵이 없다는 것을 발견합니다. 그것은 대상을 자아처럼 사랑하지만, 그 사랑은 리비도의 총체적인 투여로 이루어지는 것이 아니라, 그것의 일부분은 자기 자신의 특수한 신체 부위에 대한 투여를 위해 쓰인다는 것을 뜻합니다. 다시 말해 자가-성애적인 기관 쾌락과 관련된 리비도는, 전체적인 대상에 대한 자기애적인 투여와는 별도로 구성된다는 것입니다. 이것이 바로 욕망과 연결된 차원으로, 그것과 관계된 부분 대상에는 남근, 젖가슴, 똥, 시선 등이 있습니다. 물론 남근과 나머지 부분 대상은 서로 다른 성격의 것입니다. 결과적으로 사랑하는 대상의 이상적인 이미지는 부분 대상의 공백을 내포하고 있습니다. 마치 이상적인 이미지란 결핍에 옷을 입힌 것에 지나지 않는 것처럼 말입니다. 사실 그렇습니다. 이상적인 이미지는 결핍의 옷 입히기라고 말할 수 있습니다. 따라서 라캉의 말대로, 욕망이 그 공백과 관련 있다면, 그 말을 바꾸어, 사랑은 욕망의 옷 입히기라고 말할 수 있습니다. 그 명제는 우리에게 아주 흥미로운 사실을 암시하고 있습니다. 즉 사랑하는 대상의 이상적인 이미지가 갖고 있는 자아를 유인하고 매혹하는 힘은 욕망, 즉 결핍으로부터 나온다는 사실입니다. 그렇습니다. 사랑하는 대상이 사랑을 받는 것은 그 대상에 결핍되어 있는 것 때문입니다. 따라서 사랑을 받기 위해서는 결핍이 유지가 되어야 합니다.[7] 라캉은 말합니다. <여자는 남근을 가지고 있지 않는 한, 남자에게 상상적 남근이 될 수 있다.> 주체에게 남은 자가-성애적인 부분 대상이 타자의 육체 위에서 상상적으로 사랑의 대상(물론 <부분적 사랑>입니다)으로 투영됩니다. 따라서 사랑은 자가-성애의 비축(réserve)[8] 위에서만 가능해진다고 말할 수 있습니다. 그 말은 무엇을 뜻합니까? 우리가 사랑이라는 미명하에 타자에게서 찾는 것은, 신화적인 의미의 성적인 반쪽이 아니라, 영원히 잃어버린 자기 자신의 부분[9]이라는 사실을 뜻하는 것이 아니라면 말입니다. 그렇습니다. 우리가 닮은 자(semblable)라는 의미에서의 타자 속에서 추구하는, 다른 것이라는 <소문자 타자(autre)>는 자기 자신의 잃어버린 부분 대상입니다. 그 결핍된

7 만약 결핍이 유지되지 않고, 실제로 눈앞에 나타난다면(이것을 라캉은 <실재계의 회귀>라고 말합니다), 주체는 불안에 휩싸이게 됩니다. 라캉은 이렇게 불안을 결핍의 구조화와 유지의 실패, 다시 말하면 <실재계의 회귀>로 설명합니다.

8 정확히 말하면, <따로 남겨두기>.

9 부분 대상이 <영원히 상실된 대상>이라는 점에 대해서는 다음 시간에 다시 논의하겠습니다.

대상을 되찾으려는 것이 바로 욕망입니다. 따라서 사랑은 욕망을 뒤에 숨기고 있는 일종의 속임수이고 위장입니다. 달리 말하면 사랑하는 사람이 잘되기를 바라는 순수한 의미에서의 진실한 사랑은 존재 결핍을 채우려는 이기적인 욕망의 포장입니다. 라캉은 말합니다. "사랑한다는 것은 본질적으로 사랑받기를 원하는 것이다. 주체는 분석가의 욕망에 예속되어 있는 한, 그 예속으로써 그를 속이려고 한다. 즉 그로부터 사랑받게 하고, 사랑이라는 본질적인 위선을 스스로 제공한다. 그러한 속임수의 결과는 오래된 사랑의 속임수의 투영이 아니다. 사랑은 지금 여기서 반복되면서, 사랑의 순수한 속임수 기능이 현실 속에 따로 떨어진 것이다. 그래서 우리는 소위 전이적 사랑 뒤에는 분석가의 욕망과 환자의 욕망의 결합이 있다고 주장할 수 있는 것이다."(라캉, 『세미나 XI. 정신분석의 네 가지 기본 개념』, 1963~64)

그러한 두 가지 존재 결핍 — 거세와 <대상 a> — 과 사랑하는 대상의 아름다운 이미지의 관계 — 다시 말해 부분 대상과 대상, 욕망과 사랑의 관계 — 는, 그리스 신화 중에서 아프로디테의 탄생 신화에 아주 잘 나타나 있습니다. 그 신화는 이미 우리가 지난 워크숍에서 거론한 바 있습니다. 그 내용의 요지는 이렇습니다.

① 우라노스가 그의 처인 가이아의 음부에 괴물을 숨겨놓습니다. 우스갯소리로 아마 바람피울까봐 그랬나 봅니다. 다른 남근이 들어오면 잡아먹으라고요? 만약 그렇다면 그 괴물은 십자군전쟁 시대의 정조대와 같은 역할을 하겠지요?

② 그것 때문에 가이아는 무척 고통스러워합니다. 어머니가 괴로워하는 것을 보다 못한, 우라노스와 가이아의 아들인 크로노스는 어머니의 음부에 숨어 있다가, 아버지의 남근이 들어오자 그 남근을 잘라서(거세해서) 바다에 던져버립니다.

③ 그랬더니 남근이 떨어진 장소에 거품이 일면서, 그 거품으로부터 미의 여신인 아프로디테가 탄생합니다. 아프로디테(Aphrodite)는 거품(aphros)으로부터 태어난 자라는 뜻입니다.

그러한 아프로디테의 신화에 정신분석의 연구 성과를 대입해보면, <거세, 대상 a, 이상적 이미지>가 <남근이 빠진 장소, 거품, 미의 여신>에 각각 대응함을 볼 수 있습니다. 게다가 사랑의 신 에로스(Eros)[10]는 미의 여신 뒤를 졸졸 따라다니는데, 그것은 사랑과 결핍(욕망)의 관계를 잘 보여줍니다. 그러한 신화적 이미지에서 어떠한 이미지를 추출할 수 있을까요?

① 우선 두 존재 결핍의 관계를 보여줍니다. 즉 거품으로 상징되는 <대상 a>는 거세의 구멍[거세된 남근이 빠진 구멍]의 가장자리에 나타나면서, 그것을 대신합니다. 그것은 <대상 a>가 남근적 함의를 갖고 있는 남근적 대상임을 말해줍니다.
② 거품이 미의 여신으로 태어난다는 것은, 사랑하는 대상의 아름다운(또는 이상적인) 이미지(전체적)는 <대상 a>를 숨기고 있고, 또한 자신의 매혹의 힘을 <대상 a>(부분적)로부터 빌려온다는 것을 뜻합니다.
③ 게다가 실제로 거세된 쪽은 우라노스(즉 남자)인데, 남근의 부재를 숨기고 있는 쪽은 아프로디테라는 것도 정신분석적으로 아주 의미심장합니다.

이 신화를 조금 연장하여 에로스가 프쉬케(Psyche)를 사랑하게 되는 장면

10 에로스는 아프로디테의 아들이라는 설도 있고, 풍요의 신과 궁핍의 신 사이에서 태어났다는 설도 있습니다.

에 이르면, 정신분석적으로 해석의 여지가 아주 많습니다. 그러나 세세한 것은 여러분에게 숙제로 남겨두기로 하고, 저는 에로스가 우여곡절 끝에 사랑하게 되는 프쉬케가 <영혼>을 의미한다는 것을 지적하는 것으로 만족하려고 합니다. 그것은 마치 정신분석 또는 <영혼 분석>에서 <사랑>의 분석이 차지하는 위치를 말해주고 있는 듯합니다.[11] 아무튼 신화는 한 인간의 심리 내에서 일어나는 주체의 역사를 주체 간의 역사로 펼쳐놓으며, 하나의 심리를 구성하는 요소들 각각을 독립된 주체로 의인화합니다. 역으로 말하면, 인간의 심리는 압축된 신화에 지나지 않습니다. 반면에, 신화는 이야기로 꾸며진 펼쳐진 심리입니다.

사랑과 욕망의 관계를 간단히 이야기하면, 에로메노스가 에라스테스가 될 때(라캉의 용어로 말하면 에라스테스가 에로메노스를 대체함으로써 사랑의 은유가 이루어질 때), 순수한 의미의 진정한 사랑 — 즉 사랑을 베풀고 사랑의 대상이 잘되기를 바라는 것 — 이 이루어지는 것이 아니라, 그 뒤에 사랑받고, 사랑하는 사람으로부터 욕망될 수 있는 존재가 되어 인정받고 싶은 욕망이 도사리고 있다는 것입니다. 그것이 바로 욕망의 본질입니다. 사실 사랑을 받을 때는 아무 문제가 없습니다. 그저 행복할 뿐입니다. 어머니의 무조건적인 사랑을 받을 때, 즉 아기 시절이 그것을 증명합니다. 반면에, 괴로움은 사랑을 할 때부터 시작됩니다. 그렇게 사랑의 시작과 함께 고통이 시작되는 것은, 그 뒤에 인정을 받고 싶은 본질적인 욕망이 도사리고 있기 때문입니다. 욕망의 본질이 원래 사랑하는 사람으로부터 존재 가치를 인정받아 존재 결핍을 충전(充塡)하는 것입니다. 사랑은 그러한 욕망의 성취를

11 <정신분석(psychanalyse)>의 최초의 학명은 <psycho-analyse>이었는데, 그 명칭은 접두사의 분리로 말미암아 정신분석이 <영혼 분석>이라는 사실을 더욱 여실히 보여주는 듯합니다.

위한 속임수에 불과합니다. 그것은 사랑하는 대상의 이미지 속에 자가-성애적인 부분 대상이 결핍되는 것과 맥을 같이합니다. 즉 사랑하는 대상 속에 자기애적인 이상을 투사한다고 하더라도, 자가-성애적인 리비도가 이기적으로 또는 자기애적으로 자기 자신에게 남는 것과 일치합니다.

오늘은 여기까지 하겠습니다. 다음 시간에는 <대상 a>에 대해서 천착해 볼까 합니다.

....

정은경 : 실재계가 결핍으로 구조화되지 않고 실제로 회귀하면 불안해진다고 말씀하셨는데, 다시 한번 설명해주십시오.

답변 : 가령 <대상 a>가 가짜로 나타나면 정상적인 것이고, 진짜로 나타나면 불안해진다는 뜻입니다.

정은경 : <진짜로> 나타난다는 뜻은 무엇입니까?

답변 : <가짜로> 나타난다는 것은 <대상 a>가 환상(망상과 대립되는 개념으로서)으로 나타난다는 것이고, <진짜로> 나타난다는 것은 상실된 것이 상실되지 않고 충만하게 환각적으로 실물로 나타난다는 뜻입니다.

박지연 : 그렇다면 진짜는 실재계를 말하는 것인가요?

답변 : 예.

이동민 : 세상 살기가 어려우면, 사람들은 미쳐버렸으면 좋겠다고 말합니다. 마치 미치면 고통을 느끼지 못하는 것처럼. 그러나 미치면 고통을 받습니다. 정신병자는 마음이 아픈 자입니다. 그것은 인터뷰를 해보면 알 수 있습니다. 그의 상처를 건드리면, 정신질환자는 발작을 일으키며 무척 고통스러워합니다. 따라서 실재계로 가지 말고 상징계

에 머물러야 합니다.

김미화 : 약도 먹고 정신 치료도 받는 양극성 장애를 가진 사람을 상담한 적이 있습니다. 그런데 그녀는 의사를 만나러 갈 때, 미리 각본을 준비해서 간답니다. 저한테도 처음 만났을 때, "자기가 아홉 살 때 두 살 차이인 남동생을 데리고 놀다 그가 개울에 빠져 죽었다"고 하고(그 죄책감 때문에 한번은 저에게 전화를 해서 자기가 잘못했다고 생각하는 사람에게 다 찾아다니며 용서를 구하고 싶다고 말하더군요.), 네 번째 만났을 때는 고등학생 때 성폭행당한 이야기를 눈물을 살짝 비치면서 이야기하는데, 그 기억이 다 맞지 않을 수 있다는 생각이 들었습니다. 그런데 이야기를 해보면 담배꽁초가 몇 개 있었는지까지 다 기억하거든요? 그래서 일단은 그가 기억해낸 것을 글로 써서, 그 속에서 상징이나 은유를 찾아보려고 하는데 만만치 않더군요.

답변 : 예. 쉽지 않습니다. 그러나 그러한 작업을 오랫동안 하다보면, 그의 기억과 말에 틈이 생김을 볼 수 있습니다. 그 순간을 잘 포착해야 합니다. 거기가 무의식이 회귀하는 곳이기 때문입니다.

김미화 : 그러면서 제 마음에 와 닿는 것은, 인간은 아주 어렸을 때 어머니의 젖가슴에서 느꼈던 쾌감으로 돌아가려고 하고 그것을 추구하려고 한다는 것입니다.

답변 : 맞는 말씀입니다. 그러나 거기에 하나를 더 덧붙여야 합니다. 방금 전에 말씀하신 어머니와의 향락이 지고의 향락으로 경험되고 기억될 수 있으려면, 그것을 금지시키는 거세 작용이 개입되어야 한다는 것입니다. 대상관계는 그것을 어머니와 아이의 <1:1> 관계(일명 모아 관계)로 설명하려고 합니다. 그러나 정신분석은 제삼자 — 남근이든 큰타자이든 — 를 전제해야 그것이 설명될 수 있다고 말합니다. 정통 정신

분석과 대상관계 이론이 갈라지는 지점이 바로 그곳입니다. 큰타자는 무의식의 세계이며 상징적 영역입니다. 게다가 말이 나왔으니까 다시 한 번 말씀드리는데, 대상관계 이론은 너와 나의 관계, 실체를 가진 존재와 존재의 관계라는 관점에서 대상과의 관계에 접근하지만, 정신분석은 존재 대 결핍의 관계로 대상을 설명합니다. 그래서 정신분석에서 대상은 언제나 존재 내의 잃어버린 대상입니다. 그러나 <존재 내>라는 표현도 썩 적합하지 않습니다. 왜냐하면 <존재 내>라고 하면 발생적이고 생리학적인 뉘앙스를 풍기는데, 여기서 말하는 <존재 내>는 존재 바깥에 있지만 주체를 구성하는 바깥입니다. 마치 언어가 존재 바깥에 있지만, 그렇다고 실체를 가지고 있는 또 다른 존재도 아닐뿐더러, 주체를 구성하면서 주체 내에 구조화되는 것인 것처럼 말입니다. 따라서 주체의 발생과 함께 주체에게 잃어버린 대상이라고 말하는 것이 정확합니다.

이동민 : 이를테면 젖가슴이 향락일 수 있는 것은 큰타자에 의해 상실되기 때문이라는 것이지요?

답변 : 예. 그러한 정신분석적 구도는 신의 존재에 대해서도 적용할 수 있습니다. 그것을 신에 대입하면, 신이 인간보다 먼저 존재해서 인간을 창조한 것이 아니라, 언어에 의해 인간 심리에 구조화된 결핍이 신을 가정하게 하는 것입니다. 제가 언젠가 말씀드린 큰타자로서의 신, 실재(계)로서의 신, 상상적인 신 등이 그것입니다. 그러한 의미에서 모든 것은 언어가 만들어낸 환(幻) — 넓은 의미에서의 — 입니다. 그런데 환상에도 어떤 문법이 있습니다. 가령 강박증 환자는 강박증 환자 나름대로, 히스테리 환자는 히스테리 환자 나름대로 환상의 문법 또는 체계가 있습니다. 우리는 그것에 관한 문법서를 쓰기 위하여, 우선 그것을 구성하는 최소 요소들을 찾아내고, 그것들이 신경증과

도착증 그리고 정신병 각각에서(물론 정상인도 여기서 예외가 아니고, 남녀의 심리 차이도 예외가 아닙니다) 어떻게 결합되어 나타나는지를 공부하고 있는 것입니다.

김소희 : 그러면 무의식을 환상이라고 할 수 있나요?

답변 : 그것은 조금 다릅니다. 프로이트의 이론 체계 내에서 간단히 이야기하면, 무의식은 억압된 표상으로 구성되어 있는 데 비해, 환상은 그러한 무의식의 회귀와 의식의 갈등이 빚어낸 일종의 타협물입니다. 욕망의 차원에서 말한다면, 환상은 억압된 욕망의 시나리오입니다.

2006년 9월 27일

V

대상 a (1)

〈대상 a〉의 계보
거세는 은유화다
1+a=1/a
엘레우시스의 비교(秘敎)
부분 대상과 〈대상 a〉
큰사물과 큰타자

지금까지 우리는 라캉의 새로운 개념을 많이 다루어왔습니다. 큰타자, 향락, 남근, 결핍, 거세-박탈-좌절, 상징계-실재계-상상계, 욕망-요구-욕구, 억압-부인-폐기, 아버지의-이름, 아버지의 은유, 주체, 소외 등이 그것입니다. 그러나 그것은 프로이트 이론과의 관계에서 다루었을 뿐, 라캉 자체를 본격적으로 다루지는 않았습니다. 그러한 각도에서 오늘부터 우리가 공부하려고 하는 <대상 a>는, 본격적으로 라캉의 이론으로 진입한다는 신호탄이 아닌가 싶습니다. <대상 a>는 라캉에게 있어서 가장 핵심적인 개념임과 동시에, 라캉이 정신분석에 기여한 가장 큰 공헌 중의 하나입니다. 따라서 <대상 a>를 제대로 이해해야만 라캉의 이론의 요체를 파악했다고 말할 수 있고, 역으로 라캉 이론의 중심을 장악하기 위해서는 <대상 a>를 점령해야 합니다. 그러나 그것은 그렇게 호락호락 자신을 내보이지 않습니다. 라캉이 말했듯이, 그것은 <표상될 수 없는 것>이기 때문입니다. 그것은 이미지로 표상되는 순간 이미 <대상 a>가 아닙니다. 라캉이 그것을 명명하면서 굳이 암호와 같은 소문자 <a>로 표시한 까닭이 거기에 있습니다. 따라서 우리가 <대상 a>를 공략하는 길은, 그 개념의 생성 과정이나 다른 개념과의 관계를 통해 그것의 윤곽을 그리는 수밖에 없습니다.

그 일환으로 우리는 두 가지 길을 통해 <대상 a>에 접근해 보려고 합니다. 하나는 역사학의 길로 그 개념이 나오게 된 역사적인 배경과 과정을 따라가는 것입니다. 그것은 통시적인 차원의 접근방법입니다. 여러분이 다 알다시피, 웬만한 정신분석의 개념과 용어들은 모두 프로이트로부터 나왔습니다. 아마 <대상 a>도 필경 그 원천은 프로이트일 것입니다. 물론 프로이트는 <대상 a>라는 용어를 사용하지 않았습니다. 그러나 그것의 근원을 거슬러 올라가 보면 반드시 프로이트를 만나게 됩니다. 정확히 말하면 프로이트의 <부분 욕동> 이론을 만나게 됩니다. 그것은 프로이트의 제자인 아브라함의 <부분 대상> 이론으로 이어집니다. 저는 지금까지 사랑과 욕망의 차이에 대해서 무수히 말씀드려 왔습니다. 그런데 그 차이를 한마디로 압축하려면, 전체 대상과 부분 대상의 차이를 거론하지 않을 수 없습니다. 즉 사랑은 전체적 대상과 관계하고, 욕망은 부분 대상과 관계되어 있습니다. 그런데 그러한 전체와 부분의 대립을 정신분석에 도입한 최초의 인물이 아브라함입니다. 전체와 부분의 쌍은 아브라함과 함께 정신분석에 화려하게 등장하는 것입니다. 게다가 아브라함은 4가지 <부분적 대상애>[1]를, 비

1 엄격히 말해 <부분 대상>이라는 용어를 처음 사용한 사람은 클라인입니다. 아브라함은 <부분적 대상애>, 또는 정확히 말하면 <대상에 대한 부분적 사랑>이라는 표현을 사용했을 뿐입니다.

록 깔끔하게 정리하여 제시하지는 못했지만, 최초로 언급한 분석가이기도 합니다. 라캉의 <대상 a>가 <젖가슴, 똥, 목소리, 시선>이라는 4가지 대상으로 환원될 수 있다는 것을 기억한다면, 아브라함이 라캉에게 많은 영향을 미쳤을 것이라는 것은 짐작하고도 남음이 있습니다. 이제 그 바통은 클라인에게 넘어갑니다. 클라인의 놀라운 개념인 <좋은 대상/나쁜 대상>이 나온 것은 우연이 아닙니다. 그녀가 만약 아브라함과 페렌치로부터 분석과 지도를 받지 않았다면, 아마 그러한 개념의 발견은 가능하지 않았을 것입니다. 그것은 지리적 이동과도 일치합니다. 비엔나 출신인 클라인은 페렌치에게 분석을 받다가, 런던으로 이주한 다음에는 베를린에서 건너온 아브라함을 만나게 됩니다. 그리하여 <런던 학파>라고 할 수 있는 그룹이 자연스럽게 형성됩니다. 그들로부터 대상관계 이론이 출발했다는 것은 다 알려진 사실입니다. 그 대를 잇는 사람 중에 빼놓을 수 없는 사람이 위니컷(Winnicott)입니다. 그 역시 영국 정신분석가로서, <대상 a>의 발견에 결정적인 발판을 마련해준 <과도적 대상(objet transitionnel)>[2]이라는 개념을 내놓습니다. 그 개념과 함께, 이제 <대상 a>의 계보가 수립됩니다.

프로이트 →	아브라함 →	클라인 →	위니컷 →	라캉
부분욕동	부분 대상	좋은 대상	과도적 대상	〈대상 a〉

여기서 가장 큰 변화는 프로이트에서 아브라함으로 넘어갈 때, 욕동에서

2 <transitional object>는 보통 <중간 대상>으로 번역되고 있습니다. 그러나 저는 <과도적 대상>이라는 역어를 소개하려고 합니다. <transition>은 <어떤 것에서 다른 것으로 이동한다>는 뉘앙스가 담겨 있는 데 반해, <중간 대상>이라는 말은 중간 지점에 고정되어 있다는 느낌을 불러일으키기 때문입니다. 그에 비해 <과도적(過渡的)>이라는 말은 한 상태에서 다른 상태로 옮겨지는 도중이라는 의미가 분명히 드러납니다.

대상으로 중심축의 이동이 시작된다는 것입니다.

이러한 역사적인 길 이외에 또 다른 역사의 길이 있습니다. 그것은 라캉의 이론적 전기에서 <대상 a>의 등장과 발전 과정입니다. 라캉이 거울 단계라는 개념을 처음으로 제시한 것은 1936년 마리엔바트(Marienbad) 국제 정신분석학회에서였습니다. 그리고 에메(Aimée)라는 편집증 환자를 정신분석적으로 접근하여, 정신의학 박사학위 논문을 제출한 것이 1932년입니다.(논문 제목은 『편집증과 인격의 관계에 대하여(De la psychose paranoïaque dans ses rapports avec la personnalité)』입니다.) 그리고 1927년에서 31년까지 정신과 인턴 수련을 받았으니까, 그가 정신분석을 시작한 것은 다른 사람들보다 늦은 셈입니다. 아마 30세 전후해서 정신분석에 관심을 두기 시작한 듯합니다. 그 전에는, 즉 20대 초반에는 앙드레 브르통(André Breton)과 초현실주의 활동을 했다고 합니다. 아마 그러한 문학 활동은 그가 나중에 정신분석에 <은유>를 비롯한 문학적 개념을 도입하는 데 많은 도움을 주었을 것입니다.

아무튼 <대상 a>의 발견은 <거울 단계>로부터 시작됩니다. 그러나 그가 1936년에 거울 단계라는 개념을 처음 언급했다고는 하나, 그것을 본격적으로 정신분석에 활용하는 것은 1955년 <도식 L>을 소개하면서부터입니다. 그 도식을 통해, 라캉은 <소문자 a>와 <대문자 A>의 구분을 명확히 합니다. 정확히 말하면, 1955년 5월 25일의 세미나(in 『세미나 II : 프로이트의 이론과 정신분석 기법에서의 자아』, 1954~55)에서, 라캉은 처음으로 대문자 타자라는 용어를 도입하여 소문자 타자와 구분합니다. <두 가지 타자를 구분해야 한다. 적어도 두 가지 타자. 즉 대문자 A로 쓴 타자와, 자아라는 소문자 a로 쓴 타자 말이다. 파롤의 기능에서 문제가 되는 것은 대문자 타자이다.> <도식 L>에서 소문자 <a>는 거울 속에 비친 자기 자신의 육체적 이미지를 가리켰습니다. 따라서 <a>는 거울 이미지 내지는 상상계와 관련이 있다고 말할 수 있습니다.[3] 적어도 거울 이미지는 <대상 a>를 숨기고 있다고 말입니다.

여기까지가 <대상 a>의 제1기라고 한다면, 제2기는 1960년대로 넘어가면서 그 문이 활짝 열립니다. 1960년과 61년 사이의 『세미나 VIII : 전이』에서는, 플라톤의 『향연』을 정신분석적으로 주석하면서, 아갈마라는 용어를 빌려와 <대상 a>를 설명합니다. 그리고 1963년에서 64년에 걸친 세미나에서 <대상 a>는 실재계의 함의를 획득합니다. 그 사정은 이렇습니다. 어머니는 금지된 대상으로 영원히 현실로부터 추방되어 실재계를 구성합니다. 이를테면 상징계의 개입으로 말미암아 사랑의 대상으로서의 어머니가 영원히 상실되는 것입니다. 그렇게 상실된 대상을 큰사물(la Chose)이라고 부릅니다. 그것과 관련하여 <대상 a>를 정의한다면, <대상 a>는 큰사물이 현실(la réalité)로부터 떨어져나갈 때, 실재계(le réel)의 이면에 남긴 파편(éclats) 또는 나머지(restes)입니다. 그래서 <대상 a>에는 상징계와 실재계가 연루되는 것입니다. 이러한 역사적인 발전 과정은 급기야 70년대에 이르러 상징계, 실재계, 상상계의 중심에 <대상 a>를 위치시키기에 이릅니다.

<대상 a>에 대한 또 다른 접근방법은 공시적 차원에서 탐구해 들어가는 것입니다. 그것은 <대상 a>와 어깨를 나란히 하는 다른 개념과 비교하고, 그것들의 관계를 밝히는 것입니다. 그러한 차원의 접근도 크게 둘로 나눌 수 있습니다. 하나는 <대상> 자체 안에서, 다른 대상들과의 차이를 가늠해 보는 것입니다. 여러 차례 말했지만, 정신분석에는 여러 가지 대상이 있습니다. 떠오르는 것만 열거하면 욕구의 대상, 사랑의 대상, 환상의 대상, 욕동의

3 소문자 <a>에서 <대상 a>가 분리되는 것은 1957년입니다. <a>에서 <대상 a>로 분리된다기보다, 오히려 거울 이미지가 분리된다고 말하는 것이 더 합당할지 모릅니다. 왜냐하면 거울 이미지가 <a>와는 전혀 다른 I(a)로 표시되기 때문입니다. 오히려 <a>는 <대상 a>를 위해 남겨둡니다. <대상 a>를 그냥 <a>로 표시하는 까닭이 거기에 있습니다.

대상 등이 그것입니다. 우리는 여기서 정신분석에서의 대상이란 무엇인가를 살펴보고, 그 대상들의 차이를 알아볼 것입니다. 그중에서도 가장 중요한 것은 욕망과 욕동의 대상의 차이입니다. 그것은 <대상 a>와 부분 대상의 차이를 포함하고 있습니다. 엄격히 말해 프로이트는 그 둘을 구분하지 않았습니다. 그것들의 차이를 분명히 한 사람은 라캉입니다. 그리고 다른 하나는 <대상 a>와 불가분의 관계에 있는 다른 개념들과의 관계를 살펴보는 것입니다. 사실 어려운 부분은 이 부분입니다. 가령 남근과 <대상 a>, 큰타자와 <대상 a>, 큰사물과 <대상 a>, <대상 a>와 잉여-향락 등이 그것입니다. 우리는 이 부분을 조금 시간이 걸리더라도 세밀하게 공부해보려고 합니다.

도식화한다는 우려가 있지만, 지금까지 이야기한 것을 간단하게 요약해 봅시다.

① 인간이 말하는 존재인 한, 주체는 전형적인 존재 결핍으로 태어납니다.
② 주체가 결핍이라는 사실로 말미암아 주체는 큰타자로부터 존재를 인정받기 위하여, 그에게 결핍된 대상과 자신을 동일시합니다.
③ 그것이 큰타자의 남근과의 상상적 동일시입니다. 그러한 동일시는 주체가 성별화된 존재로서 큰타자와 관계하는 한, 어쩔 수 없는 일입니다. 프로이트도 이미 <아기=남근=똥=선물=돈>의 등식을 발견한 바 있습니다.
④ 그러나 그러한 동일시는 금지되어 있기 때문에 거세되어야 합니다. 거세는 한마디로 존재를 상상적 남근과 동일시하는 것을 포기하는 것입니다. 따라서 거세는 주체의 존재 결핍을 확실하게 만듭니다.
⑤ 이제 그러한 결핍은 박탈을 통해 현실적 차원에서 재확인됩니다. 남근의 애도가 이루어지는 것입니다. 이를테면 남근은 두 번 죽는 것입니다. 한 번은 상상적으로, 다른 한 번은 현실적으로 말입니다. 그것은

애도 작업이 두 번의 살해 행위라는 것과 맥을 같이합니다.

⑥ 그리고 마지막으로 그러한 존재 결핍은 다른 결핍 — 즉 <대상 a> — 으로 장식되면서 그 윤곽이 완성됩니다.

....

질문 : 그렇다면 거세가 아닌 존재결핍도 있겠네요?

답변 : 그렇습니다. 모든 언어화에는 결핍이 내포되게 마련입니다. 그렇기 때문에 존재 결핍은 거세보다 넓은 개념입니다. 단지 그것을 대표하는 결핍으로 라캉은 세 가지를 내세우고 있고, 그중에서도 거세가 가장 중요한 존재 결핍일 뿐입니다. 그래서 거세는 존재 결핍과 거의 동의어라고 해도 상관없습니다. 인간이 말하는 존재인 한, 주체는 존재 결핍으로 존재하고, 다른 한편으로 인간이 성별화된 존재인 한, 상징적 거세를 거쳐야 하기 때문입니다. 이렇게 말할 수 있습니다. 인간이 언어의 장 속에 떨어지는 순간, 존재 결핍으로 태어나기 때문에, 주체는 존재를 확인받으려고 사랑하는 대상의 결핍된 부분 대상과 자신을 동일시합니다. 그 대상이 바로 남근입니다. 그러나 애석하게도 그것은 금지되어 있고, 따라서 그것은 거세되어야 합니다. 존재 결핍을 남근으로 대신하면서 존재를 인정받으려다, 거세되어 구멍을 남기는 셈입니다. 형태 없는 결핍 속에 형태 있는 결핍이라고 할까요? 테두리 없는 구멍 속에 테두리 있는 구멍이라고 할까요? 그러한 구멍을 <대상 a>가 장식하러 옵니다. 그러나 여기서 잊지 말아야 할 것은, <장식>이라는 표현이 구체성과 물질성을 상기시켜서는 안 된다는 것입니다. <대상 a>도 상실된 대상들이 낳은 파편들의 공백입니다. 따라서 구멍과 공백의 중첩인 셈입니다. 이런 이미지를 한번 생각해보십시오. 어떤 물건이 물에 떨어졌을 때(거세), 그것이 빠른 속도로

> 빠지면서, 그것이 지나간 자리에 옆의 물을 그 구멍으로 끌어들이면서 거품을 일으킵니다. 그 거품과 구멍을 메우러 오는 옆의 물이 <대상 a>라고요. 그리하여 남근, 다시 말해 성적인 것과 관계없는 것이 남근의 거세된 구멍 속으로 빨려 들어오면서 성적인 의미를 띠게 됩니다. 그리하여 성과 전혀 관계없는 <대상 a>는 성적인 의미를 띠게 되고, 남근적인 것을 뒤에 숨기고 있는 남근적 대상이 되는 것입니다. 바로 그렇기 때문에 <대상 a>가 거세의 구멍의 가장자리에 나타나서 그 윤곽을 그린다고 말하는 것입니다. 그런데 여기서 주의해야 할 것은, 모든 비유가 그러하듯이, 추상적인 이론이 물질적으로 구체화된다고 해서, 거세를 실제로 생물학적인 자지를 떼어내는 것으로 생각해서는 안 된다는 것입니다.

아브라함의 발견을 다시 한번 상기해봅시다. 아브라함은 자기의 이미지가 투영된 닮은 자의 이미지에서 한결같이 생식기의 부분에 공백이 나타남을 발견합니다. 그것이 나르시시즘의 차원에서 가장 핵심적인 장소임에도 불구하고 말입니다. 이를테면 닮은 자의 이미지와 부분적 대상이 분리되면서, 부분적 대상이 부재화(absentification)의 양상을 보이는 것입니다. 반면에 <대상 a>는 그 결핍의 가장자리를 장식함으로써 그것의 윤곽을 완성합니다. 따라서 <대상 a>는 남근적 반영으로 장식된 대상입니다. 방금 전에 거세를 <부재화>에 연결시켰는데, 그것과 상대적으로 <대상 a>를 규정한다면, 그것은 공백을 공백으로 드러나게 하는 현재화(présentifica tion)라고 할 수 있습니다. 다른 한편 남근의 결핍, 즉 거세가 표상의 차원에서 무의식적으로 이루어진다면, <대상 a>는 욕동의 차원에 있다고 말할 수 있습니다. 라캉의 추론대로, 인간이 말하는 존재인 한 주체는 존재 결핍으로 태어나고, 그 존재의 인정을 받기 위해 남근으로 그 결핍을 충전(充塡)(obturation)하고, 그것이 다시 거세된다면, 이 모든 과정이 지나치게 관념적이지 않습니까? 반면에 알키비아데스는 소크라테스의 언변에 성적으로 매료됩니다. 소크라테스 앞에서 가슴이 뛰면서 어쩔 줄 몰라 하는 알키비아데스를 한번 연상해보십시오. 그것은 분명 <대상 a>가 상징적인 차원에 있는 남근-거세에 비해 육체적인 향락을 유도한다는 것을 알 수 있습니다. 따라서 전자가 존재 결핍의 욕동적 양상이라고 한다면, 후자는 존재 결핍의 개념적(또는 표상적) 양상이라고 할 수 있습니다. 라캉이 남근과 거세를 상징계와 연관시키는 이유가 바로 거기에 있습니다. 그리하여 라캉은 거세와 <대상 a>의 관계가 프로이트에 있어서 무의식과 그거의 관계와 같다고 말하는 것입니다. 그 둘 사이의 거리는 서로 비례합니다.

남근-거세	대상 a
부재화(absentification)	현재화(présentification)
존재 결핍의 개념적 양상	존재 결핍의 욕동적 양상
상징계와 관계	실재계와 관계
무의식	그거

지난여름 워크숍 때, 잠깐 거론하다 미처 끝맺지 못한 것 중에, <1+a = 1/a>의 공식이 있습니다. 그것은 라캉이 남근과 <대상 a>의 관계를 보여주기 위해 만든 공식입니다. 여기서 <1>은 성교를 내포하는 통일성의 상징, 즉 남근을 가리킵니다. 그리고 <a>는 <대상 a>를 가리키고, 그에 따라 < +>는 남근과 <대상 a>의 병렬적 결합을 나타내고, 분수를 가르고 있는 횡선(/)은 거세에 의해 남근과 <대상 a>가 서로 분접(articulation)된다는 것을 나타냅니다. 사실 남근과 젖가슴— <대상 a>의 대표라고 할

수 있는— 은 아무런 관련이 없습니다. 젖가슴은 그야말로 욕구를 충족시키는 기관에 지나지 않습니다. 다시 말해 그것은 원래 성적인 기관이 아닙니다. 그에 반해 남근은 성의 상징입니다. 따라서 젖가슴이 성적인 함의를 내포하기 이전에 그것들은 서로 따로 병렬적으로 나란히 배치되어 있었으며, 그것이 거세에 의해 성적인 기관이 된 이후에도 그것들은 공통분모가 전혀 없습니다. 제가 남근과 젖가슴이 아무런 관련이 없다고 말씀드린 의미가 바로 그것입니다.

라캉이 위의 등식으로 말하고자 하는 것은, 한마디로 <욕망의 원인은 거세와 등가>라는 것입니다. 그러한 정의는 우리에게 많은 것을 생각나게 합니다. 욕망의 원인은 결핍이고, <대상 a>는 욕망의 원인으로서의 대상이고, 거세는 상상적 남근의 상징적 결핍이고… 등등의 정의 말입니다. 따라서 그 정의의 근원에는 욕망의 원인으로서의 <대상 a>는 거세에 의한 것이라는 생각이 깔려 있습니다. 그러한 생각을 라캉은, 그 등식을 왼쪽에서 오른쪽으로, 그리고 오른쪽에서 왼쪽으로 읽으면서 극명하게 보여주고 있습니다. 우선 라캉은 그 등식을 왼쪽에서 오른쪽으로 읽을 때, <거세는 서로 관계가 없는 것들끼리 약간의 관계를 만든다>고 읽습니다. 다시 말해 거세는 남근과 <대상 a>를 하나의 사슬로 연결시켜줍니다. 반대로 읽는 것도 결국 비슷한 의미를 갖고 있습니다. 라캉은 그 등식을 오른쪽에서 왼쪽으로 읽으면서, <주체의 분열은 환상 속에서 약분 불가능성으로 중복된다>고 말합니다. 표현이 조금 어렵게 느껴질지 모르나, 그 문장이 의도하고 있는 의미는 의외로 간단합니다. 우선 거세는 남근과 <대상 a>를 서로 분열시키지만, 그것들은 서로 공통분모가 없이 하나의 의미로 환상 속에서 서로 중첩된다는 것입니다.[4] 말하자면 젖가슴이 거세의 구멍에 환상적으로 나타나는 것입니다. 그렇지만 젖가슴과 남근은 공통 요소가 아무것도 없습니다. 그런데 여기서 유의할 것은, 왼쪽에서 오른쪽으로 넘어가면서, 다시 말해 거세되면서, 남근과 <대상 a>의 의미가 바뀐다는 것입니다. 통일성의 상징인 남근은 결핍의 기관이 되고, <대상 a> 역시 공백(vide)[5]으로 남습니다. 속이 빈 대상이 되는 것이지요.

그래서 저는 나름대로 이 등식에 통시적인 관점을 적용시킬 수 있지 않을까 생각해보았습니다. 다시 말해 등식의 왼쪽(<1+a>)은 거세 이전, 즉 프로이트 식으로 말하면 전-오이디푸스기나 전-성기기라고 말할 수 있고, 등식의 오른쪽(<1/a>)은 거세 이후, 즉 오이디푸스기라고 할 수 있습니다. 물론 라캉이 살아서 저의 해석을 듣는다면 거부했을 것입니다. 왜냐하면 라캉이 정신분석 이론을 수학적으로 공식화한 것은 첫째, 각 요소들의 관계를 공시적으로 보여주고, 둘째 그러기에는 언어적 정의가 시간적 길이를 필요로 하는 관계로 부적절했기 때문입니다. 사실 프로이트의 정신분석과 라캉의 정신분석의 차이를 크게 나눈다면, 전자는 발달심리학적으로 통시적 정신분석이라고 한다면, 후자는 구조적으로 공시적 정신분석이라고 할 수 있습니다. 그러나 라캉의 정신분석이 아무리 공시적이라고 하더라도 통시적인

---

4 라캉이 <분절(articulation)>이라는 말로서 의미하고자 한 것이 바로 그것입니다. <articulation>은 다 알다시피, 관절을 뜻하는 말로, 그곳은 분리의 지점이면서 동시에 서로 결합 연결되는 지점이기도 합니다. 분리와 결합이라는 두 의미를 동시에 갖고 있는 것이지요. 그래서 그것을 <분리되면서 접합되어 있다>는 뜻으로 <분접>이라고 번역한 것입니다. 더 좋은 번역어가 생각나면 알려주시기 바랍니다.

5 라캉이 <대상 a>의 특수성을 규정할 때 많이 쓰는 표현에 세 가지가 있습니다. 하나는 <écltats(파편)>, 다른 하나는 <restes(나머지)>라는 말이고, 마지막으로 공백(vide)라는 말입니다. 그것을 간단히 설명하면, <대상 a>는 최초의 잃어버린 대상의 <파편>으로, 상징계의 개입으로 말미암아 실재계가 남기는 <나머지>이며, 그것은 <공백>으로 주어진다는 것입니다. 비유가 적절할지 모르겠지만, 최초에 어머니와 아기가 강력한 접착제로 붙어(합체되어) 있었다고 합시다. 그러면 그들이 거세에 의해 분리될 때, 어머니는 <큰사물>로 영원히 상실되면서, 거기에 살점과 같은 <파편이 찌꺼기로 남을 것>이고, 그 자리는 <구멍이 파일 것>입니다. 그것이 바로 <대상 a>의 양상들입니다. 여기에 하나 덧붙인다면, 그때 어머니와 아기에게서 공통적으로 떨어져나간(다시 말해 거세된) 대표적인 부위(접촉지점)가 부분 대상으로, 남근과 <대상 a>-젖가슴, 똥, 시선, 목소리-입니다.

관점을 무시할 수는 없으며, 또한 무시하지도 않습니다. 따라서 앞의 등식을 통시적으로 설명한다고 하더라도 큰 무리는 없습니다. 그러한 통시적인 발달로 설명한다면, 한마디로 왼쪽은 거세 이전의 병렬이고, 오른쪽은 거세 이후의 중첩과 대체입니다. 그러고 보니, 왼쪽은 언어학에 비유하면 통합체의 결합이고, 오른쪽은 계열체의 대체처럼 보이는군요. 아무튼 왼쪽에서 오른쪽으로 넘어갈 때, 거세를 통과하게 되고, 그에 따라 서로 관계없이 나란히 어깨를 겨누던 두 대상이 하나의 의미로 묶이게 됩니다. 말하자면 <대상 a>가 남근적 대상이 되는 것입니다. 이것을 향락과 관계해서 설명할 수도 있습니다. 만약 왼쪽이 거세되기 이전이라면, 아마 거기에는 거세와 함께 영원히 상실될 큰사물과의 불가능한 향락이 있을 것입니다. 그러나 그것은 거세와 함께 영원히 상실되는 최초의 대상으로 실재계(le réel) 속으로 떨어져 나가고, 그것의 파편 — 즉 <대상 a> — 이 거세 이후에 남아 <대상 a>의 향락으로 대체될 것입니다. 그것이 바로 라캉이 말하는 <잉여-향락(plus-de-jouir)>입니다. 여기서도 라캉의 "se <tirer de la jouissance>"가 그대로 적용됨을 목격할 수 있습니다. 지금까지 남근과 <대상 a>의 관계를 조악하나마 개괄해보았습니다. 그것들의 관계가 어느 정도 머리속에 그려졌나 모르겠습니다.

질문 : 거세를 다시 한번 요약해주십시오.

답변 : 라캉의 체계 내에서 거세는 넓은 의미로 은유화에 지나지 않습니다. 은유는 여러분이 다 알고 있듯이, (기호형식의 연쇄의 동일한 위치에서) 어떤 것을 다른 것으로 대체하는 것입니다. 그러한 은유 중에서 최초로 인간의 심리를 구조화하는 것은 아버지의 은유입니다. 그것은 어머니를 아버지의-이름으로 대체하는 은유입니다. 따라서 그것은

언어화—또는 상징화 또는 상징계의 내입—를 내포하고 있습니다. 라캉에 따르면, 그러한 과정을 거쳐야 주체를 사로잡고 있던 어머니의 욕망으로부터 벗어나서 자신의 욕망을 창설하게 됩니다. 어머니의 욕망의 노예에서 욕망의 주체로 태어나는 것입니다. 그러한 은유화 과정은 비단 아버지의-은유뿐만 아니라, 모든 심리 구조화 과정에 대입할 수 있습니다. 에로메노스가 에라스테스가 되는(달리 말하면, 에라스테스가 에로메노스를 대체하는) 사랑의 은유도 거기에 해당합니다. 사실 표현만 다를 뿐이지, 그것은 사랑을 3단계—<사랑 받는 것(être aimé)>에서 <자기 자신을 사랑하는 것(s'aimer)>을 거쳐 <사랑하는 것(aimer)>에 이르는—로 나눈 프로이트의 관점을 체계화한 것에 불과합니다.

라캉	프로이트	
에라스테스	aimer(사랑하는 것)	
――――	――――――――	↑ 은유에 의한 대체(은유화), 거세
에로메노스	être aime(사랑받는 것)	

그렇다면 우리가 보통 알고 있는 거세의 의미는 무엇일까요? 그것은 위에서 말한 상징적 거세가 남녀의 생식기 차이 위에 상상적으로 투영된 것입니다. 말하자면 상상적인 생물학적 거세라고 할까요? 따라서 거세에는 세 가지가 있습니다. 하나는 은유화 과정에서 일어나는 상징적 거세와, 그것의 상상적 투영인 상상적 거세 그리고 내시에게서 일어나는 실재적 거세가 그것입니다.

남근도 마찬가지입니다. 남근도 상징적 남근과 상상적 남근과 실재적 남근으로 나눌 수 있습니다. 실재적 남근은 말 그대로 남자가 갖고 있는 생물학적인 자지를 말하고, 상상적 남근은 기호형식으로서의 남근인 상징적 남근이 육체 위에 상상적으로 투영된 것입니다. 그래서 상상적 남근은 육체로부터 상상적으로 자유롭게 분리되기도 하고 다른 곳에 부착되기도 합니다. 그것이 가능한 것은 상상적 남근이 이미지로서의 남근이기 때문입니다. 라캉은 상징적 남근을 대문자 <Φ(phi)>로 표시하고, 상상적 남근을 소문자 <φ(phi)>로 표시합니다. 그에 따라, 거세는 상상적 남근임을 포기하는 것이기 때문에, <－φ>로 표시합니다. 우리는 그러한 상징적 남근과 상상적 남근의 차이를, 남근의 기원과 밀접한 관련이 있다고 알려진 엘레우시스(Eléusis) 비교(秘教)[6]를 통해서도 알 수 있습니다. 그 비교 제전은 봄, 가을로 두

6 <엘레우시스 비교는 경작지의 여신 데메테르와 그 딸 페르세포네를 숭배하던 종교였다. 신화는 이 종교가 어떻게 시작되었는지를 이야기하고 있다. 지하 세계의 신 하데스는 온갖 영화와 권력을 가지고 있음에도 어둡고 우울한 명계로 오겠다는 여신이 없어 홀로 지내야만 했다. 그러나 아무리 신이라도 홀로 산다는 것은 외롭고 견디기 힘든 일이었다. 그래서 자신의 동생이자 올림포스의 지배자인 제우스와 공모하여 제우스와 데메테르 사이에서 태어난 페르세포네를 납치했다. 모든 것을 굽어보는 태양의 신 헬리오스에게서 이 음모에 페르세포네의 아버지인 제우스가 깊게 개입한 것을 알게 된 데메테르는 배신감과 실의에 빠져 경작지를 돌보는 직분을 포기하고 세상을 방황하기 시작했다. 그가 엘레우시스 궁전 입구에 있는 우물 옆에 앉아 있을 때, 그곳의 왕 켈레오스의 딸들이 물을 길러 왔다 그녀를 발견하고는 친절하게도 궁전으로 안내했다. 데메테르는 신분을 숨긴 채, 왕자의 유모로 궁전에 머물게 되었다. 그러나 인간들의 호의에 고마움을 느낀 여신은 왕자를 불사의 몸으로 만들어 주기로 마음먹고 밤마다 아이를 불사의 불로 그을렸다. 어느 날 우연히 이 광경을 본 왕비는 소스라치게 놀라 비명을 질렀다. 이 때문에 왕자를 불사의 몸으로 만들려던 데메테르의 계획은 수포로 돌아갔다. 인간의 어리석음에 화가 난 여신은 그제야 자신의 신분을 드러내고는 켈레오스 왕에게 자신을 위한 신전을 지어 제사를 지낼 것을 명령하였다. 한편 데메테르가 돌보지 않은 경작지는 황폐해졌고 곧 기근이 들었다. 이 때문에 올림포스 신들에게 바치는 희생물도 눈에 띄게 줄어들었다. 제우스는 이런 상황을 견디기 힘들었다. 그래서 데메테르를 달래기 위해 헤르메스를 명계에 보내 하데스로 하여금 페르세포네를 어머니 데메테르에게 되돌려 주라고 전했다. 그러나 페르세포네의 귀환은 완전한 것이 되지 못했다. 어머니에게로 돌아간다는 기쁜 소식에 무심코 하데스가 내준 석류 세 알을 먹었기 때문이다. 이로써 그는 영원히 명계와 인연을 끊을 수 없는 운명을 갖게 되었다. 그래서 페르세포네는 일 년에 한 번씩 지하 세계로 가서 삼 개월 동안 머물게 되었다. 페르세포네의 귀환이 이루어진 뒤 데메테르는 엘레우시스를 떠나면서 켈레오스 왕에게 매년 페르세포네의 귀환을 기념하는 종교 제전을 지낼 것을 명령했다. 이 제전이 바로 엘레우시스 비교 제전이다.>(유재원, <엘레우시스 비교 제전>에서 재인용)

번 치러졌는데, 특히 9월에 열린 가을 축전은 교외에서 치러지는 봄 축제와는 다르게, 신전에서 아흐레 동안 본격적으로 치러졌다고 합니다. 그 가을 축제의 절정 중의 하나는 여섯째 날과 일곱째 날에 힘과 다산과 지식의 상징인 남성의 성기 모양의 외모를 벗기는 것이었다고 합니다.(이것은 추측일 뿐입니다. 워낙 비밀리에 행해졌기 때문에 오늘날까지 직접적인 기록은 전해지지 않는답니다.) 비록 추측이긴 하지만, 여기서 발기한 자지의 이미지로 된 외양은 라캉식으로 말하면 상상적 남근에 해당합니다. 그러나 그것을 벗기면 그것이 상징하는 것이 나올까요? 무엇이 있는지는 전해지지 않지만, 중요한 것은 그 상상적 남근이 무엇인가를 상징하는 상징의 기능을 갖고 있다는 것입니다. 비교에서 숭배하는 것은 바로 그 남근의 상징성, 상징으로서의 남근입니다. 그것을 정신분석적으로 말하면, 그것이 바로 무의식의 논리 속에 있는 기호형식으로서의 상징, 즉 상징적 남근입니다. 성당이나 절에 가면 예수와 석가의 도상이나 조각을 볼 수 있습니다. 그러나 우리는 도상으로서의 예수나 석가와, 우리가 숭배하는 상징으로서의 예수와 석가는 구분해야 합니다. 상상적 남근과 상징적 남근도 그와 같은 문맥에 있습니다.

질문 : 부분 대상과 <대상 a>는 같은 것이라고 생각해도 됩니까?

답변 : 엄격히 말해 그것들은 다른 것입니다. 아브라함이나 클라인이 말하는 부분 대상은 구체적인 신체의 일부분입니다. 단지 그것들은 다른 신체 부위보다 리비도의 투영이 훨씬 더 잘 이루어지는 대상입니다. 반면에 <대상 a>는 구체적인 신체 부위가 아닙니다. 그것은 공백이고 존재 결핍 자체입니다.

질문 : 그렇다면 왜 <대상 a>를 <젖가슴, 똥, 시선, 목소리>로 환원하

는 것입니까?

답변 : <대상 a>는 표상될 수 없는 것입니다. 그것을 방금 말씀하신 네 가지 부분 대상으로 환원할 수 있다고 하는 것은, 부분 대상 자체와 등가관계가 있다는 것이 아니라, 그 부분 대상으로 대표되는 어떤 <기능>으로 나타낼 수밖에 없다는 말입니다. <대상 a>는 한마디로 상징계의 개입으로 실재계 속으로 영원히 상실된 대상이 남긴 <파편>입니다. 그것은 구체적 이미지로 표상될 수는 없지만, 어떤 기능으로 환상 속에서 작용합니다. <대상 a>와 부분 대상의 관계는 욕망과 욕동의 관계와 같다고 말할 수 있습니다.

대상 a	부분 대상
욕망	욕동
공백(vide)	구체적 현시
기능	물질
개념적	육체적

정은경 : 큰사물과 <대상 a>는 같은 것입니까?

답변 : 관계는 있지만 전혀 다른 것입니다. <대상 a>는 큰사물이 실재계 속으로 영원히 상실될 때, 큰사물로부터 떨어져 나온 나머지라고 말할 수 있습니다. 비유적으로 말한다면, <대상 a>는 유성에 비유할 수 있습니다. 유성은 순우리말로 별똥이라고 하지요. 별똥이라는 말이 참 재미있습니다. 별이 싼 똥이라… 아마 큰사물을 우주 속으로 사라진 별에 비유한다면, <대상 a>는 그것이 남긴 똥에 해당한다고 할 수 있습니다. 밝은 광채를 발하면서 사라지는 별똥 말입니다. 라캉은 "대상은 큰사물이 아니다. 그것은 큰사물의 자리에 큰사물을 대신하러 오는 것이다."라고 말한 적이 있습니다. 그렇기 때문에 <대상 a>

가 실재계의 함의를 갖게 되는지 모르겠습니다. 문제는 큰사물과 큰타자의 관계입니다. 큰사물은 더 이상 환원할 수 없는 타자라는 점에서 큰타자의 일종입니다. 단지 다른 점이 있다면, 큰사물은 실재계에 속하는 데 반해, 큰타자는 상징계에 속한다는 것입니다. 따라서 우리는 큰사물을 실재하는 큰타자, 실재계에 있는 큰타자라고 말할 수 있습니다.

질문 : 그런데 왜 우리가 그런 것을 공부해야지요?

답변 : 이렇게 한번 생각해봅시다. 정신분석을 생물학과, 화학과, 물리학에 비유해봅시다. 그 학문들의 일차적인 작업은 그 학문의 대상을 최소 단위로 분해해 가는 것입니다. 생물학의 차원에서는 세포로 분해한 뒤, 그것을 다시 미토콘드리아니 RNA니 하는 것으로 분해하고, 화학에서는 물질을 구성하는 최소단위를 찾아갑니다. 우리가 고등학교 때 암기했던 주기율이 바로 그것입니다. 그리고 물리학에서는 물질성이 없는 더 작은 요소로 쪼개나가는데 원자, 전자, 핵 등이 그것입니다. 요즘은 양자역학이 발달하면서 광전자 같은 더 작은 단위를 발견한 줄로 알고 있습니다. 그렇게 최소단위로 분해한 뒤, 그것들의 결합으로 물질을 설명합니다. 물은 수소와 산소로 이루어져 있고(H2O), 소금은 나트륨과 염소로 이루어져 있고(NaCl)··· 등등. 정신분석도 이와 같습니다. 우리가 지금 공부하고 있는 것은 심리를 구성하고 있는 최소단위입니다. 남근, <대상 a>, 큰타자, 큰사물.. 등등. 우리는 예전에 이런 것들을 <분석소(analysème)>라고 명명한 바 있습니다. 그렇다면 우리가 앞으로 해야 할 것은 <그 단위들이 어떻게 결합되어 있는 것이 히스테리이고, 강박증이고, 도착증이고, 정신병인가?> 하는 것입니다. 그것을 라캉은 임상구조라고 부릅니다. 우리는 그것을

각 신경증과 정신병의 환상 체계의 공식이라고 표현한 바 있습니다. 이제 마지막으로 남은 것은 개별적인 차원에서, 다시 말해 개인 분석에서, 그러한 공식이 구체적으로 어떻게 나타나는가를 살피는 것입니다. 그것은 개별 사례에 적용하는 것입니다. 어쩌면 이러한 전체적인 문맥을 모르고, 큰사물이나 <대상 a>나 큰타자를 따로 떼놓고 들으면, 뜬구름 잡는 것처럼 들려 <왜 우리가 이런 공부를 하는지?> 의문이 들 것입니다. 우리는 지금 정신분석의 기초를 공부하고 있는 것입니다. 나아가 정신분석이 인문과학과 정신과학의 기본 학문이라면, 우리는 지금 정신의 기초를 공부하고 있는 것입니다.

2006년 10월 3일

VI

부분 욕동과 부분 대상

성욕동의 분절
다형적 도착성과 도착증
자기애와 자가-성애
결핍의 옷 입히기
부분 대상의 도표

지난번에 말씀드렸듯이 오늘은 라캉의 <대상 a>가 태어나게 되는 역사적 과정에 대해 말씀드리겠습니다. 그것은 프로이트로부터 시작해서 아브라함과 클라인을 거쳐 위니컷에 이르는 발전 과정입니다. <대상 a>라는 개념이 아무리 독창적이라고 하더라도, 그것에 관한 한, 그들은 라캉에게 길을 열어준 선배들입니다.

우선 프로이트부터 시작해봅시다. 프로이트는 욕동의 차원에서 부분의 개념을 도입합니다. 다 알다시피, 그는 1905년 『성욕에 관한 세 편의 에세이』에서 <성욕동은 부분 욕동으로 분해된다>는 명제를 내놓습니다. 역으로 말하면 부분 욕동은 성욕동을 구성하는 최소 단위인 셈입니다. 이렇게 부분 개념을 도입하여 성욕동을 최소 단위로 쪼개나가는 것은, 마치 언어학의 1차 분절과 2차 분절을 연상케 합니다. 1차 분절은 의미 있는 최소 단위 — 즉 기호소(monème) 또는 형태소(morphème) — 까지의 분절이고, 2차 분절은 의미 없는 최소 단위인 음소(phonème)까지의 분절을 말하지 않습니까? 프로이트의 부분 욕동은 성욕동의 성격을 갖고 있기 때문에 1차 분절에 해당한다고 할 수 있습니다.

프로이트는 그것을 다시 네 가지 구성요소로 분해합니다. 원천, 목표, 압력, 대상이 그것입니다. 다시 말해 하나의 욕동은 그 네 가지 요소로 구성되어 있습니다. 그것은 언어학적으로 말하면, 2차 분절에 해당한다고 할 수 있습니다. 우선 원천은 성적 흥분이 나타나는 장소를 말하는 것으로 각 부분 욕동의 내적인 기원을 지칭합니다. 그리고 압력은 욕동을 움직이게 하는 동력으로, 욕동이 보여주는 힘의 양이나 작업 요구의 정도를 말합니다. 물론 그러한 압력이 지향하는 목표는 어느 경우든지 충족입니다. 다시 말해 욕동의 근원에 있는 자극을 제거함으로써 쾌락을 획득하는 것입니다. 마지막으로 대상은 욕동이 목표에 도달할 수 있도록 도와주는 수단을 말합니다. 프로이트는 그러한 네 가지 기본 요소 중에서 두 가지 차원 — 원천과 목표 — 에서, 성욕동을 네 가지로 구분합니다. 하나는 원천 차원의 구강 욕동과 항문 욕동이고, 다른 하나는 목표 차원의 시각 욕동과 장악 욕동입니다. 그런데 이상한 것은, 시각 욕동과 장악 욕동도 원천 — 눈과 근육 조직 — 을 갖고 있는데, 굳이 그것을 목표의 차원에 귀속시킨다는 것입니다. 그리고 또 하나 눈여겨보아야 할 것은, 귀를 원천으로 하는 청각 욕동을 배제했다는 것입니다. 프로이트처럼 통찰력이 뛰어난 사람이 그것을 누락시켰다는 것은 이해하기 힘듭니다.

그러한 사실은 차치하고, 우리가 여기서 잊어버려서 안 될 것은, 그러한 분절은 성욕동에 한해서 허락된다는 것입니다. 프로이트의 전기 이론에서 성욕동과 대립하는 자기보존 욕동도, 그리고 후기 이론에서 에로스[1]와 대립적인 죽음의 욕동(타나토스)도 성욕동처럼 분절되지는 않습니다. 그것들은 단지 성욕동과 결합 분리되면서 성욕동의 분절 뒤에서 작용할 뿐입니다. 따라서 리비도(libido)는 욕동이 아닙니다. 프로이트에 따르면, 리비도는 성욕동의 기저에 있다고 가정되는 에너지이기 때문에, 그것은 성욕동과만 관계하고, 죽음의 욕동이나 자기보존 욕동과는 무관합니다. 특히 자기보존 욕동이 생명 보존에 필요한 육체적인 욕구를 가리키는 한, 그것은 성욕동의 에너지를 가리키는 좁은 의미의 리비도와 대립되고,[2] 더욱이 죽음의 욕동이 자기보존 욕동을 포함하는 넓은 의미의 리비도와 대립될 것은 불 보듯 뻔한 이치입니다. 또한 죽음의 욕동은 측정 가능하지 않을 뿐 아니라, 그 실체를 증명하기 어려운 데 반해, 리비도는 구체적인 에너지로 양적으로 측정 가능합니다. 그렇다고 리비도를 육체적인 성적 흥분과 동일한 것으로 생각해서는 안 됩니다. 프로이트는 성욕동이 정신과 육체 사이에 있는 한, 리비도는 그것의 심리적 측면을 가리킨다고 분명히 말합니다. 따라서 그것은 육체적인 성적 흥분과 구분되는 성적인 심리 에너지입니다. 리비도의 라틴어 어원이 <욕망>을 의미하듯이, 그것은 어쩌면 욕망과 욕동을 매개하는 것인지 모르겠습니다. 우리가 예전에(2004년도 여름 워크숍인가요?) 욕망과 욕동에 대해 공부할 때, 프로이트는 욕망과 욕동을 거의 같은 개념으로 사용하고 있지만, 엄밀하게 말한다면, 욕망은 욕동에 비해 심리 쪽에 위치하고, 욕동은 욕망에 비해 육체 쪽에 위치한다고 말한 것을 리비도의 위치에 적용한다

1 프로이트는 나르시시즘을 연구하면서, 자기보존 욕동도 일종의 자기 자신에 대한 사랑이라는 것을 발견하고, 「쾌락의 원칙을 넘어서」(1920)부터는 자기보존 욕동과 성욕동을 하나로 묶어 에로스라고 부릅니다. 그 결과, 삶의 욕동은 에로스를 매개로 성욕동에 포함되기에 이릅니다.

2 반면에 융은 리비도의 개념을, 무엇인가를 지향하는 모든 심리적 에너지를 가리키는 것으로 확대합니다.

면 말입니다. 물론 라캉은 그것들을 분명히 구분합니다. 그의 이론 체계 내에서, 욕망은 언어적이고 말에 등록된 결핍이라면(그래서 굉장히 인식론적이고 개념적입니다), 욕동은 구체적인 대상과 관계하고 있고 또한 충족을 추구합니다(그래서 그것은 욕망에 비해 육체적이고 구체적으로 비칩니다.)

아무튼 성욕동은 자기보존 욕동인 욕구나 죽음의 욕동과는 달리 원천과 목표에 따라 분산됩니다. 그것은 온몸이 다양한 성감대로 분리된다는 것을 말하며, 나아가 사람에 따라서는 성욕동이 그렇게 분해된 어느 한 성감대에 고착되어 성교로 발전하지 않을 가능성이 있다는 것을 말합니다. 그것을 프로이트는 다형적 도착성(perversité polymorphe)이라고 부릅니다. 그러니까 인간은 여러 면에서 성도착적일 소질을 갖고 있는 셈입니다. 그러나 동물은 그렇지 않습니다. 말하자면 동물의 성행위는 짝짓기라는 단형적(monomorphe) 행위에 그치고, 설혹 짝짓기 이전에 예비 동작이 있다고 하더라도 거기에 고착되지는 않습니다. 가령 동물은 상대의 성기를 핥아주기는 하지만, 거기에 사정을 하거나 거기에 머물러 섹스로 이어지지 않는 일은 없습니다. 그들에게는 구강 섹스(oral sex)나 항문 섹스(anal sex)와 같은 도착증이 없는 것입니다. 그러한 의미에서 다형적 도착성의 성격을 띤 전희(Vorlust)만 가지고 도착증이라고 단정할 수는 없습니다. 오히려 자연상태에서 문명적인 인간 — 이것이야말로 엄밀한 의미에서의 인간입니다 — 으로 넘어오기 위해서는 도착적이 되어야 합니다. 부분 욕동화되어야 한다는 말입니다. 만약 도착성의 구조화에 성공하지 못하면 정상적인 인간이 될 수 없습니다. 따라서 자연상태를 기준으로 보면 모든 인간은 도착적이지만, 그렇다고 모든 인간이 도착증 환자인 것은 아닙니다. 그렇다면 도착성의 소인을 갖고 있는 정상적 인간과 도착증 환자는 어떤 차이가 있을까요? 프로이트와 라캉은 임상구조화 과정의 차이로 그것을 설명합니다. 다 알다시피, 프로이트는 물품음란증에 대한 정신분석적인 연구를 통해, 거기서 부인이라는 메커니즘을 밝혀냅니다. 그것은 신경증 환자에게서 발견되는 억압의 메커니즘과는 구분되는 것입니다. 라캉은 그 기제를 도착증 전반으로 확대합니다.

사랑과 욕망, 전체 대상과 부분 대상의 차이와 관련하여, 그 개념을 정확히 인식해두어야 할 것에 자가-성애(auto-érotisme)라는 개념이 있습니다. 그것은 궁극적으로 자기애(narcissisme)에 통합되는 것이면서도, 그것과는 분명히 구분되는 것입니다. 후자는 전체적인 자기 이미지, 즉 자아와 관계된 것인 데 반해, 전자는 <첫째, 외부의 도움 없이, 둘째, 육체의 통일적 이미지, 즉 자기애의 특징인 자아에 대한 최초의 윤곽을 참조하지 않은 채, 만족을 찾는 갓난아이의 성행위[3]>(라플랑슈, 『정신분석 사전』)를 말합니다. 가령 생후 6개월 정도가 되어 이유할 때까지는 젖을 <빨아 먹습니다>. 제가 방금 전에 <빨아 먹다>라고 했는데, 그 두 동사에서 오는 쾌락은 다릅니다. <먹는 것>으로부터 오는 쾌락은 욕구를 충족시켜주는 물질 — 즉 젖 — 의 맛이나 포만감이고, <빠는 것>으로부터 오는 쾌락은 그것에 덧붙여진 또는 그것에 <의탁한> 또 다른 욕동에 의한 것입니다. 전자가 생명 유지를 위한 자기보존 욕동의 소산이라면, 후자는 성욕동의 소산입니다. 후자가 전자에 의탁하고 있지만 전자의 쾌락을 극대화시킨다는 것은(마치 음식의 소스나 양념처럼), 젖을 떼었을 때 <빠는> 행위는 먹는 행위와 관계없이 끈질기게 계속된다는 것으로 알 수 있습니다. 그것은 나중에 성행위를 할 때 상대를 빠는 행위로 연결됩니다. 프로이트는 먹는 쾌락을 <기능 쾌락>이라고 하고, 빠는 쾌락을 <기관 쾌락>이라고 합니다. 즉 전자는 생명 유지를 위한 <입>의 기능 또는 역할로부터 오는 쾌락이고, 후자는 <입>

---

3 넓은 의미에서 남의 도움 없이 자신의 육체에서 만족을 얻는다는 점에서 자위도 자가-성애적이라고 말할 수 있습니다. 그러나 프로이트는 무슨 의미에서인지, 자위는 자가-성애에 포함시키지 않습니다. 아마 자가-성애를 대상과 관련하여 정의하는 프로이트의 눈에는, 자위가 다른 부분 욕동보다 다른 대상의 도움이 필요한 것처럼 비쳤나 봅니다.

이라는 기관 자체에서 오는 쾌락입니다. 이렇게 기관 쾌락은 성욕동의 어떤 원천, 즉 성감대에서 생긴 흥분이 다른 성감대와 관계없이, 그리고 다른 기능에 종사함이 없이 그 발생 장소에서 직접 충족되고 진정되는 것을 말합니다. 가령 항문 성애도 마찬가지입니다. 다 알다시피, 항문은 음식을 소화한 뒤의 찌꺼기를 내보내는 생리 기관입니다. 따라서 그 기관의 기능은 똥을 <싸는> 것입니다. 그러나 항문에서 오는 쾌락은 <싸는> 쾌락에 그치는 것이 아닙니다. 그것은 기능 쾌락으로, 그것의 기관 쾌락은 오므렸다 펴는 괄약근 운동이나 항문의 피부조직의 자극에 의해 일어납니다.

프로이트는 이렇게 기관 자체에서 생산되는 성애를 자가-성애라고 부릅니다. 한번 이런 이미지를 떠올려보십시오. 어떤 아이가 엄마의 젖을 먹다가 더 이상 엄마의 젖을 빨 수 없게 되자 입을 오물거리는 버릇이 생겼다고 말입니다. 아마 그 아이는 젖을 빨 때의 쾌락을 생각하며 자가 생산하고 있는 겁니다. 여기서 자가-성애에서 대상이 사라지는 현상을 목격할 수 있습니다. 프로이트는 『성욕에 관한 세 편의 에세이』에서 이렇게 말하고 있습니다. <구강욕동은 다른 사람을 향하지 않는다. 그것은 자기 육체 자체에 만족한다.> 말하자면 엄마와 젖가슴이 사라지고 기관 자체가 대상을 대체하는 것입니다. 「욕동과 욕동의 운명」에서도 프로이트는 다음과 같이 말하고 있습니다. "자가-성애에서 욕동의 대상은 욕동의 원천인 기관을 위하여 사라지고 그 대상은 일반적으로 그 기관 자체와 일치한다. 다른 말로 한다면 구강적 성욕동은 배고픔과 분리되면서 대상을 잃어버리고 자가-성애적이 된다." 그렇다고 대상이 완전히 사라진 것은 아닙니다. 구체적인 현실 대상으로서의 어머니와 젖가슴이 사라졌을 뿐, 그것은 환상으로 대체된 것입니다. 다시 말해 머릿속으로 환상적 대상을 만들면서 쾌락을 자가 생산한 것입니다. 여기서 <환상적 대상>이라는 표현이 나옵니다. 그렇습니다. 자가-성애에서 대상은 부재하는 것이 아니라 환상적 대상으로

존재합니다.[4]

질문 : 자기애와 자가-성애의 차이를 조금 더 설명해주십시오.

답변 : 나르시시즘은 한마디로 자아를 사랑하는 것입니다. 그러나 다른 한편으로, 나르시시즘이라는 말의 어원이 된 나르시스 신화는 자신의 이미지를 사랑합니다. 그렇다면 자아와 물에 비친 자신의 이미지는 모종의 관계가 있다는 것을 알 수 있습니다. 그렇습니다. 라캉의 거울 단계가 극명하게 보여주듯이, 자아가 형성되기 위해서는 거울에 비친 자신의 이미지를 자기 자신으로 받아들이는 동일시의 특별 과정이 있어야 합니다. 따라서 나르시시즘의 대상은 육체의 전체적인 이미지, 즉 전체적인 자아입니다. 반면에 자가-성애는 자아가 미처 형성되기 이전 단계로, 전체적인 자아에 관계하는 것이 아니라, 부분 욕동이 생산되는 신체의 일부분과 관계합니다. 그렇다고 해서 그것이 그 단계에 끝나버리고, 자기애의 단계로 넘어가면 그 흔적이 영원히 사라지는 것이 아닙니다. 그것은 기억 흔적으로 남아 일생 지속되면서 반복적으로 나타납니다. 이를테면 무의식에서 지배적으로 활동하는 것이지요.

우리는 이것을 아브라함의 발견—즉 사랑하는 대상의 이미지 속에 자가-성애의 핵이 결핍되어 있는 것—에 연결시켜볼 수 있습니다. 사랑하는 대상의 이상적인 이미지는 나르시시즘의 반영이라고 할 수 있고, 그 속에 결핍된 것으로 발견되는 것은 자가-성애와 관련 있습

4 이제 우리는 대상과의 분리가 대상에 대한 환상을 낳는다는 것을 알았습니다. 그러나 그 환상이 분리 이후에 생기는 것일까요? 아니면 태초에, 다시 말해 의탁적일 때부터 구강 욕동의 대상은 환상적이었을까요? 이 문제는 우리에게 많은 연구거리를 제공하고 있습니다. 이 문제에 대해서는 나중에 다시 거론하겠습니다.

니다. 말하자면 자가-성애의 핵은 신체부위에서 가장 가치가 부여되는 것이기 때문에, 나르시시즘이 반영되더라도 그 부분에 대한 애착은 그대로 남습니다. 그러한 이유로 해서 우리가 대상을 사랑할 때, 전적으로 자기를 다 바쳐 자기보다 더 사랑할 수는 없는 것입니다. 역으로 말하면, 사랑하는 대상의 이상적 이미지는 그러한 결핍의 옷 입히기라고 말할 수 있고, 그 이상적인 이미지가 자아를 매혹하는 힘은 결핍으로부터 나온다고 할 수 있습니다. 그래서 여자가 사랑받는 이유는 이미지 속에 결핍을 숨기고 있기 때문입니다.

질문 : 그렇다면 남자가 사랑받는 이유는 무엇인가요?

답변 : 마찬가지입니다. 방식만 다를 뿐, 결핍의 옷 입히기에 의해 사랑을 받습니다. 소크라테스와 알키비아데스의 관계를 한번 생각해보십시오. 소크라테스에게는 그의 말대로 아무것도 없는데, 알키비아데스는 그의 언변에 반합니다.

질문 : 그 두 가지가 겹쳐 있기 때문에 사랑하면서 욕망하는 것인데, 왜 어떤 사람은 사랑하지만 욕망하지 않고, 욕망하지만 사랑하지 않는 것입니까?

답변 : 그것들이 분리되기 때문입니다. 간단히 말하면, 자기애적인 투영과 자가-성애적인 투영이 서로 다른 대상에게 일어나기 때문입니다. 부부관계에서 제일 중요한 것은, 사랑의 대상과 욕망의 대상이 한 상대에게서 교차되어야 하는 것인데, 그렇지 않은 경우가 왕왕 있습니다. 게다가 환상의 대상, 욕동의 대상까지 결부되면 그것들이 서로 다른 대상으로 분리되는 일은 아주 자주 있습니다. 정신질환자에게는 그러한 분리가 극단적으로 일어나는 것입니다.

질문 : 그것은 거의 불가능하지 않습니까?

답변 : (웃음)

이제 아브라함으로 넘어가지요. 지난번에도 말씀드렸듯이, 아브라함은 1924년에 유명한 개념을 내놓습니다. <부분적 대상애>가 그것입니다. 어떤 대상의 전체를 사랑하지 않고 그것의 부분을 사랑한다는 말입니다. 사랑은 이렇게 부분적일 수 있습니다.

질문 : 이해가 가지 않는데요? 사랑이 전체적인 것이 아니라 부분적이라는 것이…

답변 : 앞에서 보았듯이, 욕동과 대립되는 사랑은 전체적입니다. 그것은 좁은 의미에서의 사랑이고, 아브라함이 말하는 <부분적 사랑>은 부분 욕동과 같은 문맥에 있다고 할 수 있습니다.

아브라함의 <부분적 대상애>의 혁명성을 이해하려면, 프로이트의 부분 욕동으로 다시 돌아가야 합니다. 프로이트가 발견한 욕동의 네 가지 요소 중에서, 그는 유독 원천과 목표를 강조했습니다. 다시 말해 성감대와 쾌락 충족을 강조함으로써, 그 반대급부로 대상을 소홀히 한 느낌이 없지 않습니다. 그가 기관 쾌락이니 자가-성애니 하는 개념을 내세우는 것도 그것과 무관하지 않습니다. 그는 인간 주체의 성심리를 설명하면서, 우선 그 자체에서 설명의 원리를 찾으려고 했던 것입니다. 그러나 사랑에서, 대상의 역할은 욕동과 그것의 충족에 비해 2차적인 것일까요? 혹시 대상이 욕동의 충족을 돕는 수단인 것을 넘어서서 대상이 없으면 욕동조차 생각할 수 없는 것은 아닐까요? 대상이 욕동보다 우선한다고 할 수는 없을지라도, 적어도 욕동과 쌍벽을 이루는 것은 아닐까요? 프로이트에게 다음과 같이 물을 수 있습니다. <사랑의 리비도는 대상을 추구하는 것입니까, 아니면 쾌락을 추구하는 것입니까?> 만약 후자라면 대상이 필요 없기 때문에 인류 역사는 대를 잇지 못할 것이고, 만약 후자가 없다면, 대상을 얻는 보충적 이유가 없으니 재미없이 시들해질 것입니다. 쾌락이 우선하는 것일까요, 대상이 우선하는 것일까요? 이 질문에 대해 프로이트는 대답하고 있지 않지만, 그가 전자에 중점을 두고 있는 것만은 분명합니다. 프로이트에게 있어서 인간은 무엇보다도 쾌락을 지향하는 존재입니다.

이제 여러분은 아브라함이 그 중점을 쾌락에서 대상으로 바꾸어놓기 시작했다는 것을 눈치 챘을 것입니다. 그것도 부분 대상으로 말입니다. 프로이트는 사랑과 욕망의 차이, 자기애와 자가-성애, 전체적 자아와 부분 욕동에 대해서 말했지만, 전체와 부분의 차이와 관계에 대해서는 언급하지 않았습니다. 부분과 전체의 대립을 정신분석에 정식으로 도입한 업적은 전적으로 아브라함에게 돌아가야 합니다. 아브라함이 그것을 정신분석 이론에 처음으로 등장시켰기 때문입니다. 물론 프로이트에게서 그 징조를 발견할 수 있습니다. 가령 물품음란증 환자가 여자 팬티나 양말 구두 등을 수집할 때, 프로이트는 그것이 어머니에게 부재하는 남근의 대체물 — 즉 상징 — 이라는 것을 이미 밝혀낸 바 있습니다. 그것은 물품음란증 환자가 남근이라는 부분적 대상만을 사랑한다는 것을 말해줍니다. 게다가 프로이트는 구강 욕동과 항문 욕동에 대해 이야기하면서 젖가슴과 똥은 특별히 리비도가 잘 투여되는 대상이라는 것을 강조한 바 있습니다. 그뿐만이 아닙니다. 프로이트는 「항문성애의 예로 본 욕동의 변형」에서 <아기=남근=똥=돈=선물>이라는 등식을 세움으로써, 부분 대상의 발견을 예고하고 있습니다.

사실 그 등식은 <부분 대상>의 발견을 훨씬 넘어서는 또 다른 명제들을 숨기고 있습니다. 그 등식에서 대체 어떤 명제들을 도출할 수 있을까요? 첫째, 주체 자체 — 즉 전체 — 가 남근이나 똥과 같은 부분 대상과 동일시될 수 있다는 것을 함축하고 있습니다. 그것은 그 역도 포함합니다. 그 대표적인 예가, 여자의 오이디푸스 콤플렉스에서 자지 선망이 남성 선망으로 바뀌는 것입니다. 남근과 남성이 동일시되는 것입니다. 이렇게 전체와 부분은, 주체 스스로 또는 타자에 의해서, 환상적인 차원이든 실제적인 차원이든, 상호 동일시될 수 있습니다. 둘째, 남근과 똥의 등식을 통해 똥이나 돈이 남근적 대상이 될 수 있음을 알 수 있습니다. 조금 멀리 나가면, 그것은 <대상 a>가 남근적 대상이 된다는 것을 함축하고 있다고 할 수 있습니다. <대상 a>는 그렇게 거세의 구멍의 자리에 그것을 대신하러 옵니다. 거세는 욕망의 대상과 등가관계에 있는 것입니다. 게다가 그 등식은 욕망의 대상이 환유적으로 대체 이동한다는 것을 보여줍니다. 욕망의 환유적 배열이라고 할까요? 물론 그 배열의 출발점에는 남근과 거세가 있습니다. 그러한 의미에서 <대상 a>는 존재 결핍을 현재화하고 완성합니다. 존재 결핍을 완성한다는 말이 조금 이상하게 들릴지 모르지만, 그것은 존재 결핍이 <대상 a>에 의해 비로소 윤곽이 잡힌다는 말입니다.

그러나 애석하게도 아브라함은 부분(대상)과 전체(대상)의 대립을 발견했음에도 프로이트가 범한 우(愚) — 부분 욕동은 성기의 결합으로 비로소 완성된다고 생각한 잘못 — 와 비슷한 우를 범합니다. 다시 말해 그는 부분적 대상애는 일정한 발단 단계를 거쳐 전체 대상에 귀속된다고 생각했습니다. 그러나 부분 욕동이든 부분적 사랑이든 그것이 전체적인 사랑에 참여하는 것이 의심의 여지가 없다고 하더라도, 그것은 성욕동의 대립적인 두 극(사랑과 욕망) 중의 한 극으로 남아 있습니다. 성교는 부분 욕동의 종합이 아닌

만큼 전체 대상은 부분 대상의 행복한 종합으로 구성되는 것이 아닙니다. 부분 대상은 전체 대상과의 관계가 성립한 뒤에도 별도의 형태로 침전되어 남아 있습니다. 그만큼 사랑은 자기애적인 자가-성애로부터 자유로울 수 없는 것입니다. 이것을 소크라테스에 대한 알키비아데스의 사랑에 견주어 봅시다. 알키비아데스는 소크라테스 전체를 사랑한다고 말하지만, 그가 진정으로 사랑하는 것은 그의 언변으로 아갈마입니다. 따라서 소크라테스에 대한 알키비아데스의 사랑은 여러 층위 — 적어도 두 개의 층위 — 가 복합적으로 작용한 결과입니다. 하나는 소크라테스를 큰타자의 자리에 놓음으로써 그에게 자아 이상을 투영하는 층위이고, 다른 하나는 그에게서 상상적인 <대상 a>의 광휘를 발견하는 층위입니다. 우리는 전자의 뒤에서 후자가 빛나고 있음을 간과해서는 안 됩니다. 정확히 말하면, 전자의 사랑이 가능한 것은 후자의 차원에서 <대상 a>에 의한 욕망의 노예가 된다는 전제하에서입니다.

....

질문 : 그러면 전체적으로 사랑한다는 것은 속임수일 수 있겠네요? 사실 어떤 부분에 반했으면서 전체를 사랑한다고 하지 않습니까?

답변 : 맞습니다. 분석가가 해야 할 일은 분석가에 대한 분석자의 사랑의 속임수를, 그리고 그 뒤에 숨어 있는 욕망의 진실을 분석자에게 전해 주는 일입니다.

....

한마디로 전체 대상이나 전체적 사랑은 부분 대상이나 부분적 사랑의 종합이라기보다는, 그것들은 서로 다른 차원에 있는 것으로, 사람에 따라서 때로는 중첩되어 나타나고 때로는 분리되어 나타난다는 것입니다. 부분의 종합은 전체가 아닙니다. 부분들이 결합하여 전체를 이루는 순간 전체에는 부분들의 결합으로 설명할 수 없는 다른 논리와 다른 의미가 발생합니다. 그렇다고 부분들이 전체의 한 요소에 그치고 그것들의 자율성이 없어지느냐 하면 그것도 아닙니다. 부분은 전체의 한 요소이면서 전체와는 독립적인 세계를 구축하고 있습니다. 이것이 바로 전체와 부분의 불가해한 관계입니다.

....

이동민 선생님 : 여기 10개의 불빛이 있는데, 그중에서 하나가 아주 큰 광채를 내면, 그 하나가 다른 것 전체를 아우른다는 말이지요?

답변 : <대상 a>의 광채에 관한 한, 그렇습니다.

....

라캉은 프로이트의 부분 욕동과 아브라함의 부분 대상[5] 이론에 자기 자신의 요구-욕망 이론을 결합하여 다음과 같이 도표[6]를 완성합니다.

여기서 우리가 특기할 것은,

---

5 거듭 말하지만 아브라함은 <부분적 대상애(Partialliebe des Objekts)>에 대해서 탐구했지만, <부분 대상(Partialobjekt)>이라는 용어를 사용하지는 않았습니다. 그 용어의 사용은 클라인의 몫으로 남겨집니다. 그리고 네 가지 부분 대상을 라캉처럼 일목요연하게 도식화하지는 못했지만, 그것을 처음 거론한 사람도 아브라함입니다.

6 이 도표는 라캉의 『세미나 XI : 정신분석의 네 가지 기본개념』에 개진된 이론적 내용과, 에반스(Evans)의 『라캉 정신분석 사전』(인간사랑, 277쪽)에 나오는 부분 욕동의 도표를 참조하여 제가 완성한 것입니다.

언어적 \ 육체적		부분욕동	성감대	부분 대상	동사
요구	큰타자에게 요구	구강욕동	입술	젖가슴	빨다
	큰타자의 요구	항문욕동	항문	똥	싸다
욕망	큰타자에게 욕망	시각욕동	눈	시선	보다
	큰타자의 욕망	청각욕동	귀	목소리	듣다

① 라캉은 프로이트의 네 가지 욕동에서 장악 욕동을 빼버리고 그 자리에 청각 욕동을 새로이 삽입한다는 것입니다. 그것은 아브라함이 라캉처럼 부분 대상을 젖가슴, 똥, 시선, 목소리로 똑 부러지게 정리하지는 못했지만[7], 그 네 가지 대상을 거론한 것과 무관하지 않습니다.

② 욕동을 쾌락으로 연결시키는 행위에서, 항문 욕동에 해당하는 동사로 <싸다> 또는 <누다>로 표현되어 있는데, 그것은 항문을 조이고 푸는 동작이 포함됩니다. <싸다>, <누다>라는 동사는 단순히 생리적인 자동성을 서술하고 있는 듯해서, <빨다>만큼 욕동의 능동성이 잘 나타나지 않습니다. 요가나 기운동을 한번 생각해보십시오. 거기서는 호흡의 리듬에 따라 항문을 조였다 푸는 동작을 반복합니다. 그것은 성행위 시의 동작과 일치합니다.

그러나 우리가 정작 관심을 두어야 할 것은, 라캉이 이 도식으로써 전해주는 의미이며, 동시에 그것에 대한 우리의 의문입니다. 우선 이 도식은 욕망과 욕동의 차이가 무엇이며 어떤 관계에 있는가를 보여줍니다. 전자는 후자

---

7 아브라함은 부분 대상에 남근을 삽입했고, 그에 따라 남근과 나머지 부분 대상을 구분하지 못합니다.

에 비해 언어적인 반면에, 후자는 전자에 비해 육체적으로 현재화되어 있습니다. 그런데 문제는 구강 욕동과 항문 욕동은 요구와, 시각 욕동과 청각 욕동은 욕망과 연결시키고 있다는 것입니다. 그리고 그 각각을 큰타자와의 관계에서 전치사 <à(에게)>와 <de(의)>로 연결시키고 있다는 것입니다. 우선 전자부터 말씀드리면, <대상 a>와 부분 대상이 다른 것이라 할지라도, <대상 a>는 부분 대상으로 현재화된다면, 욕망의 원인인 <대상 a>는 네 가지 욕동 모두와 관계되어 있다고 말할 수 있는데, 이 도표에서는 라캉이 무슨 생각으로 욕망을 시각욕동과 청각 욕동에 국한했는지 의문입니다. 그리고 그러한 욕동과 욕망의 관계는 차치하더라도, 라캉은 <욕망은 사랑의 요구에서 욕구 충족을 제한 것이다>라고 말했습니다. 그렇다면, 욕망과 요구는 앞의 도식에서처럼 서로 다른 개별적 차원으로 어깨를 나란히 하는 것이 아니라, 동일한 차원에서 중첩된다고 할 수 있는데, 라캉은 무슨 의도로 그러한 도식을 만들었는지 의문입니다. 그러한 의문과 그 답은 라캉의 입으로 제공되지 않습니다. 단지 우리는 미루어 짐작할 따름입니다. 즉, 욕망은 사고나 환상의 차원에 있기 때문에 시각이나 청각적 이미지와 더 가깝고, 직관적인 좁은 의미에서, 사랑(의 요구)은 욕동에 의한 육체적 관계에 더 가깝다고 상상해볼 뿐입니다.

더욱더 이해할 수 없는 것은 요구와 욕망이라는 각각의 차원에서 주체와 큰타자를 <à(에게)>와 <de(의)>라는 전치사로 연결시키고 있다는 것입니다. 젖가슴(구강 욕동)은 주체가 <큰타자에게> 요구하는 것이고, 똥(항문 욕동)은 <큰타자의 요구>(즉 큰타자가 주체에게 요구하는 것)라는 것을 어떻게 이해해야 할까요? 그리고 시선(시각 욕동)은 <큰타자에게 욕망>하는 것이고, 목소리는 <큰타자의 욕망>이라는 것은 또 어떻게 이해해야 할까요? 잘 생각하면, 어렴풋이 이해가 될 듯도 합니다. 주체가 부분 대상이 어느 쪽에 귀속된다고 생각하느냐에 따라 <à(에게)>와 <de(의)>로 나누어지지 않았나 생각합니다. 다시 말해 한편으로, 젖가슴은 큰타자<에게> 있고 똥은 주체<가> 배설하는 것이며, 다른 한편으로 주체는 큰타자가 보내는 시선을 욕망하고 있고, 목소리는 주체로부터 나와 큰타자에게 도달합니다. 따라서 주체는 큰타자가 자신의 목소리를 욕망해주기를 욕망합니다. 이렇게 상상적으로 앞뒤를 맞추어볼 수는 있으나, 그것이 실제 분석을 하는 데 얼마나 도움될지는 의문입니다. 그래서 그런지 위의 도식은 지나치게 작위적이라는 느낌을 지울 수가 없습니다. 사실 라캉 연구가들의 논문이나 책에서 위의 도식을 거론하는 것을 잘 보지 못했습니다. 그것은 각광받고 있는, 그럼으로써 활발한 논의를 불러일으키고 있는 라캉의 다른 개념과 상황이 확연히 다릅니다.

....

진혜전 : 그런데 왜 냄새와 후각 욕동을 포함시키지 않았는지 모르겠습니다.

답변 : 아주 중요한 질문입니다. 프로이트는 『성욕에 관한 세 편의 에세이』에서 후각 욕동을 부분 욕동에서 제외시킵니다. 그에 따르면, 후각과 냄새는 직립 보행과 함께 억압되어 성욕동의 기능을 거의 상실했다고 합니다. 사실 모든 동물은 냄새를 통해서 자신의 존재를 성적인 짝에게 알리고, 또한 그것을 통해서 짝짓기의 시기를 알고 상대를 찾아갑니다. 그러나 인간만이 땅으로부터 코가 멀어진 뒤, 짝의 분비물의 냄새를 성적인 흥분으로 연결시키지 못합니다. 그 결과, 후각은 다른 성감대에 비해 성적인 기능의 비중이 상당히 낮아져 그 흔적을 찾아보기 힘듭니다. 그렇다고 완전히 없어진 것은 아닙니다. 도착증에서 아직 중요한 역할을 하는 것을 보면 말입니다. 위의 네 욕동과 부분 대상은 상대적인 비중에 따라 가장 핵심적인 것을 선별한 것입니

다. 라캉이 장악 욕동을 제외한 것도, 그리고 촉각이 부분 욕동으로 분류되지 않는 것도 그와 같은 이유에서입니다.

질문 : 어떤 남자가 옆방에서 들리는 남녀의 성관계 소리를 듣고 성적으로 흥분되어 자위행위를 한다면…

답변 : 질문이 상당히 원색적이군요. (웃음) 그것은 청각 욕동과 관계된 것입니다. 혹시 그것을 <대상 a>와 연결시켜서 질문한 것은 아니겠지요? <대상 a>는 그러한 육체적인 것과 무관한 것은 아니지만, 그것은 오히려 환상의 원인이 되는 대상이라고 말하는 것이 더 적합합니다. 그리고 <대상 a>로서의 소리는 그러한 곧이곧대로의 소리가 아니라, 청각과 관계된 어떤 기능을 가리킵니다. 그것은 구체적인 대상으로 표상될 수 없는 어떤 기능을 갖고 있습니다. 알키비아데스에게 사랑의 욕망을 일으키는 소크라테스의 언변을 생각해보십시오. 그것은 공기의 파동으로 전해지는 소크라테스의 목소리 자체가 아니라, 청각과 관계된 어떤 대상이자 기능입니다. 왜냐하면 소크라테스의 담화는 청각에 대한 목소리의 자극으로 전해지지만, 알키비아데스의 욕망의 원인이 되는 것은 그것이 아닌 어떤 것이기 때문입니다. 따라서 그것은 욕망의 원인으로서의 대상입니다. 그것이 부분 대상과 연결되는 것은, 그것은 전체 대상(이나 그것의 전체적 이미지)에 관계된 것이 아니라, 그 속의 어떤 부분과 관계되어 있기 때문입니다. 그러면서도 그것이 부분 대상이 아닌 것은, 그것이 그 부분 자체가 아니라 그 부분이 운반하고 있는, 그 부분으로 표상할 수 없는 <어떤 것>이기 때문입니다. 라캉에 따르면, 그것은 주체가 말하는 존재인 한, 주체가 두 기호형식 사이에서 분열될 때, 그 균열, 틈, 입 벌림, 구멍 속으로 떨어져 나간 대상입니다. 환상이 그 공백을 메우러 온다는 것은 이미

말씀드린 바 있습니다. 이것이 바로 환상의 충전기능이고, 그래서 라캉은 환상의 공식을 <$ ◇ a> 라고 표시하는 것입니다. 따라서 <대상 a>는 오히려 환상의 원인이자 대상이라고 말할 수 있습니다.

정은경 : <대상 a>는 비어 있으면서도 존재 결핍 자체를 현재화한다고 할 수 있나요?

답변 : 예. 그렇습니다. 라캉은 현재화(présentification)라는 말보다 떠받친다(supporter)라는 표현을 더 선호합니다. 단순화의 위험을 무릅쓰고 말하자면, 남근이 거세된 구멍을 젖가슴이 떠받치러 오는 것이지요.

엄격히 말해서 욕망에는 대상이 없습니다. 우리가 욕망의 대상이라고 생각하는 것은 욕망의 원인으로서의 결핍된 대상이 환상적으로 밖에 있는 대상에 투영된 것입니다. 그렇기 때문에 그 대상에 흡인력이 있는 것입니다. 그러한 흡인력을 욕망이 구조화될 당시로 돌아가 이야기하면, 욕망은 애도 다음에 오는 것이지만, 다시 말해 애도의 완성으로 정착되지만, 애도는 잃어버린 대상과의 향락을 <그리워>하게 합니다. 그 그리움이 향락을 끌어오는 것입니다. 이미 말씀드린 바와 같이 욕망의 라틴어 어원(desiderium)은 <그리움>을 뜻합니다. 말하자면 향락의 그리움이 <대상 a>에 투사되는 것입니다.

질문 : 그렇다면 알키비아데스가 욕망하는 소크라테스의 언변에는 아무것도 없는 것입니까?

답변 : 그의 지적인 능력과 놀라운 산파술은 있지요. 그러나 그것은 사실 욕망과 아무런 관련이 없는 것입니다. 한번 생각해보십시오. 소크라테스의 담화가 알키비아데스의 동성애를 자극하여 그와 성관계를 맺고

싶다는 욕망을 낳는다는 것이 이해가 됩니까? 지적인 화술이 없다는 것이 아니고, 거기에 성적 욕망과 관계된 것이 없다는 것입니다. 프로이트가 다빈치에 대해 논할 때와 같은 방식으로 말한다면, 그러한 소크라테스의 지적 능력이 가능했던 것은 성적 욕망이 승화 보강되었기 때문입니다.

질문 : 배고픔은 욕구이지만 예뻐지기 위해서 안 먹는 것은 욕망 때문이 아닌가요? 그렇다면, 욕망은 현대의 세태를 반영하는 것 아닌가요? 다이어트하려는 세태 말입니다.

답변 : 세태의 반영이라기보다도, 욕망을 향유하는 방식의 변천이겠지요. 다이어트하기 위해 안 먹는 것도, 끊임없이 불충족 상태로 남으려는 욕망의 출현 방식이며, 그 자체가 향락의 일종입니다.

....

2006년 10월 11일

VII

좋은 대상과 과도적 대상

편집-분열성 태도, 대상 분열, 박해 불안
우울성 태도와 상징적 애도
〈카메라 렌즈에는 감정이 없다〉
과도적 대상
transsubstantiation과 squiggle 놀이

지난 세미나에서 우리는 <대상 a>를 발견하는 역사적 과정에서 프로이트와 아브라함을 공부했습니다. 오늘은 클라인의 <좋은 대상>과 <나쁜 대상>, 그리고 위니컷의 <과도적 대상>이라는 개념이 <대상 a>의 발견에 미친 영향을 공부하겠습니다.

라캉은 1957년도 『세미나 Ⅷ: 전이』에서 <아갈마>라는 개념을 소개하면서, 처음에는 그것을 <좋은 대상>의 핵으로 정의합니다. 그러다가 그는 아갈마를 <대상 a>와 연결시키면서, 은근히 <대상 a>와 <좋은 대상>의 결별을 암시하고 있습니다. 사실 어떻게 보면, 아갈마가 <대상 a>를 숨기고 있는 것으로 여겨지는 욕망의 대상이라는 점에서 아갈마를 매개로 <대상 a>와 <좋은 대상>이 조화로운 관계로 맺어져야 할 것 같은데, 실제는

그 역인 듯싶습니다. 그것은 아마 환상의 대상이라는 점에서는 두 대상이 일치하나, <좋은 대상>이 갖고 있는 그 밖의 여러 가지 개념적 특성이 <대상 a>를 설명하기에는 불충분하기 때문인 것 같습니다. 아무튼 <좋은 대상>과 <나쁜 대상>의 개념부터 살펴보면서, <대상 a>와의 차이점 쪽으로 세미나의 방향을 잡아봅시다.

심리학, 특히 발달심리나 아동심리 그리고 상담심리를 조금이라도 공부한 사람이라면, 클라인의 <좋은 대상> <나쁜 대상>의 개념을 들어보지 않은 사람이 거의 없을 것입니다. 그것은 클라인에게 가장 핵심적인 개념이고, 아동의 발달심리에서 아주 중요한 발견으로 인정받고 있습니다. 다 알다시피, <좋은 대상>과 <나쁜 대상>으로 대상을 이분화하려는 경향은 모든 아이에게서 발견되는 공통된 현상입니다. 좋은 나라, 나쁜 나라라든지, 네 편 내 편하지 않습니까? 여기서 내 편은 좋은 나라가 되고, 네 편은 나쁜 나라가 됩니다. 이것을 클라인의 용어로 <대상 분열>이라고 하는데, 그러한 대상 분열의 원형은, 클라인에 따르면, 생후 초기 몇 개월 안에 형성됩니다. 더 정확히 말하면, 생후 3개월 동안, 좋은 대상과 나쁜 대상이 극단적으로 분열되는 경험을 하는데(물론 그 대상은 부분 대상이고, 그 대상의 원형은 어머니의 젖가슴입니다), 클라인은 그것을 <편집성 태도>라고 명명합니다.

<대상 분열>이라는 특성이 두드러진 시기인데 왜 <편집성 태도>라고 명명했을까요? 사실 말년의 글에서는 <편집-분열성 태도(paranoid-schizoid position)>라는 표현을 쓰기도 합니다. 그 태도의 분열성을 명칭에 그대로 반영한 것입니다. 그렇지만 그 시기의 태도에서 초점은 <편집성>에 있습니다. <편집성>이라는 명칭을 이해하기 위해서는 그 시기의 젖먹이의 정서 속으로 들어가 봐야 합니다. 우선 젖먹이의 정서 생활은 수유에 의해 결정된다는 데에는 모두 동의할 것입니다. 젖먹이에게는 어머니의 젖가슴이 가장 중요한데, 그것이 없어졌다 나타나는 것을 반복하는 것, 다시 말해

상실과 재회를 반복하는 것이 아이의 정서를 좌우할 것이라는 사실은 불 보듯 뻔합니다. 아마 그 당시의 젖먹이는 자신의 욕구를 충족시키는 젖가슴은 좋은 젖가슴으로 받아들이고, 그와 반대로 자신의 욕구를 좌절시키는 젖가슴은 나쁜 젖가슴으로 받아들일 것입니다. 그리하여 좋은 (부분) 대상과 나쁜 (부분) 대상이 존재한다는 느낌이 태어납니다. 그것은 배고픔의 자극과 긴장이 없으면 내적 욕구나 욕동이 균형을 이룬 상태이고, 반면에 배고픔의 긴장이 생기면 그 균형이 교란된다는 것과 일치합니다.

이제 두 번째 단계의 행동이 일어납니다. 제가 행동이라고 말했지만, 그것은 몸의 움직임과 같은 의미의 행동이 아니라, 심리적 행동을 말합니다. 한마디로, 그것은 내입(introjection)과 투사(projection)를 말합니다. 보통 내입과 투사를 <좋은 것은 삼키고 나쁜 것은 뱉는다>는 표현에 비유하곤 합니다. 다시 말해 좋은 것은 내입과 동일시를 통해 자기 것으로 받아들이고, 나쁜 것은 투사를 통해 밖으로 내보냅니다.[1] 그러나 그 비유가 내입과 투사의 전모를 밝혀주는 것은 아닙니다. 오히려 그것은 내입과 투사를 이해하는 데 방해가 되기도 하고, 심지어 내입과 투사의 개념을 왜곡하기까지 합니다. 우선 그러한 과정을 자세히 설명하기 전에, 우리가 꼭 알아두어야 할 것은, 내입과 투사는 욕구의 차원이 아니라, 욕동의 차원 — 즉 리비도와 파괴 욕동 — 에서 이루어진다는 것입니다. 즉 좋은 대상과 나쁜 대상의 <느낌>은 욕구 충족의 차원에서 시작되지만, 그 분열의 완성은 욕동의 차원에서 이루어집니다. 한마디로 좋다 나쁘다 하는 특질은 물질적인 욕구의 대상의 특성과 관련 있는 것이 아니라, 대상에 대한 리비도와 파괴 욕동의 투사에서 기인한 것입니다.

---

1 이런 측면에서 보면, 인간은 이기적인 악마라고 할 수 있습니다.

우선 나쁜 것을 자기 밖으로 추방하는 투사를 살펴봅시다. 투사는 자기 속에서 거부하는 나쁜 대상을 타자 속에 위치시키는 작용을 말합니다. 그런데 이때 주객이 전도되는 것에 유의해야 합니다. 가령 <나는 은경이를 미워한다.>는 감정이 투사되면, <은경이는 나를 미워한다>가 됩니다. 이렇게 투사는 내적인 증오의 감정을 단순히 밖으로 내던져버림으로써 그 감정을 없애는 것이 아닙니다. 투사에는 반드시 그 감정을 받는 타자가 그 감정의 주체가 되어, 투사의 주체에게 그 감정을 되돌려주는 과정이 있습니다. 따라서 투사에는 반드시 투사한 감정을 되돌려주는 매개 수단이 되는 타자가 있어야 합니다. 이것을 젖먹이와 어머니의 관계에 대입해봅시다. 젖먹이는 우선 나쁜 대상이라고 느껴지는 것을 어머니에게 투사할 것입니다(여기서 잊지 말아야 할 것은, 그 대상은 어머니 전체가 아니라 <젖가슴>이라는 부분 대상이라는 것입니다). 그러면 젖먹이는 그 대상이 자기를 <박해한다> — 속말로 <해꼬지한다> — 고 느끼고, 그에 따라 불안해합니다. 그것이 바로 <박해불안>의 기원입니다. 그러나 그것은 거기서 그치지 않습니다. 이제 젖먹이는 젖먹이의 차원에서, 자신을 방어하기 위하여 그 대상을 가학적으로 공격합니다. 그리하여 젖먹이는 어머니(의 젖가슴)를 공격하는 환상을 갖게 됩니다. 여러분이 이미 짐작했겠지만, 이러한 환상은 편집증 환자의 박해 망상과 아주 흡사합니다. 클라인이 그러한 심리적 태도를 <편집성>이라고 명명한 이유가 바로 거기에 있습니다. 실제로 그녀는 <편집성 태도>[2]라는 명칭을 고안해내기 전에는 <박해적 단계>라는 표현을 썼을 뿐 아니라, <편집성(paranoid)>라는 조어 자체가 <parano ia>와 <형태>를 뜻하는 접미사 <-oid>의 결합으로 이루어진 말로, <편집증의 형태를 띤>이라는 뜻을

2 그러나 그러한 구분은 전적으로 크레펠린(Kraepelin)의 공적으로 남아 있습니다. 클라인은 그 용어를 크레펠린으로부터 빌어왔을 뿐입니다.

갖고 있습니다. 따라서 <paranoid>는 <paranoiac(편집증적인)>과 구분되어야 합니다. 그러한 과정은 그 반대 대상, 즉 <좋은 대상>에 대해서도 똑같이 적용됩니다. 즉 <젖가슴>이 나를 좋아하니까 나도 젖가슴을 좋아한다는 식으로, 좋은 부분 대상에 리비도가 투여되는 것입니다.[3] 그리하여 좋은 대상과 나쁜 대상에 리비도와 공격 욕동이 가세함에 따라, 악순환이 반복되고 대상 분열은 더 극과 극으로 대립하게 됩니다.

다른 한편, 내입은 주체가 환상을 통해 좋은 부분 대상의 특질을 밖에서 안으로 들여오는 것입니다. 다시 말해 그것은 동일시와 밀접한 관계가 있는 것으로 그러한 특질을 자아의 일부로 받아들입니다. 그리하여 좋은 젖가슴과 나쁜 젖가슴은 심리의 한 영역을 구성합니다.[4] 그것은 아마 원초적 자아의 형태인 프로이트의 쾌락-자아와 현실-자아와 밀접한 관련이 있을 것입니다. 그러나 클라인은 그렇게 내입된 좋고 나쁜 대상은 원초적 초자아의 핵을 구성한다고 말합니다. <원초적 초자아>라고 하니까, 조금 의아해하는 분이 있을지 모르겠습니다. 왜냐하면 초자아라는 것은, 프로이트에 따르면 오이디푸스 시기 이후에나 구성되는 것이기 때문입니다. 그러나 클라인은 그러한 초자아의 형성을 아주 이른 시기로 끌어올리려고 합니다. 그러한 관점에서 좋고 나쁨의 판단은, 그녀에게 원시적 형태의 초자아로 비친 것입

---

3 그러나 좋은 대상에 대한 사랑의 투사는, 엄격한 의미의 투사, 즉 <내가 그를 사랑할 수 없으니까(그는 금지된 대상이기 때문에), 그가 나를 사랑한다>고 생각하게 되는 방어적 투사와는 다릅니다. 클라인의 제자인 리비어(Riviere)는 다음과 같이 말하고 있습니다. “젖가슴이 나를 미워하여 나를 단념시키게 하므로, 나는 젖가슴을 미워한다. 그 반대도 마찬가지이다.”(Riviere (J.), On the Genesis of Psychical Conflict in *Earilest Infancy*, 1936. Klein, in *Developments*, 47.) 이처럼 좋은 젖가슴이 나를 사랑하니까, 나도 그것을 사랑하는 것뿐이지, 금지된 나의 사랑에 대한 방어작용으로 그것이 나를 사랑한다고 생각하는 것은 아닙니다.

4 그런데 클라인은 내입보다는 투사적 요인을 특히 더 강조합니다. 그것은 아마 편집증의 주 기제가 투사이듯이, <편집성 태도>에서도 투사가 더 두드러져 나타나기 때문일 것입니다.

니다. 그녀에 따르면, 그렇게 분열된 젖가슴은 최초의 대상 분열을 구성하면서, 이후에 오는 모든 대상 — 부분 대상이건, 전체 대상이건 — 의 원형으로 작용합니다.

이제 편집성 태도에 있는 젖먹이는 그러한 단계로부터 벗어나려고 합니다. 필경 극단적인 대상 분열과, 박해불안은 그로 하여금 방어 기제를 작동시킬 것이 뻔합니다. 아마 그러한 상황의 극복의 관건은 <좋은 대상>의 상대적 힘이 <나쁜 대상>의 힘을 얼마나 어떻게 누르느냐에 달려 있습니다. 다시 말해 나쁜 대상에 대한 좋은 대상의 승리에 달려 있습니다. 아마 방어작용도 그러한 관점에서 진행될 것입니다. 그렇다면 그것을 위해 어떤 방어 기제가 작용할까요? 우선 좋은 대상과 나쁜 대상으로 나누는 <대상 분열>도, 어찌 보면 박해 불안에 대한 일종의 방어작용입니다. 왜냐하면 아군과 적군을 잘 구별하는 것이 싸움의 기본이기 때문입니다. 둘째, 좋은 대상의 좋은 측면은 더욱 강화되고, 나쁜 대상의 나쁜 측면은 계속 부정됩니다. 전자의 기제는 알다시피, <이상화(idealization)>입니다. 왜냐하면 <좋은 대상>을 계속 이상화해야만 끝없는 욕구를 무한히 충족시킬 수 있을 뿐 아니라, 그렇게 이상화된 대상을 내입시켜 박해 불안의 보호막으로 사용할 수 있기 때문입니다. 즉 이상화된 대상이 자신과 동일시되면서 자신이 전능한 힘을 갖게 되고, 그 힘으로 대상을 절대적으로 통제하려고 합니다. 다른 한편, 후자의 기제는 <부인(Verleugnung, denial)>입니다. 말하자면 좋은 것은 이상화하고, 나쁜 것은 부인하는 것이지요. 여러분이 다 알다시피, 프로이트에게 <부인>은 도착증의 기제입니다. 그것은 어머니의 남근의 부재를 인정하지 않는 것을 말합니다. 그러나 클라인은 그것을 그런 뜻으로 사용하지 않습니다. 그녀에게 부인은 단순히 박해적인 대상의 모든 현실을 인정하지 않으려는 태도입니다.

그런데 여기서 중요한 것은 그 모든 것이 실제로 일어나는 현실이 아니라,

그렇게 일어난다고 믿는 아이의 환상이라는 사실이고(그러한 연구 결과는 가장 오래된 어린아이의 환상의 분석에서 나온 것입니다), 박해 불안과, 대상 분열이나 이상화 등은 그러한 환상과 그 환상에 대한 방어로 나타난 것이라는 사실입니다. 그렇기 때문에 제가 우리의 심리는 <환상으로 구조화되어 있다>느니, 또는 <환상 체계>라고 말씀드리는 것입니다. 적어도 우리의 심리는 환상 위에 구축되어 있는 것이 분명합니다. 그러한 측면에서 모든 것을 환(幻)으로 돌리는 불교의 논리가 허황된 것만은 아닙니다.

질문 : 결국 환상 때문에 괴로워하는 거네요?

답변 : 맞습니다. 우리를 괴롭히는 것은 현실이 아니라, 우리 자신의 환상입니다. 그러한 환으로부터 벗어나는 길은 그것이 환임을 아는 것입니다.

질문 : 환으로부터 벗어난다기보다, 환을 인정하면 괴롭지 않은 것이겠지요.

답변 : 맞습니다. 환으로부터 벗어날 수 없습니다. 그것으로 체계화되어 있는데, 다시 말해 그것 자체가 심리의 기초인데, 어떻게 벗어나겠습니까? 단지 그 환에 대한 태도와 위치를 바꾸는 것이겠지요. 그러면 덜 괴롭습니다. 지난번에 누가 인간의 고통에 대해 고뇌하며 기도하는 마더 테레사(Mother Teresa)의 사진들을 카페에 올리셨더군요. 저는 그때 피사체(테레사 수녀)의 고통을 무심하고 무감정하게 바라보는 카메라의 렌즈를 생각했습니다. 카메라의 렌즈에는 감정이 없습니다. 마치 환에 대한 주체의 위치는 그와 같아야 한다고 생각합니다. 그것은 분석자에 대한 분석가의 위치도 마찬가지입니다. 그런데 역설적이게도 대상에 대한 감정의 개입 없이 대상을 있는 그대로 바라보며 인정

할 때, 대상에 대한 무한한 사랑이 솟아나옵니다.

〈마더 테레사(Mother Teresa)〉

클라인의 발견에 따르면, 생후 3개월 동안의 <편집성 태도>를 잘 극복하고 나면, 생후 3개월과 8개월 사이에 <우울성 태도>의 시기가 찾아옵니다.[5] 그때 아이들은 한결같이 의기소침한 모습을 보입니다. 말하자면 우울증과 비슷한 증상이 나타납니다. 그래서 클라인이 <우울성 태도>라고 부르는 것입니다.[6] 이 시기에 어린아이는 지적 능력이 증가하면서 사랑과 증

5 이 태도가 나타나는 시기와 기간은 사람에 따라 다르고, 또한 정신분석 텍스트에 따라 일정하지 않으나, 보통 생후 3개월에서 4개월에 나타나기 시작하고, 8개월까지 집중적으로 나타나다가 돌이 지나면서 서서히 극복된다고 합니다.

6 여기서 잠시 용어에 대한 문제를 거론하고 넘어갈까 합니다. 클라인은 <편집성 태도>와 <우울성 태도>가 일정한 시기에, 그것도 단계적으로 나타남에도 불구하고, 프로이트와는 다르게 <단계(Phase, stage)>라는 말보다는 <태도(Einstellung, position)>라는 용어를 더 선호했습니다. 클라인은 <편집성 태도>에 대해 다음과 같이 말하고 있습니다. "처음에는 그러한 불안과 방어 자체가 아주 이른 단계에 나타나지만 그렇다고 그것이 그 시기에만 국한되는 것은 아니다. 그것은 유년기의 몇 년 동안, 그리고 그 뒤에는 어떤 조건하에서 다시 나

오의 대상이 동일한 대상이라는 것을 이해하기 시작합니다. 그것은 사랑의 대상과 증오의 대상, 좋은 양상과 나쁜 양상을 서로 근접시킨 결과입니다. 그리하여 완전한 의미에서 양가성이 수립되고, 어머니도 총체적으로 파악하기 시작합니다. <편집성 태도>가 젖가슴이라는 대상(부분 대상)에 대한 관계 양태였다면, 이제 <우울성 태도>는 어머니라는 대상(전체 대상)과의 관계 양태입니다. 따라서 전자에서 후자로의 이동 발전은 부분에서 전체로의 이동 발전과 일치합니다. 그렇다면 이때는 무엇 때문에 우울한 것일까요? 그리고 그것에 대한 방어는 어떻게 이루어질까요?

방금 전에 말씀드렸듯이, <우울성 태도>에서는 "사랑과 증오가 아주 가까워지고, 좋은 젖가슴과 나쁜 젖가슴, 좋은 어머니와 나쁜 어머니의 간격이 이전 단계만큼 벌어져 있지 않습니다."(Klein (M.), in *Developments*, 1952. 212쪽) 나중에는 그 대상이 한 대상으로 일치하고, 동시에 그 대상(어머니)이 총체적인 대상으로 파악됩니다. 그에 따라 (나쁜) 대상에 대한 자신의 공격이 (좋은) 대상 — 즉 사랑하는 대상 — 의 파괴를 가져올까 두려워합니다. 클라인은 이것을 우울성 불안이라고 부릅니다. 따라서 우울성 불안은 사랑하는

타난다."(Klein (M.), *Some Theoretical Conclusions regarding the Emotional Life of the Infant*, 1952, in *Developments*, 236.) 다시 말해 성인의 편집증이나 정신분열증에서 다시 나타난다는 것입니다. 그것은 우울성 태도도 마찬가지입니다. 그것은 유년기에 다시 나타날 수도 있고, 성인이 되어 애도와 우울증적인 상태에서 다시 활성화될 수 있습니다. 그러한 이유에서, 다시 말해 어떤 <시기>에만 나타나는 것이 아니라, 일생 그러한 <태도>가 다시 나타날 수 있다는 점에서, 클라인이 <단계>라는 말을 사용하지 않고 <태도>라는 말을 사용한 것입니다. 그러면 우리말 번역은 어떻습니까? 지금까지 이병윤 선생(『정신의학사전』, 일조각)을 비롯한 많은 사람은 그것을 <자세>라고 번역해왔습니다. 그런데 <자세>라는 말은 <몸>가짐에 국한되는 뉘앙스를 풍겨서 심리적인 경향을 나타내는 <Einstellung>과는 잘 어울리지 않는 느낌입니다. 그러던 중에 <태도>라는 말이 떠올랐습니다. <태도>라는 말에는 <어느 정도 지속적으로 미래의 경험을 결정하는 심적 경향>이라는 뜻도 내포되어 있어서, <자세>라는 말보다는 <Einstellung>의 번역어로 좀 더 적합하다는 생각이 들었습니다. 더 좋은 번역어가 생각나면 알려주기 바랍니다.

대상의 상실에 대한 불안이고, 사랑하는 대상을 위협할 것 같은 환상적 위험에 대한 불안입니다. 그것은 자아에 두려움을 주는 대상에 의해 박해받는 불안, 즉 자아를 위협하는 환상적 위험에 대한 불안인 편집성 불안(박해불안)과는 분명히 대별되는 것입니다. 우울성 불안은 한마디로 사랑하는 대상을 더 이상 보호하지 못하거나 손상시킬 것 같은 두려움, 그에 따른 죄책감에 지나지 않습니다. 이제 아이는 그러한 심리적 상황에서 자신의 우울증을 <수선(réparation)>하러 나설 것입니다.[7] 그러한 수선은 자신의 우울증에 대한 방어의 형태로 나타납니다. 다시 말해 우울증의 반대는 조증(燥症)이기 때문에, 필경 조증적 방어로 나타날 것입니다. 그리고 그러한 불안과 수선은 사랑하는 대상인 어머니를 총체적으로 안전하게 내입할 때 비로소 극복되고 완성됩니다. 이러한 우울성 태도의 극복 과정은 애도와 멜랑콜리에 대한 프로이트와 라캉의 설명과 일치합니다. 다 알다시피, 멜랑콜리는 사랑하는 대상의 상실과, 그 상실된 대상과의 동일시를 전제하고 있습니다. 라캉은 그것을 사랑하는 대상과의 <상상적 동일시>로 규정하고, 그에 대응하는 상징적 동일시를 내세우고 있습니다. <상징적 동일시>란 사랑하는 대상의 한 가지 특성, 즉 <단성>과의 동일시를 말합니다. 라캉에 따르면, 그러한 동일시야말로 상실을 언어(기호형식) 속에 결핍으로 구조화하는 것이고, 또한 멜랑콜리를 극복하고 정상적 애도로 가는 길입니다. 그래서 우리는 그것을 <상징적 애도>라고 명명할 수 있습니다. 이러한 라캉의 이론을 클라인의 <우울성 태도>에 적용해본다면, <어머니를 총체적으로 안전하게 내입하여 우울성 태도를 극복한다>는 것은, 라캉에 따르면 상징적 동일시를 통해 어머니를 하나의 기호형식으로 내입함으로써 상징적 애도를 완성하는

---

7 <편집성 태도>를 특징짓는 것이 대상 분열이라면, 수선은 <우울성 태도>를 특징짓는 심리 경향입니다.

것에 지나지 않습니다. 만약에 그것을 완성하지 못하고 상상적 동일시에 머물면 멜랑콜리가 되는 것입니다.

아브라함은 애도와 멜랑콜리에 대한 프로이트의 발견에 한두 가지 새로운 사실을 더 첨가합니다. 즉, 첫째, 그는 멜랑콜리의 고착 지점을 제2구강기 — 즉 식인주의(cannibalisme)적인 가학적 구강기 — 와 연결하고 있으며, 둘째, 성인의 우울증은 그 시기로의 퇴행으로 보고 있습니다.[8] 아브라함의 지적대로, 식인주의는 상실된 대상과의 동일시와 무관하지 않습니다. 죽은(상실된) 대상과 하나가 되는 가장 빠른 길은 그의 몸을 먹어 내 몸 속에 동화시키는 길이기 때문입니다. 따라서 성인에게서의 애도와 멜랑콜리, 가학적 구강기 그리고 우울성 태도는 모종의 관계가 있는 것이 분명합니다. 그러한 관계는 클라인이 요약한 대로 다음과 같이 이중, 삼중으로 맺어져 있습니다.

첫째, 애도는 아기가 우울성 태도에서 경험하는 정서적 상황의 반복이라는 것입니다. 그것은 애도와 우울성 태도가 유사하고, 나아가 애도 작업은 아주 어린 시절에 우울성 태도에서 했던 작업과 비슷하다는 것을 내포하고 있습니다. 다시 말해 성인은 애도를 성취하기 위하여 그가 옛날 <우울성 태도>에서 사용했던 메커니즘과 동일한 메커니즘을 사용합니다. 또한 애도 작업의 성공 여부도 우울성 태도라는 최초의 모델의 생성 과정에 달려 있습니다. 따라서 신생아가 최초의 사랑-대상의 상실을 극복하는 방식은 성인

8 이것은 클라인이 <우울성 태도>를 발견하는 데 결정적 계기가 됩니다. 클라인의 이론은 프로이트의 「애도와 멜랑콜리」(1915)와, 아브라함의 Versuch einer Entwicklungsgeschichte der Libido auf Grund der Psychoanalyse seelischer Störungen(「심리 장애의 정신분석에 기초한 리비도 발달의 역사에 대한 초고」, 1924)의 제1부인 Die manisch-depression Zustände und die prägenitalen Organisationsstufen der Libido(조울증적 상태와 전-성기기적인 리비도의 조직 단계)라는 작업의 전통 속에 있습니다.

에게서 애도의 발달과 그 결과를 결정한다고 역으로 말할 수 있습니다. 물론 여기에는 정상적인 결과와 병리적인 결과가 모두 포함됩니다.

둘째, 따라서 우울성 태도는 조울증 장애의 고착 지점을 내포하고 있습니다. <우울성 태도>의 극복 여부는 조울증 장애의 설립에 결정적인 원인인 것입니다. 조울증 환자는 어릴 적에 우울성 태도를 진실로 극복한 사람이 아닙니다.

여기서 잠시 클라인과 라캉의 관계를 살펴보기로 합시다. 라캉은 클라인의 이론에 관심이 아주 많았으며, 특히 딕(Dick)의 사례를 자주 거론합니다. 2005년 8월 24일 세미나에서 자세히 다루어서 이미 알고 있겠지만, 라캉은 상상계에 머물러 있던 딕에게 상징적 놀이를 통해 상징계를 주입하는 데 성공한 클라인의 재능을 아주 높이 평가하면서 경의를 표합니다. 그러나 라캉에 따르면, 그는 아직 상상계에 머물러 있고, 또한 그렇게 된 것은 클라인의 이론이 아직 상상계에 머물러 있기 때문입니다. 다시 말해 그녀는 상징계의 존재와 중요성을 아직 깨닫지 못한 것입니다. 가령 남근의 경우도 그렇습니다. 클라인은 분명히 <합궁한 부모상>의 예를 통해, 남근이 아주 일찌감치 어린아이의 환상에서 불안 요인으로 작용하고 있음을 보여주고 있습니다. 그런데 그녀는 남근이 하나의 환상이기 이전에 하나의 기호형식(signifiant)이라는 것을 알아차리지 못합니다. 그녀에게 남근은 단순히 좋거나 나쁜 부분 대상에 지나지 않았습니다. 그러나 라캉은 프로이트의 학설에서 남근이 환상이 아님을 분명히 하면서, 그것을 기호형식으로 해석합니다.[9]

9 이것은 클라인의 부분 대상과 라캉의 <대상 a>의 차이로도 이어집니다.

그러한 결정적인 차이는 클라인의 우울성 태도와 라캉의 거울 단계의 비교에서 극명하게 드러납니다. 우선 그 두 개념은 시기가 대체로 일치한다는 점에서 우리의 호기심을 자극합니다. 전자는 생후 3개월에서 시작하여 돌을 지나면서 점차 극복되어 1년 반쯤이면 완전히 확립됩니다. 그런데 묘하게도 후자도 생후 6개월에서 18개월 사이에 진행됩니다. 또한 전자가 어머니의 총체적인 내입을 안정적인 자아 통합과 좋은 대상관계의 선행 조건으로 본다는 점에서, 라캉이 자아 형성의 결정적인 경험이라고 여기고 있는 거울 단계와 일치합니다. 물론 클라인은 전자의 자아 통합이 완전하고 결정적인 것은 아니라고 분명히 말하고 있습니다. 그렇지만 아무튼 자아 통합을 이야기하고 있다는 점에서 거울 단계에서의 자아 형성과 비교할 수는 있을 것입니다.

우선 무엇이 가장 눈에 띄는 차이입니까? 우선 클라인은 대상관계 이론의 대모답게 어머니와의 관계 — 라캉에 따르면 양자 관계 — 를 설명의 출발점으로 삼고 있습니다. 그러나 라캉은 거울에 비친 자기 자신의 육체적 이미지와의 동일시를 자아 형성의 출발점으로 삼고 있습니다.[10] 그것은 라캉이 자신의 육체적 기능의 통일성을 자아 형성의 축으로 삼는다는 것을 말해줍니다. 그러나 그보다 더 중요한 차이가 있습니다. 클라인의 설명에는 큰타자의 자리가 없습니다. 반면에 라캉에 따르면, 자아 형성에서 가장 중요한 것은, <거울의 이미지가 바로 너>라는 것을 어린 주체에게 인정해주는 제3의 시선이 있어야 한다는 사실입니다. 그것이 바로 큰타자의 기능입니다. 클라인에 대한 라캉의 비판의 핵심은 바로 여기에 있습니다. 그가 보기

10 이를테면 클라인의 아기는 아름답고 절대적인 어머니의 이미지에 현혹되고, 라캉의 아이는 거울 속에 비친 자기의 이상적인 이미지에 매혹되는 것입니다. 그런 점에서 후자는 나르시스적입니다. 그에 따라 클라인의 이론은 존재 대 존재의 관계를 지향하고, 라캉의 이론은 존재 자체의 문제를 지향하게 됩니다.

에 그녀는 큰타자와 그 기능을 간과한 것입니다.

그뿐만이 아닙니다. 클라인에게 있어서 우울성 태도를 조정하는 것은, 공격적이고 리비도적인 환상의 시리즈입니다. 그러한 환상의 시리즈가 어떻게 구성되느냐에 따라, 대상관계의 안정성과 일관성이 확보됩니다. 다시 말해 어린아이들은 그러한 환상을 통해 대상을 보다 더 잘 통제하고 좋은 대상관계를 이룹니다. 그러나 라캉은 전혀 다른 생각을 가지고 있습니다. 공격성은 자아와 닮은 자로 이루어진 상상계의 축 — <도식 L>에서 <a-a'>의 축 — 에서 나오지만, 그것의 통제는 상징계의 축 — <도식 L>에서 <A-a>의 축 — 이 개입함으로써 비로소 이루어집니다. 왜냐하면 처음에는 거울 속의 이미지를 경쟁자로 인식해 공격하지만, 큰타자의 인정에 따라 그것을 자아로 인식한 다음에는 환호하기 때문입니다. 가령 클라인은 좋은 대상인 어머니를 내입함으로써 우울성 태도를 넘어설 수 있다고 말하지만, 라캉은 상상적 어머니를 상징적 아버지로 대체함으로써 비로소 정상화될 수 있다고 말합니다. 이렇게 클라인은 모자 관계와 환상만을 고려함에 따라 큰타자의 기능과 상징계의 중요성을 무시한 것입니다. 그러나 애도와 우울성 태도의 유사성을 밝힘으로써, 애도가 인간의 심리 구조화 내지는 정상화에 결정적인 역할을 한다는 것을 증명해보인 것은 전적으로 클라인의 공이라는 사실을 잊어서는 안 됩니다.

이제 위니컷(Winnicott)의 <과도적 대상(transitional object)>으로 넘어가 봅시다. 위니컷은 1951년 5월 30일 영국정신분석학회에서 <과도적 대상>이라는 개념을 처음으로 선보입니다. 우선 <과도적 대상>이라는 번역어에 대해서 다시 한번 강조해야겠습니다. 많은 사람은 그것을 <중간 대상>이라고 번역하는데, 제가 굳이 <과도적 대상>으로 번역하는 이유는, <중간>이라는 말이 <가운데>라는 정적인 뉘앙스만을 내포하고 있어서, <변

화 과정 중에 있다>는 <transitional>의 의미를 충분히 전달하지 못하기 때문입니다.[11] 그에 반해 과도적이라는 말에는 어떤 위치에서 다른 위치로 이동한다는 뉘앙스를 풍기고 있습니다. 그렇다고 그 말에 문제가 없는 것은 아닙니다. <과도적>이라는 말은 원래 시간적이고 공간적인 모든 차원을 아우르는 말이었는데, 언제부터인가 시간적인 차원에서만 쓰이는 말로 그 의미가 축소되었습니다. 그 점이 조금 안타까울 따름입니다.

<과도적 대상>의 구체적인 예를 들 수 있습니다. 그것은 어린아이가 젖을 떼기 직전 또는 젖을 떼는 동안이나 그 직후에, 털실 조각이나 베개 또는 이불의 귀퉁이를 입으로 빨거나 씹는 습관이 있는데, 바로 그러한 대상을 말합니다. 아이들은 그러한 대상이 없으면 잠을 이루지 못합니다. 그렇기 때문에 그것은 잠이 들 때 특히 필수적으로 요구됩니다. 위니컷은 그것을 한마디로 <not-me possession(비-자아 소유)>이라고 정의합니다. <비-자아 소유>라는 말은 대체 무슨 뜻일까요? 우선 그것은 <내 것이 아닌 소유>를 말합니다. 소유라고 하면 내 것이어야 하는데 내 것이 아니니까, <내 것이 아닌 소유>는 역설적인 표현입니다. 어떤 물건을 소유한다고 할 때, 그것은 주체 외적인 대상입니다. 다시 말해 주체 바깥에 있는 대상입니다. 그것을 보통 대상 소유라고 합니다. 그러나 <과도적 대상>에 대해 아기는 주체 외적 대상이라고 느끼지 않습니다. 그렇다고 그것이 주체 내에 있는 것도 아닙니다. 다시 말해 아기는 그 대상을 외부로부터 오는 것으로 생각하지도 않지만, 그렇다고 내부로부터 오는 것이라고 생각하지도 않습니다. 그러니까 그것은 객관적인 것과 주관적인 것의 도중에 있는 셈입니다. 그것은 소유이면서 소유가 아닌 최초의 소유입니다. 게다가 무엇을 소유한

11 <transitional>은 어원적으로 <trans-(너머)>와 <ire(가다)>가 결합된 <transire>로부터 유래한 말로, <넘어가다>라는 뜻을 내포하고 있습니다.

다고 하면, 소유의 주체가 전제되어야 하는데, 그 시기는 자아가 채 형성되지 않은 때입니다. 따라서 아기는 자아와 비-자아 사이에 있습니다. 저는 위니컷의 <과도적 대상>을 읽으면서, 『금강경』에 나오는 중도의 개념이 떠올랐습니다. 『금강경』에서 말하는 중(中)은 <이것도 아니오 저것도 아니오, 이것도 아니고 저것도 아닌 것이 아닌 것>입니다. 마찬가지로 위니컷의 과도적 대상은 밖에 있으면서 밖에 있지 않고, 그렇다고 안에 있지도 않은, 안과 밖의 경계에 있는 대상입니다.

어린아이의 애착 대상의 발전 과정을 한번 머릿속으로 그려봅시다. 아기는 태어나자마자 엄마의 젖을 빱니다. 그런 다음 엄마의 젖 대신, 또는 젖과 함께 엄지손가락을 빱니다. 그러다가 젖떼기와 함께 이불 귀퉁이나 인형의 털실 조각을 빠는 것으로 넘어간 뒤, 마지막에는 인형 전체를 껴안고 잡니다. 부분 대상에서 전체 대상으로 넘어가는 것입니다. 과도적 대상은 엄지손가락과 전체로서의 곰 인형 사이에 있습니다. 부분 욕동의 차원에서 말한다면, 과도적 대상은 아직 구강 성애적이라고 말할 수 있습니다. 그렇지만 부분 대상은 아닙니다. 부분 대상보다는 한 단계 발전했고, 그렇다고 전체 대상은 아닌 그 <중간 지대>입니다. 위니컷은 과도적 대상을 규정할 때 <중간 지대>라는 표현을 즐겨 사용합니다. <중간 지대>라는 표현은 우리를 자연스럽게 『반지의 제왕』이라는 영화로 인도합니다. 그 영화는 반지의 상징성으로 말미암아, 과도적 대상과 <대상 a>를 공부하는 우리의 관심을 끌고 있습니다. 제가 보기에 그 영화에서 반지는, 라캉이 말하는 아갈마(agalma), 즉 욕망의 대상인 <대상 a>를 숨기고 있는 아갈마의 광휘를 발휘하고 있습니다. 그렇다면 그 영화에서 중간 지대와 반지는 정신분석에서 말하는 과도적 대상(중간 지대)과 <대상 a>와 모종의 관계가 있는 것이 아닐까요? 그 문제를 여러분의 생각거리로 남겨둔다고 하더라도, 위니컷이 과도적 대상과 예술 활동의 관계를 거론했다는 것을 지적하지 않을 수 없습니다. 그에 따르면, 과도적 대상은 그것이 나타나는 시기가 사라지고 다음 단계로 극복된다고 하더라도, 그것이 갖고 있던 기능은 심리에 영원히 남아 예술 창조와 심리 생활에 계속해서 영향을 미친다고 지적하고 있습니다. 그만큼 그것은 인간의 심리 생활에 아주 중요한 위치를 점유하고 있습니다.

그러한 핵심적 위치를 점유하고 있다는 것의 예로서, 위니컷은 1971년 『놀이와 현실』이라는 책에서 기독교의 <transsubtantiation(화체)>[12]를 들고 있습니다. 그것은 예수가 최후의 만찬에서 제자들에게 빵과 포도주를 나눠 주면서, "이것은 내 피와 살이니, 이것을 먹을 때마다 나를 기억하라"고 말한 데서 유래하는 기독교 성찬 의식입니다. 여기서 빵과 포도주는 예수의 살과 피를 상징합니다. 따라서 그것은 어머니의 젖꼭지가 털실 조각으로 대체되는 것과 같은 문맥에 있습니다. 게다가 구강 욕동적인 식인주의가 거기에 공통으로 숨어 있습니다. 그것은 아마 예수가 성령이 되어 우리 속에 들어올 수 있게 되는 것의 전 단계일 것입니다. 과도적 대상이 전체 대상으로서의 어머니가 곰 인형으로 대체, 상징적 대체가 일어나기 전 단계인 것처럼 말입니다.(방금 전에는 『금강경』의 중도의 비유가 떠올랐는데, 지금은 양자 역학의 중간자의 비유가 떠오릅니다. 한번 생각해보시지요?) <과도적 대상>은 비단 털실 조각이나 베개 귀퉁이에 국한되는 것은 아닙니다. 그것은 가령 어떤 한 단어, 옹알이, 흥얼거림, 멜로디, 어떤 습관적 몸짓 등으로 나타날 수 있습니다.

라캉은 그러한 과도적 대상을 대상 결핍과 연결시킵니다. 대상 결핍은

---

12 기독교에서 <化體>라고 번역하는 것 같은데, 그 번역어로는 전혀 뜻이 들어오지 않습니다. <transsubstantiation>은 <trans->와 <substantiation(실체화)>가 결합된 말이니까, 차라리 위니컷의 의미를 살려 <과도적 실체화>라고 번역하는 것이 나을 성싶습니다.

여러분이 다 알다시피, 존재 결핍의 양태로, 결핍되는 대상의 측면에서 바라본 존재 결핍입니다. 그것은 인간이 말하는 존재인 한, 인간에게 주어지는 필연적인 상황 — 사르트르적인 의미에서 — 입니다. 즉 인간이 말하는 존재인 한, 주체는 분열되고 분리됩니다. 그 분리 분열된 공간이 바로 라캉이 입벌림(béance)이라고 부르는 곳입니다. 입벌림의 장소는 결핍의 장소입니다. 그러나 아무것도 없다는 부정적 의미의 결핍이 아니라, 엄청난 힘이 나온다는 긍정적 의미에서의 결핍의 장소입니다. 비유적으로 말하면, 지진이나 화산의 갈라진 틈에서 엄청난 에너지가 분출하지 않습니까?[13] 따라서 과도적 대상은 그냥 일회적으로 지나가는 장소가 아닙니다. 말하자면 그것은 전이 대상(objet de transition)이 아니라, 대상 전이(transition d'objet)입니다. 다시 말해 그것은 베어링과 같은 대상 전이의 기능을 맡고 있기 때문에, 그것 없이는 다른 어떤 것도 제 기능을 발휘할 수 없습니다. 따라서 그것은 대상 관계라는 지렛대를 받쳐주는 힘의 받침점입니다. 라캉도 과도적 대상이 주체의 장소를 떠받치고 있다고 말합니다. 존재 결핍의 장소에서, 그것은 주체를 지탱하고 있고, 주체는 그것 위에 결핍 또는 분열로 나타나는 것입니다. 그렇다면 그 대상을 치우면 어떻게 될까요? 그것을 치우는 순간 결핍 그 자체, 즉 빈 공간만 남게 될 것입니다. 라캉은 결핍으로서의 주체, 분열의 틈으로서의 주체를 하나의 명제로 잘 압축한 바 있습니다. <하나의 기호형식은 다른 기호형식을 위하여 주체를 표상한다>. 그렇습니다. 주체는 두 기호형식 사이에 분열되어 있고, 그 <사이>가 벌어지는(입벌림) 순간에 잠시 효과로 나타났다 사라집니다. 주체는 사라지기 위해 기호형식 사이에서

---

13 백운대에 올라가면, 중앙이 반으로 갈라진 커다란 바위가 하나 있습니다. 그런데 그 너비는 얼마 안 되는데도, 그 깊이가 하도 깊어 그것을 건너뛰려면 오금이 저려옵니다. 결핍으로서의 <대상 a> 앞에 설 때도 마치 그와 같지 않을까요?

나타나는 존재입니다.

과도적 대상 이론을 일종의 그림 놀이에 응용한 것이 <squiggle>입니다. <squiggle>은 분석가가 어떤 선을 하나 그으면, 분석자가 그것을 이어받아 형태를 만들어가는 놀이입니다. 그러면 분석가는 또 다른 선을 긋고, 분석자는 다시 형태를 만들어가고… 따라서 그것이야말로 대상 전이의 전형을 보여줍니다. 과도적 대상은 그렇게 어떤 그림이나 형태의 출발이 되는 아주 작은 기본적인 선에 불과합니다. 그럼에도 그것 없이는 그림이 될 수 없는 어떤 것입니다. 자, 이제 우리는 과도적 대상의 정의를 생각하면서, 그것의 윤곽을 그리기 위해 4~12개월[14]의 어린아이로 돌아가 봅시다. 아이들은 어떤 생각으로 털실 조각을 입에 물고 빨거나 잘강잘강 씹을까요? 어머니의 젖꼭지도 아니고, 주체 외적인 것도 아니고, 그렇다고 주체 내적인 환각도 아닙니다. 그것은 분명히 환영 또는 착각의 영역에 있으면서, 분명히 존재하는 이상한 대상입니다. 그것은 꿈과 현실의 중간에 있습니다.

김소희 : 제가 읽은 바에 의하면, 프로이트나 멜라니 클라인 같은 사람들은 발달심리학적인 차원에서 정신분석 이론을 건설했는 데 반해, 라캉은 발달심리라기보다 철학이라고 하던데요? 전자는 영미 정신분석의 기초가 되었고, 후자는 프랑스 정신분석의 골격이 되었다고 하던데요? 그래서 서로 배타적이라고요?

답변 : 그렇습니다. 프로이트와 클라인의 정신분석을 통시적 정신분석이라고 한다면, 라캉은 그것을 공시적으로 만들었습니다. 다시 말해 그

14 과도적 대상은 생후 4개월에서 12개월 사이에 나타난다고 합니다.

의 정신분석은 구조적 정신분석이라고 말할 수 있습니다. 그것이 가능했던 것은, 라캉이 구조언어학과 헤겔을 비롯한 많은 철학자의 개념을 정신분석에 접합시켰기 때문입니다. 그리고 프로이트의 정신분석은 생물학적인 데 반해, 라캉의 그것은 언어학적입니다.

김소희 : 라캉은 주체 개념을 해체로서 소개하면서, 데카르트의 이성적 존재에 반대하고 욕망하는 존재를 내세웠다고 하던데요?

답변 : 맞습니다. 그런데 우리가 여기서 조심해야 할 것이 하나 있습니다. 후기 구조주의를 소개하는 사람들이 후기 구조주의자들의 서로 다른 개념을 뒤섞어서 소개하는 바람에 우리가 개념의 혼란을 겪고 있다는 것입니다. 라캉은 <해체>라는 개념을 사용하지 않았습니다. 해체는 데리다의 개념입니다. 물론 상관관계가 없는 것은 아니지만, 우선은 서로 구분해서 사용하는 것이 좋습니다. 그래야 나중에 혼동되지 않습니다. 가령 라캉에 대한 데리다의 비판을 이해하려면 말입니다.

질문 : 라캉이 유명해진 것은 정신의학적 개념 때문이 아니라 구조주의를 도입했기 때문이라고 알고 있는데요? 라캉의 욕망하는 주체 이론은 해체론에 들어가지 않습니까?

답변 : 라캉의 이론의 혁명성은 어느 날 갑자기 하늘에서 떨어진 것도 아니고, 그렇다고 어느 한쪽의 이론만 확대 발전시킨 것도 아닙니다. 그의 혁명적 개념은 여러 방면의 역사적 근거를 가지고 있습니다. 다시 말해 여러 영역의 개념과 이론이 하나로 통합되면서 새로운 이론으로 탄생한 것입니다. 따라서 정신의학이나 구조주의 언어학 중 어느 하나로 라캉을 설명하는 것은 한쪽 눈을 감고, 그것도 사시눈으로 라캉을 바라보는 것입니다. 또 하나는 해체를 자꾸 말씀하시는데, 적

어도 제 기억으로는 라캉은 해체(déconstruction)라는 용어를 사용한 적이 없습니다. 뿐만 아니라 라캉과 데리다의 이론은 포함 관계에 있지 않습니다. 라캉 쪽에서는 데리다를, 데리다 쪽에서는 라캉을 서로 강 건너 불구경 하듯이 무관하게 바라보았을 뿐입니다.[15]

2006년 10월 18일

15 엄격히 말해 이것은 사실이 아닙니다. 데리다는 라캉의 「<도둑맞은 편지>에 대한 세미나」를 비판하면서, 「진리의 배달부」라는 긴 논문을 발표합니다. 그러나 라캉은 그것에 대해 대꾸하지 않습니다. 간접적으로 데리다를 겨냥하는 말을 군데군데 삽입하기는 했지만 말입니다.

VIII

대상 a (2)

A와 a
환상의 수학소
큰사물과 〈대상 a〉
결핍, 공(空), 무(無)
검은 태양

오늘부터는 두 시간에 걸쳐 라캉이 <대상 a>라는 개념을 발견하고 그것의 의미를 확장시켜가는 과정을 살펴보겠습니다. <대상 a>라는 용어에 나타나 있는 신비의 문자인 <a>가 라캉의 이론 체계에서 처음 나타난 것은 1955년 5월 25일의 세미나에서 소개된 <도식 L>에서입니다. 그때는 <대상(objet)>이라는 꼬리표가 붙지 않은 채, 단순히 <a>라는 문자만 나타납니다. 그것은 <대상 a>가 <a>와 구분되지 않았다는 사실과, 따라서 장차 <대상 a>가 <a>로부터 분리되어 나갈 것이라는 사실을 암시하고 있습니다. 또한 그렇게 분리될 것이면서 <a>라는 문자가 그대로 유지된다는 것은, <대상 a>가 <도식 L>의 <a>의 속성을 가지고 있다는 것을 말해줍니다.

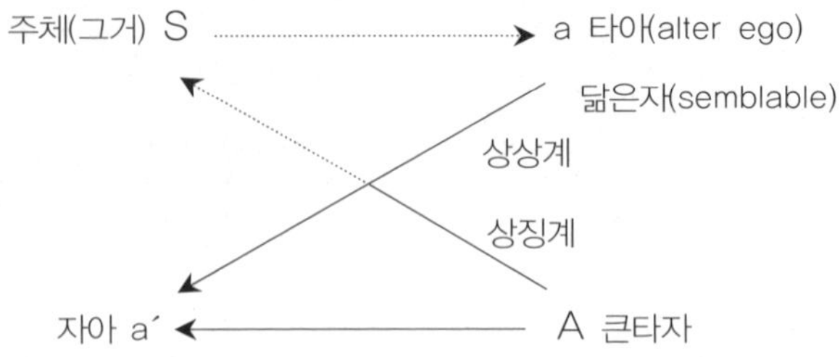

〈도식 L〉

우선 <도식 L>을 그려봅시다. 이 도식에서 가장 핵심적인 것 중의 하나는 <소문자 a>와 <대문자 A>의 대립입니다. 그것은 <á>, 즉 자아 형성 과정의 이해에 필수적입니다. 라캉은 그 세미나에서 다음과 같은 말을 합니다. "두 가지 타자를 구분해야 한다. 적어도 두 가지 타자, 즉 대문자 A로 쓴 타자와 자아라는 소문자 a로 쓴 타자 말이다. 말(파롤, parole)의 기능에서 문제가 되는 것은 대문자 타자이다." 사실 라캉은 그 세미나에서 <도식 L>을 소개하기 전까지는 <a>와 <대상 a>는 물론이려니와, <a>와 <A>도 명확히 구분하지 못하고 가끔 혼동한 것 같습니다. 그러한 사실은 <주체의 욕망은 큰타자의 욕망이다>라는 라캉의 명제에서 찾을 수 있습니다. 이 명제도 처음에는[1] <주체의 욕망은 타자(소문자 타자)의 욕망>이었습니다. 그것이 이 도식의 출현과 함께 우리가 지금 알고 있는 명제로 정착한 것입니다. 따라서 이 도식은 여러 면에서 라캉 이론의 역사에 전환점이 되었다고 말할 수 있습니다.

1 정확히 「정신분석에서 파롤과 언어의 기능과 장」(1953)과 「프로이트의 <부인>에 대한 장 이폴리트의 주석의 소개」(1954년 2월). 장 이폴리트(Jean Hyppolite)(1907~1968)는 라캉과 동시대의, 프랑스의 유명한 정신분석가입니다.

이렇게 라캉은 <a>와 <A>를 구분한 뒤, <A>를 정의합니다. "대문자 A는 근본적인 타자이다." 다시 말해 대문자 타자는 다른 것으로 환원 불가능한 타자입니다. 따라서 그것은 타자라는 의미에 걸맞는 진정한 의미의 타자입니다. 그렇게 간단하게 정의한 다음, 라캉은 <A>에 대해 부연 설명합니다. 그러나 그 부연 설명이 <A>의 이해를 더 어렵게 만듭니다. "그것은 파르메니데스(Parmenides)의 8번째인가 9번째 가설의 타자이고[그러면 파르메니데스도 알아야 하고, 그의 여덟 개의 가설도 알아야겠네요?[2]] 동시에 주체의 관계에서 실질적인 기둥이며,[3] 프로이트가 죽음의 욕동과 관계지은 것이다. [그러면 대문자 타자와 죽음의 욕동이 어떻게 관련되는지도 알아야겠네요?]"

그에 반해, <á>는 자아이고, <a>는 거울에 비친 주체의 이미지이기 때문에 '전혀 타자가 아닌 타자'입니다. 그것은 자아와 닮은 타자입니다. "왜냐하면 그것은 항상 반사적이고 상호 교환할 수 있는 관계 속에서, 본질적으로 자아와 쌍을 이루기 때문입니다. 자아는 항상 타아(他我, alter ego)입니다."(『세미나 II : 프로이트 이론과 정신분석 기법에서의 자아』(1954~55), 370쪽) 그것은 다른 것으로 환원할 수 없는 <A>와 다르게, 나로 환원할 수 있는, 나를 닮은 다른 나입니다. 그래서 라캉은 그것을 <닮은 자(semblable)>라고 부르기도 합니다. 따라서 그것은 엄격한 의미에서 타자가 아닙니다. 한번 이렇게 비유해봅시다. 신(神), 그것은 다른 것으로 환원할 수 없기 때문에 대문자 타자입니다. 언어, 그것도 나와 무관하기 때문에 큰타자입니다. 그것

2 파르메니데스는 소크라테스의 스승으로, 그리스의 유명한 철학자입니다. 보통 형이상학과 논리학이 그로부터 시작되었다고 알려져 있습니다. 그것에 관한 그의 여덟 개의 가설이 있습니다. 라캉이 여덟 번째인가 아홉 번째인가라고 말한 것은, 아마 그가 혼동했던 것 같습니다.

3 여기서 큰타자가 주체의 관계에서 실질적인 기둥이라고 하는 것은, <도식 L>에 잘 나타나 있습니다. <도식 L>의 모든 것은 <A>로부터 출발하고 있습니다. 따라서 주체 또한 큰타자로부터 나왔다는 것을 알 수 있습니다.

들은 모두 인간 주체 밖에 있다는 점에서 비인칭적입니다. 반면에 <a>는 인칭적입니다. 그러한 관점에서 <A>는 상징계를 구성하고, <a>는 상상계에 속합니다. 그에 따라 <a-a'>은 상상계의 축이고, <A-S>는 상징계의 축입니다. 이러한 구분과 성격 규정은 라캉의 후기 이론의 출발점이 된 『세미나 XX : 앙코르』(1973) 이후에도 계속됩니다. 그는 거기서 다음과 같이 말하고 있습니다. "우리의 교육의 목적은 그것이 분석적 담화에 대해 말해지고 발설될 수 있는 것을 추구하는 한, <a>와 <A>를 구별하는 것이다. 전자는 상상계에 속하는 것으로 환원되고, 후자는 상징계에 속하는 것으로 환원된다. 상징계가 신을 만들었던 것의 버팀목이라는 것은 의심의 여지가 없다.[4] 상상계가 닮은 자와 닮은 자의 반영으로 지탱된다는 것은 확실한 사실이다."(『세미나 XX : 앙코르』, 77, 1973)

정신분석은 항상 <A>와 <a>를 가려내는 것을 목표로 해야 합니다. 가령, <도라>의 예를 들어봅시다. 프로이트의 도라 분석에서, 가장 핵심적인 것이 무엇이었습니까? 도라가 누구의 눈으로 누구를 사랑했습니까? 그 문제가 가장 핵심적인 분석 과제라는 것은 다 알고 있을 것입니다. 프로이트가 도라의 분석에 실패한 것도, 그것을 잘못 판단했기 때문입니다. 프로이트는 도라가 아버지를 사랑한다고 해석했는데, 실제로 도라는 K씨의 눈으로 K씨 부인을 사랑하고 욕망했습니다. 여기서 K씨는 <a>의 자리에 있고, K씨 부인은 <S>의 자리에 있습니다. 그리하여 도라와 K씨 부인의 관계는 단순한 양자 관계가 아닙니다. 그 자체만 보면, 그것은 너와 나의 양자 관계입니다. 그러나 그 뒤에 K씨가 작용하고 있습니다. 도라는 그것을 의식하지 못합니다. 무의식적이라는 말입니다. 그렇습니다. <A>는 프로이트가 <다

4 정신분석의 입장에서 보면 신은 큰타자가 밖으로 현재화된 것에 지나지 않습니다.

른 무대(andere Schauplatz)>[5]라고 명명한 무의식의 장에 지나지 않습니다. 그렇다면 K씨는 <a>이면서 <A>로 기능한다고 말할 수 있습니다. 왜냐하면 도라와 K씨 부인과의 관계에 제삼자이기 때문입니다. 사실 저는 종종 <A>를 간단히 <제삼자>라고 정의하곤 했습니다. 그래서 <제삼자>라는 말이 <A>가 사람을 가리킨다는 생각을 불러일으킬 수도 있습니다. 그러나 이때의 <제삼자>는 인칭적인 타자가 아닙니다. 그것은 기호형식의 가치를 갖고 있는 제3의 자리 또는 위치일 뿐입니다. 다시 말해 그것은 실체가 아니라, 위치로서만 기능하는 기호형식의 장소입니다. 우리는 그것을 제삼의 시선을 통해 확인할 수 있습니다. 가령 내가 무언가를 의식한다고 할 때, 그 무언가가 나를 바라보고 있습니다. 그 무언가에 해당하는 제삼의 시선이 무형적이라는 것은 다 알고 있을 것입니다. 그런데 그것이 현재화되면 거울 속의 이미지가 <바로 너>라는 것을 가르쳐주는 어머니의 시선으로 나타나는 것입니다. 따라서 어머니는 큰타자의 껍데기에 불과합니다. 그것들은 위치뿐인 일종의 기호형식으로 기능할 뿐입니다.

이렇게 처음에는 <a>가 상상계에 속하는 것으로서, 자아의 거울 이미지, 또는 자아와 닮은 자, 즉 타아였습니다. 따라서 <a>와 <a'>의 구분은 아무런 의미가 없습니다. 상호 교환될 수 있는 것이기 때문입니다. 이러한 사실을 통해, 첫째, <a>와 <대상 a>를 아직 구분하지 못했다는 것과, 둘째, <대상 a>에 <a>라는 문자가 그대로 전해짐에 따라 <대상 a>는 <도식 L>의 <a>가 갖고 있는 속성을 이어받을 것이라는 사실을 알 수 있습니다. 그렇다면 그것은 어떠한 속성일까요? 우선 눈에 띄는 것은 상상적 속성입니다. <a>가 상상계에 속해 있었듯이, 아마 <대상 a>도 상상적

5 실제로 라캉은 <Autre(큰타자)>라는 개념의 기원을 프로이트의 <다른 무대(andere Schauplatz)>라는 표현에 두고 있습니다. 독어의 <andere>는 불어의 <autre>에 해당합니다.

성격을 띨 것입니다. 그리고 <대상 a>는 <a>에 숨어서 작용할 가능성이 높습니다. 왜냐하면 <a>는 닮은 자의 전체적인 이미지인 데 반해, <대상 a>는 부분 대상이기 때문입니다. 따라서 <대상 a>는 <a> 뒤에 숨어서 광휘를 발휘할 것입니다.

둘째, <대상 a>는 <A>와 <a>의 쌍 안에 있는 대상의 어떤 변이체입니다. 왜냐하면 <대상 a>는 <A>로부터 나오지만, 그렇다고 <a>가 아니기 때문입니다. 이것은 실제로 <도식 L>이 나타난 1955년으로부터 2~3년 뒤의 세미나[6]에서 발표되는 <a>와 <대상 a>의 분리로 이어집니다. 라캉은 거기서 <a>라는 욕망의 대상과 I(a)로 상징화한 거울상을 구분합니다. 다시 말해, 원래 거울상을 의미했던 <a>는 <대상 a>를 의미하는 것으로 바뀌고, 그 대신 거울상을 의미하는 새로운 기호 — 즉 I(a) — 를 만듭니다. 그것은 어떤 의미를 지니는 것일까요? 그 의미를 알기 위해서는 새로운 <a>에 대한 정의부터 살펴보아야 합니다. 라캉은 그 세미나(1958~9년의 세미나)에서 <a>를, 상상적인 부분 대상, 즉 몸의 나머지 부분과 분리될 수 있는 것으로 상상되는 요소로 정의합니다. 여러분이 잘 알고 있듯이, 그러한 대상에는 젖가슴, 똥, 시선, 목소리 등이 있습니다. 그렇다면 이제 <a>를 <대상 a>에 남겨주고, 거울상을 오히려 I(a)로 분가시키는 이유를 알 것입니다. 즉 대상 관계를 라캉은 존재 대 존재의 관계로 본 것이 아니라, 존재와 존재 내의 <다른(autre)> 부분 대상과의 관계로 본 것입니다. 그런데 그 부분 대상은 나머지 신체로부터 떨어져 나가는(분열되는) 것으로 상상되기 때문에, 결국 결핍으로 존재하게 됩니다. 따라서 라캉이 보기에, 사랑은 존재 대 존재의 축에서 이루어지는 것이 아니라, 존재 대 결핍된 부분 대상

6 『세미나 V : 무의식의 형성물』(1957~58)과 『세미나 VI: 욕망과 그 해석』(1958~59)[미간행]

의 관계에서 싹트는 것입니다. 그러한 사실은 그 세미나들에서 라캉이 환상의 수학소(mathème)를 소개할 때, <a>를 분열된 주체($)의 욕망의 대상의 자리에 갖다 놓는 것으로도 알 수 있습니다.

$$\$ \lozenge a$$

여기서 <욕망의 대상>이라는 말이 약간 걸립니다. 왜냐하면 첫째, 언젠가 욕망에는 대상이 없다고 제가 말한 것을 들어 알고 있기 때문이고, 둘째, <욕망의 대상>이라고 하면 자꾸 그것이 주체 밖에 있는 것처럼 생각되기 때문입니다. 그러나 알키비아데스와 소크라테스의 동성애를 생각해보십시오. 그리고 소크라테스의 욕망의 이론을 생각해보십시오. 알키비아데스의 말에 따르면, 그는 소크라테스의 담화, 즉 언변에 가슴이 두근거리고 눈물이 나며 심지어는 도망을 갑니다.(증상이 아주 심하지요?) 한마디로 완전히 첫사랑에 빠진 소년처럼, 언변에 녹아납니다. 따라서 소크라테스의 담화는 알키비아데스의 욕망의 대상입니다. 라캉은 그것을 아갈마라고 합니다. 그러나 알키비아데스가 욕망하는 아갈마 속에는, 소크라테스의 말처럼, 아무것도 없습니다. 사실 소크라테스의 철학적 담화가 알키비아데스의 성적 욕망을 자극한다는 것이 조금 이상하지 않습니까? 철학적 담화와 성적인 것은 거리가 멀어 보이기 때문입니다. 실제로 그것들은 전혀 상관이 없습니다. 따라서 철학적 담화가 성적인 함의를 갖기 위해서는 성적 욕망이 거기에 투영되어야 합니다. 그렇기 때문에 소크라테스는 알키비아데스가 욕망하는 것 — 소크라테스의 철학적 담화 — 속에는 욕망의 대상이 없다고 말하는 것이고, 나아가 욕망은 자기에게 없는 것을 욕망하는 것이라고 말하는 것입니다. 즉 주체에게 결핍된 것이 사랑의 대상에게 상상적으로 투영되는 것이고, 그렇기 때문에 욕망의 대상이라고 상상되는 것이 주체를 매혹 매수하는 것입니다.[7] 라캉이 일찌감치 욕망은 존재와 결핍의 관계라고 강조한 것도 소크라테스의 문맥과 조금도 다르지 않습니다. 그러한 사상의 흐름은 지난번에도 말씀드렸듯이, 헤겔을 거쳐 사르트르의 <존재와 무>로 이어집니다. 사르트르에게 있어서 존재와 무는 별개의 차원이 아니라, 존재 자체가 무로 구성되는 것입니다. 따라서 그것은 라캉의 존재 결핍과 크게 다른 개념이 아닙니다. 단지 사르트르는 철학적 전통 위에 있고, 라캉은 언어학적 정신분석의 문맥에서 그 개념을 설명해 들어갈 뿐입니다. 단순히 조명점만 다를 뿐입니다. 결론적으로, 대상이 소유하고 있다고 생각되는 주체의 욕망의 대상은, 주체의 결핍이 대상에 상상적으로 투영된 것입니다. 따라서 엄격한 의미에서 욕망의 대상은 없습니다. 그것은 욕망의 원인으로서의 대상으로 주체 내 결핍으로 존재합니다.

환상의 공식에 대해 한번 더 말씀드리고 넘어가야겠습니다. 환상의 공식($ ◇a)에서 $(주체의 약자인 대문자 S에 횡선이 그어진 기호)는 분열된 주체를 나타냅니다. 주체의 분열에 대해서는 제가 여러 차례 설명 드린 바 있습니다. 첫째, 그것은 두 기호형식 사이에서 주체가 분열되어 나타난다는 것을 뜻합니다. 가령 <나>라는 대명사로 /나/를 지칭할 때, 그것으로 지칭되는 /나/는 <나>라는 대명사와 <너>와 같은 다른 대명사 사이에서 분열되어 나타나기 마련입니다. 왜냐하면 <나>라는 하나의 기호형식은 다른 기호형식과의 차이에 의해 그 가치를 갖기 때문입니다. 그래서 라캉은 <하나의 기호형식은 다른 기호형식을 위하여 주체를 표상하는 것>이라고 정의합니다. 그것만이 아닙니다. 주체는 문장의 차원에서 발화문(énoncé)의 주어와 발화행위(é

7 이제 내가 무엇을 욕망한다거나 무엇이 나의 욕망을 매수한다면, 우리는 그것을 곧바로 결핍과 연결시켜야 합니다.

nonciation)의 주어로 분열되어 나타납니다. 발화행위의 주어는 발화문이 발설될 때, 가정하지 않을 수 없는 화자로 발화문 뒤에 숨어 있습니다. 따라서 발화행위의 주어야말로 발화문에서 <나>라는 대명사가 발설되는 순간, <나>라는 대명사가 가치를 갖기 위해 연상적으로 <너>라는 대명사와 연결될 때, 그 두 기호형식 사이에서 분열되어 나타나는 주체와 밀접한 관련이 있습니다. 다시 말해 분열된 주체는 발화행위의 주어를 통해 나타난다고 할 수 있습니다. 어찌 됐든, 주체는 부재로 존재합니다. 사실 <나>라는 대명사는 지칭물이 없는, 정확히 말하면 발화하는 사람에 따라 지칭물이 변화하는 지시사입니다. 즉, <나>라는 대명사는 그것을 발설하는 사람 자신입니다. 따라서 <나>라는 대명사의 지칭물은 무수히 많으면서, 동시에 그 대명사의 지칭물은 비어 있습니다. 그러나 <주체는 부재로 존재한다>는 말의 의미는 그러한 의미를 훨씬 넘어섭니다. 그것은 두 기호형식 사이에서 실체 없는 주체의 효과가 나타난다는 뜻입니다. 마치 두 돌멩이를 마주쳤을 때 순간적인 불꽃이 튀기듯이 말입니다.

다음으로 마름모 모양의 기호(◇)는 프랑스어로 <poinçon>이라고 읽는데, 그것은 <송곳 또는 구멍을 뚫는 펀치>를 말합니다. 라캉에 따르면, 그것은 <coupure>를 상징합니다. 프랑스어로 <coupure>는 <갈라진 틈, 홈 또는 절단>을 뜻합니다. 따라서 ◇은 그냥 <구멍>을 상징한다고 알아두면 됩니다. 가령 환상의 공식에서 $와 a 사이에 ◇ 기호가 놓여 있는 것은, $와 a 사이에 구멍이 나 절단되어 있다는 것을 뜻합니다. 그것들이 분리되어 있다는 말입니다. 그것은 무엇을 뜻할까요? 분열된 주체가 다시 a와 분리되어 있는 것이 환상이라니 말입니다. 그것은 이렇게 생각하면 됩니다. <a>에 대한 라캉의 정의 — 즉 주체의 몸으로부터 분리된다(◇)고 상상되는 부분 대상 — 를 염두에 둔다면, 우리는 환상의 공식을, 그렇게 분열된 주체($)가 그의 몸으로부터 분리된(◇) 부분 대상(a)을 대상에게 상상적으로 투영하는 것이라고 읽을 수 있습니다. 제가 언젠가 환상의 충전(充塡) 작용(obturation)에 대해 말씀드린 적이 있습니다. 그것은 빈 곳을 어떤 것으로 메우는 작용입니다. 우리는 환상의 충전 작용을 여기에, 다시 말해 분열된 주체가 a와 분리되는 이중적 입벌림(béance)에 적용할 수 있습니다. 라캉은 그렇게 분열 분리되어 벌어진 틈을 <입벌림>이라고 명명합니다. 그러한 입벌림의 빈 공간은 환상을 끌어들여 그것을 채우려는 경향이 있는데, 그 경향이 바로 환상의 충전 작용입니다. 따라서 지금까지 설명한 것을 다음과 같이 그려볼 수 있습니다.

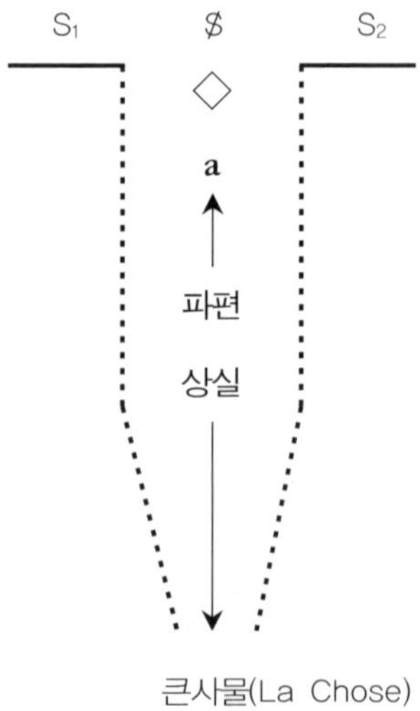

이렇게 <대상 a>는 <a>라는 문자가 <도식 L>에서 상상계의 축에 나타날 때부터 상상적인 속성을 띨 수밖에 없는 운명을 타고 났습니다. 그러한 <대상 a>의 상상적 특성은 라캉의 이론이 더욱 발전되고 이론의 대전환이 오더라도 그대로 유지됩니다. 아마 <대상 a>에 관한 한, 라캉의 초기 이론에서 후기 이론에 이르기까지 지속되는 것은 그것의 상상적 특성

뿐입니다. 그러던 것이 『세미나 VII : 정신분석의 윤리』(1959~60)에서 라캉은 프로이트의 <사물(das Ding)>이라는 개념을 재검토하면서, 큰사물(la Chose)과 <대상 a>를 구분하기 시작합니다. 그러나 항시 잊지 말아야 할 것은, 구분된다는 것은 모종의 관계가 있다는 의미입니다. 구분은 관계를 전제하고 있습니다. 큰사물에 대해서는 나중에 자세히 언급할 기회가 있을 것입니다. 여기서는 간단하게 정의하고 넘어가겠습니다. 큰사물은 거세에 의해 영원히 상실된 실재(계)입니다. 실재계가 상징계의 개입으로 말미암아 현실로부터 영원히 추방된 어떤 이상한 현실이듯이, 큰사물도 실재계이기 때문에, 그것은 접근할 수 없는, 언어로밖에는 접근할 수 없는 잃어버린 현실입니다. 참 이상하지요? 상징계가 언어(Langage)에 지나지 않는다면, 언어의 개입에 의해 실재계가 떨어져 나가고, 그렇게 생긴 실재계는 언어로밖에 접근할 수 없다는 것이 말입니다. 게다가 언어로밖에 접근할 수 없으면서, 그것은 언어로 써지기 불가능한 것입니다. 다시 말해 그것은 <계속해서 써지지 않는 것(ne pas cesser de ne pas s'écrire)>입니다. 우리는 그것이 실재한다는 것을 알 뿐(왜냐하면 그것이 회귀하면서 주체에게 엄청난 영향력을 발휘하기 때문입니다), 그것이 어떤 것인지 보여줄 수 없습니다. <대상 a>는 그러한 큰사물의 자리에 와서 그것의 기능을 대신하는 부분 대상입니다.

큰사물과 <대상 a>의 차이와 관계를 알아보기 위해서, 잠깐 우회를 해봅시다. 큰사물과 <대상 a>의 차이는 제쳐놓고, 사물과 대상의 차이는 무엇일까요? 간단히 말하면, 사물은 언어와 무관하게 인간 존재 밖에 있는 물적 존재를 말합니다. 반대로 대상은 언어를 매개로 해서, 언어에 의해 선택되고 지칭된 사물을 말합니다. 따라서 <대상 a>에는 그 용어 자체가 암시하듯이, 상징계가 이미 개입되어 있고, 상징계의 영역 안으로 들어와 있습니다. 반면에 큰사물은 상징계에 의해서 현실 밖으로 떨어져 나간 사물입니다. 따라서 그것은 상징계와 무관한(상징계가 개입하기 이전의) 사물과는 전혀 다른 성격의 사물이지만, 그렇다고 대상도 아닙니다. 큰사물은 현실처럼 물적 공간을 차지하고 있지 않다는 점에서 사물이 아니며, 상징계로부터 추방되었다는 점에서 대상이 아닙니다. 그렇다면 <대상 a>가 큰사물의 자리에 그것을 대신하러 오는 부분 대상이라는 말은 또 무슨 뜻입니까? 한마디로, <대상 a>는 상징계의 개입으로 말미암아 큰사물 — 이것은 최초에 금지되고 상실된 어머니입니다 — 이 추방될 때, 그것의 파편으로 상징계에 남는 것입니다. 따라서 <대상 a>는 상징계와 밀접한 관련이 있으면서, 동시에 실재계의 함의를 갖고 있습니다.

그러한 <대상 a>는 실재계와 마찬가지로 그것이 실제로 나타날 때 공포를 동반합니다. 그 대표적인 것이 환각입니다. 가령 늑대 인간의 단지 환각을 생각해보십시오. 그에게 단지 환각은 현실보다 훨씬 더 끔직한 현실입니다. 그것은 그에게 엄청난 불안과 두려움을 안겨줍니다. 그 현실이 바로 상징계의 개입으로 현실로부터 추방된 거세 현실입니다. 이렇게 환각 속에는 실재계가 도래하고, 도래한 그 실재계는 주체를 두렵고 불안하게 합니다. 그러나 그러한 실재계가 정신병자에게만 있고, 정신병자에게만 회귀하는 것은 아닙니다. 그것은 정상인에게도 실재하고, 정상인에게도 회귀합니다. 그러한 사실을 우리는 꿈을 통해 알 수 있습니다. 악몽이 아니더라도 모든 꿈은 환각적이라는 점에서 실재계와 관련이 있습니다. 만약 밤길을 가면서 누군가가 따라오는 것처럼 느껴진다면, 그 누군가는 제3자로 대문자 타자이지만, 그것은 상징계에 속하는 큰타자와는 달리 실재계에 속합니다. 따라서 큰사물은 큰타자의 일종으로 실재하는 큰타자(the real Other)라고 말할 수 있습니다. 상징계가 아닌 실재계로서의 큰타자말입니다. <대상 a>는 그러한 큰사물을 대표하는 계열체(paradigme)[8]라고 할 수 있습니다. <paradigme>이라는 말은 어원적으로 <모범, 범례(example)>를 뜻하는 그리스어인 <para deigma>에서 왔습니다. 그리고 언어학적으로는 <어떤 언어 사슬 — 즉 라

캉의 표현에 따르면 기호형식의 사슬— 에서 어떤 요소의 자리에 그 요소를 대신할 수 있는 것들의 총체>를 가리킵니다. 따라서 <대상 a>가 큰사물을 대표하는 계열체라는 말은 <대상 a>가 큰사물을 모범적으로 대표하는 대상이라는 것을 뜻합니다. 그 대상은 일단 <단수>로 표시됩니다. 그러나 그것이 환상의 대상으로 나타날 때에는 무한히 확산 증식될 수 있습니다. 가령 귀걸이가 어떤 사람을 대표했다고 합시다. 그러면 귀걸이의 자리는 하나이지만, 그 자리에 올 수 있는 귀걸이는 무한히 많은 것과 같습니다. 그러한 의미에서 <대상 a>는 큰사물의 환유이지만, 그 <대상 a>가 무한한 환상의 대상을 창조한다는 점에서 환상의 대상은 <대상 a>에 대해 은유적입니다.

제가 보기에, 기호형식 사이에서 분열된 주체 자체의 갈라진 틈, 그리고 분열된 주체와 <대상 a> 사이의 비어 있는 분리 공간, 한마디로 결핍과 공백으로 존재하는 입벌림의 공간이야말로, 불교에서 말하는 공(空)과 노장사상에서 말하는 무(無)가 아닐까 싶습니다. 다시 말해 공(空)과 무(無)는 언어학적 정신분석에서 볼 때, 결핍에 해당하는 것이 아닐까 싶습니다.

신상조 : 그 끝이 막혀 있습니까?

답변 : 그것을 제가 어떻게 압니까?(웃음) 그냥 빈 구멍 아닐까요? 단지 제가 말할 수 있는 것은, 그 공간은 큰사물이 현실로부터 떨어져 나가면서 <대상 a>를 파편으로 남긴 공간이라는 사실입니다. 그 심연의

8 <paradigme>은 보통 <계합체>로 번역되나, 제가 보기에는, 같은 계열을 이룬다는 의미를 강조하기 위해 <계열체>로 번역하는 것이 좋겠습니다.

끝에는 미로에 갇힌 미노타우로스와 같은 끔찍한 실재계가 있습니다.

지금까지 제가 말씀드린 내러티브의 구조 — 즉 거세된 최초의 현실로서의 어머니라는 큰사물, 그리고 그것의 파편으로 광휘를 발휘하는, 즉 환상의 대상으로 우리를 매혹하는 <대상 a> 등 — 는, 아프로디테가 거세된 우라노스의 남근으로부터 태어나 자신의 아름다움으로 우리를 매수하는 것과 같은 구조로 되어 있습니다. 정신분석적인 모든 것(적어도 라캉의 체계 내에서)은 그 구멍으로부터 태어납니다. 그것은 노자의 말 — <道生一 一生二 二生三 三生萬物> — 을 생각나게 합니다. 그런데 그 도는 비어 있다고 말하지 않습니까? <道沖, 而用之或不盈(도충, 이용지혹불영)>(도는 비어 있다. 그러나 그 작용은 항상 무궁무진하다.) 또는 무(無)를 천지의 시작이라고 말하지 않습니까? <無, 名天地之始.> 아무튼 저는 결핍을 공(空)과 무(無)의 학문적 용어라고 봅니다. 반면에 기독교는 조금 다릅니다. 기독교는 실재계의 자리에 신을 위치시킵니다. 그것은 아마 끔찍한 실재계의 도래를 신을 통해 막으려는 방어 심리의 소산이 아닌가 싶습니다. 그에 반해 불교 철학과 노장사상은 기호형식에 의한 입벌림과 실재계를 있는 그대로 인정할 것을 요구합니다.

정은경 : 끝없는 우주를 생각할 때, 바다의 심연 같은 무시무시함이 느껴지는데, 그것도 실재계와 관계 있지 않나 생각됩니다. 그리고 아마 그 지점은 어딘지는 모르지만, 우주가 탄생한 지점이기도 합니다.

답변 : 우리는 지금 <unheimlich>라는 프로이트의 핵심 개념에 도달하려 하고 있습니다. 그러나 애석하게도 프로이트는 「Das Unheimliche(섬뜩함)」이라는 논문에서, <섬뜩함>은 친숙했던 것이 어떤 조건 하

에서 두려움으로 바뀌는 감정이라고 말하면서, 온갖 예증을 보여주면서도, 유독 어둠에 의한 섬뜩함에 대해서는 어디서 오는지 잘 모르겠다고 말합니다. 단지 그것이 "인간의 가슴 속에서 영원히 사라지지 않을 어린 시절의 두려움과 관련이 있는 상황들이라는 말 이외에는 아무런 할 말이 없다"고 말하고 있습니다. <섬뜩함>에 대해서는 다음에 좀 더 자세히 공부할 시간이 있을 것입니다.

신상조 : 선생님, 그렇다면 공(空)으로 설명할 때와 결핍으로 설명할 때가 다른가 보지요?

답변 : 물론입니다. 공(空)이라는 개념을 출발점으로 하여 세워진 사상 체계는 결핍이라는 개념을 출발점으로 세워진 이론 체계와 다를 수밖에 없습니다. 그것은 아마 공과 결핍이라는 용어가 같은 현상을 서로 다른 측면에서 조명하는 말이기 때문이기도 하고, 또한 공(空)이라는 말과 결핍(manque)이라는 말이 속한 언어 체계에 따라 그 말들이 다른 말과 맺는 관계가 다르기 때문입니다. 마치 무(無)를 불어로 <néant>으로 번역하느냐, <non-être)로 번역하느냐, <vide>로 번역하느냐에 따라 다른 것처럼 말입니다. 제가 번역어에 신경을 쓰는 것도 바로 그러한 이유에서입니다. 어떤 번역어를 선택하느냐에 따라 함의는 물론이려니와 이론 자체가 바뀌는 수가 있기 때문입니다.

진혜전 : 저희 집에 공작 문양의 자개 밥상이 있습니다. 보통 때는 그 공작 무늬가 그냥 공작 무늬로 보였는데, 어느 날 밥상을 펴는데, 그 깃털이 갑자기 일어나며 내게로 다가오면서 등에 식은땀이 확 난 적이 있습니다. 그리고 그 깃털의 눈이 다 눈알로 보였습니다. 평소에는 깃털에 눈이 있는 줄도 모르고 넘어갔는데, 그 순간은 너무 무서웠습

니다. 그 다음부터는 그것을 볼 수가 없었습니다.

답변 : 그것이 바로 실재계가 우연히 회귀하는 순간입니다. 실제로 공작을 천 개의 눈을 가진 새로 표현한 시도 있습니다.

정은경 : 신화에도 천 개의 눈을 가진 것으로 나오지 않습니까?

진혜전 : 실제로 눈이 벌떡 일어나서 내 눈에 박혔습니다. 그리고 식은땀이 흘렀습니다.

신상조 : 선생님께서는 큰사물을 대신하는 <대상 a>의 실재계적인 특성에 대해 말씀하시는데, 그렇다면 그것이 <대상 a>에 대해 매력을 느끼는 것과 어떤 관계가 있나요? 매력에 공포감이 따라온다는 말인가요?

답변 : 우리는 지금까지 <대상 a>를 여러 측면에서 정의해왔습니다. 하나는 욕망을 작동시키는 원인으로서의 대상의 차원입니다. 이 차원에서 <대상 a>는 욕망을 매수한다는 점에서 매력으로 다가옵니다. 그것은 환상의 공식에서 잘 나타나 있습니다. 다른 하나는 큰사물이 상징계의 개입으로 현실로부터 추방될 때, 실재계의 이면에 파편으로 남기는 나머지입니다. 이때의 <대상 a>는 실재계의 함의를 갖고 있습니다. 따라서 그것이 실제로(즉 환각적으로) 나타날 때 우리는 불안을 느낍니다. 그 결과 실재계로서의 <대상 a>는 불안의 대상입니다. 따라서 <대상 a>이든 큰사물이든 그것들의 실재를 직접 마주치지 않는 것이 우리에게는 천만다행입니다. 다시 말해 정상인이라는 것은 그에게는 실재계의 도래가 항상 실패로 끝난다는 것을 뜻합니다. 가령 어머니(의 젖가슴)가 환각적 형태로 사물화되어 실제로 눈앞에 나타난다면, 그는 정신병자입니다. 그러니 어머니(의 젖가슴)가 나타나지 않고 그리움의 대상으로 우리를 유인하는 것이 얼마나 다행한 일입니까?

이러한 <대상 a>를 달에 의해 태양이 가려진 일식, 즉 <검은 태양>(보들레르의 시구)에 비유할 수 있습니다. 죽음을 가슴에 안고 있으면서 가장자리에서는 엄청난 광채를 발휘하는 검은 태양 말입니다. 아마 모세가 시나이 산에서 본 하느님도 그와 같지 않았을까요? 그렇기 때문에 모세가 한편으로는 두려워하면서 하느님을 경외하지 않았을까요? 아무튼 <대상 a>는 상상적 특성과 실재적 특성을 모두 갖고 있습니다. 그렇기 때문에 어떤 의미에서 그것은 양가적입니다. 그러나 그러한 양가성은 상징계의 개입으로 말미암아 가능하다는 점에서 <대상 a>는 상징적 속성을 지니고 있기도 합니다.[9] 그런 각도에서 보면, <대상 a>는 양가적이라기보다, 위상학적으로 상징계-실재계-상상계의 삼원의 중심(쐐기점)에 위치하고 있다고 말하는 것이 더 정확합니다.

정은경 : 그래서 <대상 a>가 보로메오의 매듭 중앙에 나타나는 것이로군요?

답변 : 예, 맞습니다.

김정미 : 라캉에게 있어서 불안은 항상 실재계의 도래와 관련 맺고 있는데 반해, 프로이트에게 있어서 불안은 성적 흥분과 관련된 쾌락과 거세의 관계에서 설명되지 않나요?

답변 : 맞습니다. 그러나 그 이론들은 서로 연결될 수 있습니다. 왜냐하면 성적인 것에 대한 상징적 거세에 의해서 현실로부터 추방된 것이 실재

9 엄격히 말해, <대상 a>가 상징적 속성을 띠는 것은, 상징계가 개입하는 것 이상으로, <대상 a> 자체가 억압의 대상이 되는 <대표-표상>과 관계하기 때문입니다. 그러한 사실을 라캉의 『세미나 XXII: 실재계, 상징계, 상상계』(1974~75)[미간행]에서 확인할 수 있습니다.

계이고, 그 실재계의 도래가 위험(불안에 대한 프로이트 후기 이론의 핵심 개념)으로 다가오면서 불안을 야기하기 때문입니다.

이동민 : 지옥도 실재계와 연결시킬 수 있겠네요?

답변 : 아주 기발한 발상입니다. 지옥은 실재(가 회귀하는 곳)입니다.

정은경 : 상징계는 조금이고 온통 실재계네요?

답변 : 맞습니다. 삶이 죽음이라는 바다에 떠 있는 조그만 섬이듯이, 상징계는 실재계에 둘러싸여 있는 상상적 섬입니다. 실제로 라캉은 상징계를 맨 앞에 내세웠던 전기 이론과는 달리, 후기 이론에서는 실재계를 가장 앞에 내세웁니다. 그리하여 <SRI>의 순서를 바꿔 <RSI>로 표기합니다.

진혜전 : 죽음은 실재계에 포함되는 것인가요?

답변 : 실재계를 구성하는 죽음과 현실로서의 죽음은 구별해야 합니다. 후자는 생물학적인 죽음을 말하는 것이고, 전자는 현실로부터 추방된 실재계가 도래할 때 동반하는 죽음의 공포입니다. 어떤 의미에서 생물학적 죽음은 두렵지 않은 것입니다. 인간을 제외한 모든 동물은 죽음을 두려워하지 않습니다. 그냥 받아들일 뿐입니다. 인간만이 죽음을 두려워한다는 것은, 그 죽음이 생물계의 죽음과 다른 죽음이라는 것을 의미합니다. 그 죽음은 대체 어떤 것일까요? 그것이 뭔지는 말로 표현할 수는 없지만, 그것이 어떻게 형성된 것인지는 말할 수 있습니다. 라캉에 따르면, 그것은 상징계의 개입으로 말미암아 현실(생물학적인 죽음)로부터 추방된 죽음입니다. 이렇게 상징계는 생물학적인 죽음과 실재계로서의 죽음을 나누고, 또한 후자를 상징계 내로부터 추방합니다. 언젠가 어떤 시인이 창덕궁의 생태계에 관한 다큐멘터리를 보았다

고 하면서, 다음과 같은 말을 전해주었습니다. 오리가 숲 속에 알을 낳고 새끼가 부화하니까, 연못으로 이동해야 안전한지 물가로 이동을 감행했다고 합니다. 그런데 도중에 뱀이 나타나자, 뱀을 자기 쪽으로 유도하기 위하여 다친 오리인 양 발을 절뚝거리며 새끼로부터 멀리 유인해 갔답니다. 그 사이 새끼들은 <바들바들> 떨며 고랑에 조용히 숨어 있는데, 까치가 와서 그 놈들을 모두 물어 죽이고는 자기의 둥지로 가져갔답니다. 뒤늦게 어미 오리가 돌아와 <꺼억꺼억>하면서 새끼를 불렀지만, 돌아오는 것은 공허한 메아리뿐이었답니다. 여기서 우리는 사물을 보는 시인의 따뜻한 시선과, 사물 자체는 구분해야 합니다. 아마 새끼들이 죽음의 공포 때문에 <바들바들> 떤 것은 아닐 것입니다. 그렇게 보인 것일 것입니다. 그리고 어미가 <꺼억꺼억> 하며 새끼를 부른 것은 단순한 오리의 언어일 뿐, 슬픈 노래는 아닐 것입니다. 그것을 시인이 죽음의 공포와 슬픈 노래로 해석한 것은, 시인이 그것을 상징계의 프리즘으로 볼 때 실재계와 상상계로 보이기 때문입니다. <생사로는 예 이샤매 저힌>(생사는 여기 있음에 두려운)[제망매가] 것입니다. 이때 <예(여기)>는 상징계 속입니다. 아마 신(神)도 실재계가 상징계 속으로 범람하지 않도록 하기 위하여 그 사이에 상상적으로 만들어낸 것이 아닐까요?

신상조 : 선생님, 이런 말이 있습니다. “신보다 인간을 아는 것이 더 어려운 것이다. 왜냐하면 신을 인간이 만들었으니까.”

이동민 : 독일의 종교학자가 이런 말을 한 적이 있어요. “아무리 전지전능한 신이라도 인간의 사고를 벗어날 수 없다.” 동양에서도 귀신은 낮에는 돌아다니지 못합니다. 그래서 제사를 밤에 지내는 겁니다. 따라서 귀신은 아무리 전지전능하다고 해도 해 뜨는 낮에는 못 돌아다니

는 것 아닐까요?

진혜전 : 그런데 실재계는 밤낮을 가리지 않지 않습니까?

답변 : <실재계는 밤낮을 가리지 않는다>는 표현이 참 인상적인데요. 아주 재미있는 표현입니다.

재미있는 질문이 많아서 시간 가는 줄 몰랐습니다. 지금 막 생각난 것인데, 하나만 더 이야기하고 세미나를 끝내지요. <나>와 <너>는 영원히 직접적으로 만나지 못합니다. 우리는 결핍을 매개로 만날 수밖에 없습니다. 가령 나와 어머니(현실적 어머니) 사이에는 영원히 상실된 사랑의 대상 — 지고선을 나타내는 큰사물인 어머니와 그것의 파편인 <대상 a> — 이 가로놓여 있습니다. 따라서 그 결핍과 상실의 공간은 우리를 갈라놓는 심연이면서 동시에 우리를 이어주는 매개 공간입니다. <대상 a>는 그렇기 때문에 열차의 차량 사이를 이어주는 킹 볼트와 같은 것입니다. 그러나 잊지 말아야 할 것은, 그 볼트는 공백으로서 기능하는 볼트라는 사실입니다.

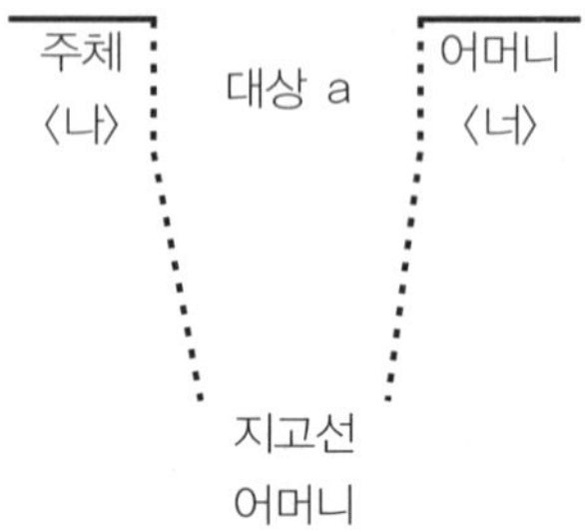

2006년 10월 25일

부록

카페에 올라온 정은경의 〈세 가지 질문〉(2006.10.26)

1.

어제 세미나에서 선생님께서 '대상 a는 큰사물을 대표하는 계열체이다'라고 말씀하셨다. 그러면서 '10개의 돛이 나타났다'는 예도 드셨다. 그 순간 갑자기 머리가 엉키며 잘 이해가 되지 않았다. 계열체는 은유적인 차원인데 왜 환유의 예인 '10개의 돛이 나타났다'를 예로 드시는 것일까? 라는 의문이 떠올랐기 때문이다. 대상 a가 큰사물을 대표한다는 점에서는 환유이고, 대상 a가 무수한 사물들로 대체된다는 점에서는 은유적이다. 그렇다면 '대상 a는 큰사물을 대표하는 계열체이자, 무수히 대체되는 통합체이다'라고 말해야 하지 않는가? 아니면, 환유에 몸을 실어야 은유의 의미가 드러난다는 속성이 선생님이 말씀하신 행간에 숨어 있는 것인가?

2.

몇 학기 전에 우리는 슈레버의 편집증 사례로 상징계의 진입의 문제를 배웠다. 그때에는 '폐기'가 중요한 개념으로 사용되었다. 그런데 이번 학기에는 멜랑콜리의 사례로 상실과 결핍에 대해 배우고 있다. 사랑하는 사람을 다른 대상으로 대체해야만 완전한 애도에 이를 수 있다. 즉 사랑하는 어머니를 상실한 후에 어머니를 아버지의 이름으로 대체해야만 정상인이 될 수 있다. 그렇다면 슈레버의 사례와 멜랑콜리의 사례를 연결해보자. 라캉이 설명하는 방식은 구조적인 것이지만, 이것을 시간상으로 정리를 해보면, 멜랑콜리의 상태에서 편집증의 순서로 진행되는 것 같다. 이것은 2003년도 2학기쯤에 선생님께서 다루신 고착단계와 병의 순서와도 일치한다. 그때의 고착단계의 순서는 <정신분열증 → 조울증 → 편집증 →강박증 → 히스테리 →정상인>의 순서였다. 아이는 발달단계에서 조울증 다음에 편집증적 단계를 거친다고 보면 되는가?

3.

그런데 여기서 또 하나의 의문이 생긴다. 멜라니 클라인은 발달단계에서 아이는 편집성 태도를 먼저 보이고 그 다음 우울성 태도를 보인다고 했다. 그리고는 이 우울성 불안에서 느끼는 대상의 상실 불안을 상징화시켜야 불안이 사라지고 정상인이 된다고 했다. 이것은 1번의 조울증 다음에 편집증적 고착단계가 있다는 것과 순서가 반대이다. 이것은 클라인과 라캉의 이론이 달라서인가? 아니면 클라인은 시간 순서로 다룬 반면, 라캉은 구조적인 차원에서 다루다보니까 모순처럼 보이는 것인가?

답변(2006.10.26)

은경 씨의 질문이 은경 씨의 말과는 다르게 아주 명료해서 질문을 받는 제가 기분이 좋습니다. 모르긴 몰라도 은경 씨는 정신분석이라는 미궁을 빠져나올 수 있는 실마리를 잡은 듯합니다.

1.

제가 <10개의 돛>을 예로 들면서 <대상 a>에 대해 이야기했습니까? 잘 기억이 안 나는데요? 신상조 씨가 말한 목걸이의 비유는 든 것 같은데… 아무튼 사정은 이렇습니다. <큰사물>은 실재계로 떨어진, 영원히 상실된 현실이라는 것은 이미 말한 바와 같습니다. <대상 a>는 그러한 큰사물의 자리에 와서 그것을 대신하는 <부분> 대상입니다. 따라서 <대상 a>와 큰사물과의 관계를 상징계와 실재계의 차이를 떠나서 부분과 전체의 관계로 본다면, <대상 a>는 큰사물의 환유입니다. 그러나 다른 한편으로 대상과 사물을 구분하는 것은 상징계인 관계로, <대상 a>는 큰사물에 대한 은유적 <대체>라고 말할 수 있습니다. 그렇게 일단 대체된 <대상 a>는 이제 상징적 속성을 갖는 관계로, 환유와 은유의 축을 따라 무한 분열합니다.

2.

두 번째 질문과 세 번째 질문은 더 명료할 뿐더러, 은경 씨의 정신분석적 깊이를 보여주는 것 같아 자못 들뜨기까지 합니다. 그 질문들의 답은 이미 은경 씨의 질문 속에 있습니다. 은경 씨의 말대로 지난 학기에는 아버지의 이름을 중심으로 폐기, 부인, 억압을 이야기했고, 이번에는 애도의 구조화작업에 대해 공부했습니다. 사실 라캉의 그러한 구조적인 이론을 통시적인 시간의 축 위에 배열하기는 어렵습니다. 라캉의 공시적 정신분석과 프로이트와 클라인의 통시적 정신분석은 어떤 경우에는 상충되기까지 합니다. 아마 은경 씨의 혼란은 제가 그 둘을 연결시키면서 통합하려고 한 데 그 원인이 있을지 모릅니다. 단지 몇 가지 점은 분명히 해둘 필요가 있어서 말씀드립니다.

첫째, 편집증을 통해서 <폐기>라는 메커니즘을 발견했다고 해서, 폐기가 편집증이 되는 것은 아닙니다. 그것은 멜랑콜리도 마찬가지입니다. 심리구조화에 애도가 아주 중요한 메커니즘이라는 사실을 멜랑콜리로부터 발견했다고 해서, 애도의 메커니즘이 멜랑콜리는 아닙니다. 편집증과 멜랑콜리는 정신병의 일종이고, 폐기와 애도는 라캉에 따르면, 임상과 심리를 구조화하는 메커니즘입니다.

둘째, 클라인의 편집성 태도와 우울성 태도는 그 시기에 모든 아기가 거치는 단계이지, 그것이 곧바로 편집증과 멜랑콜리와 연결되는 것은 아닙니다. 그것이 나중에 편집증이나 멜랑콜리 환자는 물론이려니와 정상인에게 다시 나타날 수는 있습니다.

셋째, 편집성 태도와 폐기, 우울성 태도와 애도의 관계는 불명확합니다. 제 견해로는 후자는 관계가 있음직하나, 전자는 시기적으로 일치하지 않는 것 같습니다. 왜냐하면 폐기는 프로이트와 라캉에 따르면, 오이디푸스기에 결정되기 때문입니다. 따라서 폐기가 애도보다 먼저 일어난다고 유추할 수는 없습니다.

넷째, 마지막으로 <정신분열증 → 조울증 → 편집증 →강박증 → 히스테리 →정상인>의 발달 단계는 아브라함이 프로이트의 글을 종합하고, 자신의 견해를 첨가해서 만든 도식으로, 그 도식이 프로이트의 견해를 대변하고 있는 것은 아닙니다.(물론 라캉은 그러한 발달 단계 자체를 설정하지 않습니다. 그는 구조적인 관점을 갖고 있는 사람이기 때문입니다.) 그 대표적인 것이 <우울증>입니다. 지난번에도 말씀드렸듯이, 프로이트는 멜랑콜리를 독립적인 정신질환으로 보지 않았습니다. 그것은 신경증과 정신병에 두루 나타나기 때문입니다.

그동안 질문이 없어서 섭섭했는데, 총기 있는 질문으로 카페를 생기 있게 만들어주어서 감사합니다.

한 가지 더 말씀드려야겠군요. 귀가 사람 전체를 대표한다면 그것은 환유입니다. 그러나 어떤 사물을 상징으로 대체한다면 그것은 은유입니다. 따라서 <대상 a>와 큰사물의 관계는 그 두 측면을 모두 가지고 있습니다. 그렇게 일단 사물에서 대상의 차원으로 이동한 다음에는, 상징의 논리에 따라 은유와 환유의 축을 따라 무한한 대상 증식이 일어납니다. 그것이 말하자면 환상의 대상이겠지요?

한 사람과 귀, 귀와 귀걸이의 관계는 환유적인 결합의 관계이고, 그 귀걸이의 자리에 나타날 수 있는 수많은 귀걸이들의 관계는 은유적 대체의 관계입니다. 그렇다고 해서 환유적인 길이 끝난 다음에 은유의 길이 시작된다고 생각해서는 안 됩니다. 그 두 축이 동시에 작용하지 않으면 언어적 상징의 수레 자체가 움직이지 않는다는 것은 이미 말씀드린 바 있습니다.

IX

큰사물(la Chose)

태반의 예
파편, 나머지, 공백
〈대상 a〉의 실재계적 특성
기억의 제로점
사물과 속성
존재 판단과 속성 판단

이제 우리는 말로 표상할 수 없는 것의 영역에 들어서고 있습니다. 그것은 라캉의 후기 이론과 개념에 진입한다는 것을 뜻합니다. 라캉의 이론은 1970년을 기점으로, 정확히 말하면 68혁명 이후인 1969년부터 일대 전환이 이루어지는데, 그 이후의 이론은 무척 난해합니다. 그것은 상징계를 중심으로 한 <S.R.I.> 이론에서 실재계를 중심으로 한 <R.S.I.> 이론으로 바뀌는 것과 일치합니다. 실재계는 그야말로 말로 표현하기 <불가능한 것>입니다. 그래서 라캉은 그것을 <계속해서 써지지 않는 것>이라고 정의합니다. 그러나 제 생각으로는, 말로 표현할 수 없는 것은 있을지 몰라도, 왜 말로 표현할 수 없는 것인지를 말할 수 없는 것은 없다고 봅니다. 말로 할 수 없는 것도 말이 있기 때문에 말로 할 수 없는 것이지, 말이 없으면 말로 할 수 없는 것이 있는지조차 알려지지 않는 법입니다. 따라서 우리는 적어도 말로 할 수 없는 것이 생기는 과정까지는 말로 표현해야 합니다.

우리는 라캉의 이론 체계에서 <a>라는 문자가 나타난 이래, 그것이 <대상 a>라는 개념을 획득해 가는 과정과, 각 시기에서 그 개념에 대한 정의를 추적하고 있습니다. 지난 세미나에서 우리는 1960년도까지 살펴보았습니다. 오늘은 1960년부터 라캉이 후기 이론을 전개하기 시작하는 1969년까지 <대상 a>의 개념이 어떻게 발전하는지를 살펴보겠습니다. 1960년 9월에 라캉은 「주체의 전복과 욕망의 변증법」이라는 아주 중요한 논문을 발표합니다. 거기서 개진되고 있는 <대상 a>의 개념에는, 1951년도에 처음으로 발표된 도널드 위니컷(Donald Winnicott)의 <과도적 대상>이라는 개념의 영향이 역력히 드러나 있습니다. 그러한 사실을 통해 라캉이 위니컷을 모르는 채로 <대상 a>라는 개념을 개발하다가, 50년대 후반에 와서 뒤늦게 위니컷의 개념을 접하게 된 것이 아닌가 싶습니다. 아무튼 라캉은 위니컷의 과도적 대상이라는 개념을 발견하고는 환호합니다. 아마 라캉은 <과도적 대상>을 <대상 a>의 존재를 밑받침해주는 근거로 생각한 것 같습니다. 그러니 그 개념이 그렇게 라캉에게 대접을 받지요?

기실 과도적 대상이 차지하고 있는 개념적 공간은 <대상 a>의 공간과 아주 흡사합니다. 과도적 대상은 주체 외적인 것이면서 주체가 그것을 주체 바깥이라고 생각지 않는 것이고, 그렇다고 그것이 주체 내적인 것도 아닙니다. 그것은 주체 안과 밖 중간에 있으며, 그에 따라 꿈과 현실, 주체와 큰타자, 비-자아와 자아 중간이라는 역설적 공간에 있습니다. 그곳은 다름아닌 환영의 영역입니다. <대상 a>에 대한 라캉의 정의도 그와 크게 다르지 않습니다. 우선 그것은 기호형식 사이에서 분열된 주체로부터 떨어져 나간 주체의 부분 대상이며, 욕망의 원인으로서의 대상으로 환상의 대상으로 나타납니다. 다시 말해 <대상 a>는 주체의 존재 결핍을 구성하는 대상으로,

주체 밖의 대상에게 상상적으로 투영됨으로써 주체의 욕망을 떠받치는 버팀목 구실을 합니다. 따라서 주체가 욕망의 대상이라고 믿는 주체 밖의 대상은 환상의 속임수일 뿐입니다. 그러한 사실은 환상의 공식($\$\diamond a$)이 잘 말해줍니다. 그 공식에 따르면, <대상 a>는 주체와 상호배타적인 위치, 다시 말해 주체와 분리되어 주체와 마주하고 있는 위치에 자리하고 있습니다. 어찌 보면 그것은 이중 분리(또는 분열) — 일차적으로는 기호형식 사이에서 주체가 분열되고, 그 분열된 주체로부터 <대상 a>가 상상적으로 분리됩니다 — 의 결과로 생긴 주체의 존재 결핍이 주체 밖에 나타나는 환상의 대상입니다.

라캉은 말년의 세미나에서 <대상 a>를 태반(placenta)의 예를 들어 설명합니다. 태반이라는 것은 무엇입니까? 그것은 사전에 정의된 대로, <임신 중인 자궁의 내벽과 태아 사이에 있는 원반 모양의 기관으로 태아에게 영양을 공급하고 배출하는 아주 중요한 기관>입니다. 라캉이 그것으로써 의미하고자 했던 것은, <대상 a>는 주체와 큰타자에게 공통적인 어떤 것으로, 둘을 한 혈통으로 이어주면서 둘로부터 분리되는 어떤 막 같은 것입니다. 그렇게 주체와 큰타자 사이를 이어주는 환유적 징검다리의 공식을, 우리는 프로이트의 등식, 즉 <아기=남근=똥[이것은 돈과 선물로 이어집니다]>의 등식에서 이미 발견할 수 있었습니다. 물론 그러한 징검다리의 원근점에는 남근이 있습니다.

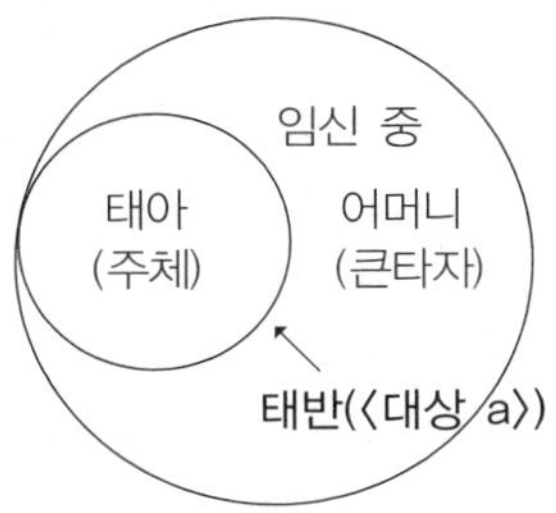

〈주체 = 남근 = 똥 = 큰타자〉

이것을 접착제에 비유해서 설명할 수도 있습니다. 어떤 두 물체가 강력한 접착제로 붙어 있을 때, 그것들을 떼어내면 접착제로 연결되었던 부분이 떨어져 나가면서 두 물체의 살점까지 떨어지는 것을 목격할 수 있습니다. 이렇게 공통적으로 떨어져 나간 부분이 이를테면 네 가지 부분 대상—젖가슴, 똥, 목소리, 시선—이 됩니다. 사실 시선과 목소리만 예로 들더라도, 우리는 자신의 시선과 목소리를 제3자의 입장에서 보거나 들을 수 없습니다. 그렇기 때문에 그것은 상징계의 개입으로 말미암아 육체로부터 분리되는 부분이고, 그에 따라 리비도가 특별히 잘 투영되는 부분 대상이 되는 것입니다. 달리 말하면, 눈과 시선 사이는 결핍의 공간으로 환상으로 충전되기에 안성맞춤입니다. 비어 있으니(결핍) 채워야 하는 것(충전) 아닙니까?

이제 <대상 a>에 대한 논의는 『세미나 VIII : 전이』(1961~62)로 이어지면서 절정을 향해 치닫습니다. 거기서는 지난 워크숍(2006.8.11)에서 공부했던 <아갈마(agalma)>라는 개념을 빌어서 <대상 a>를 설명합니다. 다 알고 있다시피, 아갈마는 신에게 바치는 봉헌물을 뜻하는 것으로, 그 자체로는 별 가치가 없는데, 아주 귀중한 대상을 숨기고 있는 것처럼 생각되는 것입니다. 그리하여 그것은 주체가 추구하는 욕망의 대상이 됩니다. 가령 『인디아나 존스』라는 영화에서 주인공을 비롯한 모든 인물이 성배를 찾아 나서지만, 정작 주인공이 마지막에 찾은 성배는 초라하기 짝이 없는, 부패 일보 직전의 나무잔이었습니다. 인디아나 존스는 아주 현명한 사람이었습니다. 아갈마가 보기에는 볼품 없을 것이라는 사실을 알았으니 말입니다. 여러분은 기억하고 있을 것입니다. 영화의 마지막에, 죽음의 고비를 넘고 넘어온 인디아나 존스를 기다리고 있는 것은 수많은 잔 중에서 성배를 찾는 최후의 시험이었습니다. 만약 잘못 <선택>[1]하면 죽음이 그를 영접하게 되는 절대절명의 위기를 인디아나 존스는 맞이한 것입니다. 인디아나 존스는 금은보화로 만든 잔을 모두 마다하고 유독 나무로 만든 잔을 선택합니다. 하기야 세상에서 가장 가난하고 낮은 자로 온 예수가 최후의 만찬에서 사용한 잔이 금은보화로 장식된 잔일 리가 있겠습니까?

알키비아데스에게 욕망의 대상이었던 소크라테스의 언변 또는 담화도 마찬가지입니다. 객관적으로 생각해볼 때, 성적인 담화가 아닌 철학적 담화가 성적으로 사람을 흥분시키고, 심지어는 눈물나게 하거나 도망가게 한다는 것은 이해할 수 없는 일입니다. 소크라테스의 담화가 알키비아데스에게 성적 욕망의 대상이 된다는 것은, 알키비아데스가 소크라테스가 소유하고 있다고 생각하는 그 대상을 얻기 위하여 그를 유혹하여 밤을 같이 지내려고 하는 데서도 알 수 있습니다. 소크라테스의 언변은 분명히 알키비아데스에게 욕망의 대상을 숨기고 있는 아갈마로 작용합니다. 어떻게 이런 일이 있을 수 있을까요? 지적인 담화가 성적인 함의를 획득하다니요? 그것은 완벽한 수사학을 동반한 지적 담화가 성화되었다고 말할 수밖에 없습니다. 달리 말하면, 성욕동의 입장에서 보면, 성욕동이 지식욕으로 승화된 것이고, 지식욕의 입장에서 보면, 지식욕은 성욕동이 보강됨으로써 기하급수적인 상승효과를 발휘하는 것입니다.

아직 간행되지 않은 『세미나 IX : 동일시』(1962~3)와 『세미나 X: 불안』(1963~4)에서 특기할 만한 것은, 서로 다른 임상구조에서 <대상 a>가 어떻게 나타나느냐에 대한 언급이 있다는 것입니다. 우선 신경증 환자에게서 <대상 a>는 엄폐됩니다. 다시 말해 은폐되어 드러나지 않습니다. 그것은 억압과 관련이 있습니다. 다 알다시피, 억압은 의식이 거부하는 표상을 의식

---

1 이 선택의 모티프는 성경의 <선악과> 신화로부터 프로이트의 「세 상자의 모티프」에까지 퍼져 있는 보편적인 모티프입니다. 여기서 선택은 정신분석적으로 무엇을 나타낼까요?

으로부터 격리시켜 따로 보관하는 것입니다.(그것이 바로 무의식입니다.) 다른 한편, 그 억압물이 의식에 회귀할 때는 그것에 저항하는 의식의 힘으로 말미암아, 정작 의식에는 왜곡 변형되어 나타나기 마련입니다. 그러니 그것을 알아보지 못하는 것은 당연합니다. 따라서 신경증에서 <대상 a>가 엄폐된다는 것은, 억압된다는 말에 지나지 않습니다. 반면에 도착증 환자의 시나리오에서 <대상 a>는 현전합니다. 겉으로 분명히 드러난다는 말입니다. 물품음란증 환자를 생각해보십시오. 그들에게 여자의 신발이나 속옷은 부재하는 남근적 가치를 갖고 있습니다. 한편 정신병자에게서 <대상 a>는 환각적 형태로 <사물화>됩니다. 그것은 정신병에서 <대상 a>는 실재계의 도래를 의미한다는 것을 말합니다.

김정미 : 그렇다면 불안과 두려움을 동반하겠군요?

답변 : 그렇습니다. 그렇다고 가령 <대상 a>로서의 젖가슴과 현실을 구성하는 젖가슴을 혼동해서는 안 됩니다. 일반적인 젖가슴을 들이댄다고 불안하거나 두렵지는 않지 않습니까? 전자는 상징계의 개입으로 말미암아 현실로부터 추방된 젖가슴 — 금지된 어머니의 젖가슴 — 입니다. 그것은 우연히 갑작스럽게, 그렇지만 반복적으로 찾아옵니다. 그럴 때 그것은 이미 친숙한 것인데도 아주 낯설게 느껴지며, 우리에게 두려움을 야기합니다.

아무튼 그러한 <대상 a>의 개념은 『세미나 XI : 정신분석의 네 가지 기본 개념』(1964~65)으로 넘어가면서 실재계의 의미를 함축하게 될 가능성을 암시하고 있습니다. 실제로 『세미나 XI : 정신분석의 네 가지 기본 개념』

에서는 <대상 a>가 실재계로 정의됩니다. 즉 거기서 <대상 a>는 상징계의 도입으로 말미암아 실재계의 이면에 남겨진 <나머지(reste)>입니다. 지난번에도 말씀드렸지만, <대상 a>를 특징짓는 세 표현이 있다면 <나머지(restes)>, <파편(éclats)>, 그리고 <공백(vide)>입니다. 여기서 공백은 간단히 말하면, 두 기호형식 사이에 벌어진 <입벌림>의 빈 공간을 말하고, <파편>은 큰사물이 현실로부터 실재계로 영원히 추방될 때 남기는 조각을 말합니다. 그런데 문제는 전체적인 큰사물의 부분인 <대상 a>가 큰사물과는 다른 차원에서, 그리고 큰사물만큼 스스로 광채[2]를 발휘한다는 것입니다. 그것은 마치 사랑과 욕망의 관계와 같습니다. 사랑은 전체적인 이미지에 대한 것이고, 욕망은 부분 대상과 관계하는데, 사랑은 그 뒤에 또는 그 너머에 있는 욕망으로부터 많은 에너지를 빌려옵니다. 마치 뒤집어진 장갑 속에서 미처 빠져나오지 못하고, 장갑의 손바닥 부위에 의해 갇혀버린 손가락 부분이 광휘를 발휘하는 것과 같습니다. 말하자면 <대상 a>는 지고선인 큰사물의 매력 포인트인 셈입니다.

그런데 우리가 여기서 주의해야 할 것은, 첫째, 그러한 <대상 a>가 타자가 실제로 소유하고 있는 것이 아니라, 주체에게 결핍된 대상이라는 것입니다. 따라서 그것은 욕망이 지향하는 것이 아니라, 욕망의 원인으로서 주체의 빈 공간 자체라는 것입니다. 그것이 욕동을 작동시켜 그것을 얻으려는 마음(즉 욕동)이 일어나지만, 그러나, 욕동은 결코 그것을 획득할 수 없습니다. 그 결과 욕동은 그 주위를 영원히 맴돌게 되고, 그것과 관련하여 맴도는 행위 자체에서 쾌락을 느끼는 것입니다. 둘째로 우리가 기억해야 할 것은, 그러한 쾌락의 원칙은 <대상 a>가 실재(계)로서 현실에 회귀할 때 주체에

2 <éclats>에는 <파편>이라는 뜻 이외에 <광채, 섬광>이라는 뜻도 있습니다.

게 야기하는 불안과 두려움으로부터 주체를 보호한다는 것입니다. 따라서 <대상 a>와 거리를 두고 <대상 a> 주위를 뺑뺑 도는 것, 그 결과 <대상 a>를 만나지 못하는 것이 오히려 다행입니다. <대상 a>를 만나면 죽음의 공포밖에 없기 때문입니다. 그것은 기독교의 하느님이 경외(敬畏)의 대상으로 나타나는 것과 같습니다. 하느님에게는 두 측면이 있습니다. 하나는 큰타자로서의 하느님이고, 다른 하나는 실재계로서의 하느님입니다. 그렇기 때문에 하느님과 거리를 둘 때는 사랑과 욕망과 공경의 대상이 되지만, 하느님을 직접 대면하게 되면 그것은 죽음입니다. 그것은 프로이트의 <unheimlich>와 같은 문맥에 있습니다. <unheimlich>는 예전에 친숙했던(heimlich) 것이 억압되었다가 다시 나타날 때 야기되는 낯설고 두려운 감정을 말합니다. 그것이야말로 라캉에 따르면, 실재계가 현실 속에 모습을 드러낼 때 느끼는 감정입니다.[3] 제 어머니는 늘 6·25 때 피난 내려오시면서 가장 무서웠던 것은 사람이 나타나는 것이었다고 말씀하셨습니다. 사실 어두운 길을 혼자 갈 때 제일 무서운 것은 자신과 같은 사람이 나타나는 것입니다. 그것도 친숙한 두려움(섬뜩한)의 일종입니다.

『인디아나 존스』라는 영화를 다시 한번 상기해보십시오. 그 영화에서 누군가가 성궤를 열 때, 인디아나 존스는 자신의 애인에게 눈을 감으라고 외칩니다. 눈을 감지 않고 천사를 본 자는 죽게 되기 때문입니다. 아닌 게 아니라 성궤에서 아름다운 천사가 나오고, 그것에 홀린 눈뜬 자들은 곧이어, 죽음의 악마로 변한 천사에게 온몸이 녹아내리는 처참한 죽음을 당합니다. 그것은 아름다운 천사에 의하여 억압되고 거부된 죽음의 악마가 원래의 모습을 드러내는 순간입니다. 달리 말하면, 전자의 이미지는 후자로부터

3 여기서 프로이트의 <억압물의 회귀>를 라캉은 실재계의 도래와 연결시킨다는 것을 알 수 있습니다. 이것에 대해서는 다음 세미나에서 상세하게 다루게 됩니다.

주체를 보호하기 위하여 그 자리에 대신 세워진 일종의 방패-환상입니다. 우리는 그러한 사실을 미의 여신인 아프로디테가 죽음의 지하세계에서 잠을 잔다는 것에서 다시 한번 확인할 수 있습니다. 원래 사랑의 신이 죽음의 신을 몰아내고 그 자리를 차지하기 전에는 한 여신이 두 의미를 동시에 지니고 있었던 것입니다.[4]

얼마 전에 「내셔널 지오그래픽」에서 <시체학>에 대한 프로그램을 본 적이 있습니다. 시체를 야산에 방치한 뒤, 그것이 부패하는 과정을 생생하게 촬영한 것이었습니다. 처음에는 눈과 같은 구멍 부위에서 구더기가 생기더니, 그것들이 점점 번식해 내장 속으로 들어갑니다. 그 뒤에 구더기가 내장을 파먹으면서 가스가 생기고, 그 가스로 배가 부풀어 오르다가, 내장이 다 없어진 뒤에는 부풀어 올랐던 배가 푹 꺼지면서 피골이 상접하게 됩니다. 그 과정은 실로 끔찍한 것이었습니다. 그러나 그것이 죽음의 실제 모습이고, 우리 모두는 숙명적으로 그런 상태로 환원됩니다. 그러니 어떤 사람인들 그 숙명을 거부하고 싶지 않겠습니까? 그 숙명을 거부하는 방식 중의 하나가 그 죽음의 자리에 미를 배치하고 죽음을 미로써 치장하는 것입니다. 한마디로 아름다움은 죽음의 숙명을 거부하는 방식인 것입니다. 그러한 맥락에서 <나는 길이요, 진리요, 생명이니>라는 말은 실재계와 상징적 거리를 둠으로써 죽음을 지고선으로 감싸려는 방식이라고 할 수 있지 않을까요?

기왕 이야기가 나온 김에 말씀드리면, 선택의 모티프도 "선택의 여지가 없는 필연성과 숙명성의 자리에 선택이 대신 위치한 것"[5]으로 해석해야 합니다. 다시 말해 죽을 운명에 있는 인간의, 죽음을 극복하고 살려고 하는 욕망이 찬란하게 승리를 거둔 것입니다. 하느님의 창조품인 선악과에 대해

4 프로이트, 「세 상자의 모티프」(정장진 역, 1913), 열린책들, 281쪽 참조.
5 *Id.*

인간의 선택권이 주어진 것도 그러한 문맥에서 해석할 수 있습니다. 그것은 죽음의 운명의 자리에 놓인 인간의 삶의 발버둥입니다. 선악과를 따먹음으로써 영생을 포기하는 것이 바로 선택과 운명이 같은 것이라는 사실을 증명해줍니다. 선택은 죽음의 운명에 대항하는 인간의 아름다운 저항입니다.

<대상 a>의 실재계적 특성 — 거리를 두고 그 주위를 맴돌면 안전하지만, 현실적으로 그것을 직접 마주치면 불안한 — 을 설명하느라 길어졌는데, 아무튼 그것은 욕동이라는 다람쥐의 쳇바퀴를 돌리는 축입니다. 라캉은 다음과 같이 말합니다. "그것은 분석에서 발견되는 특권화된 대상이다. 그 대상의 현실 자체는 순전히 위상학적이다. 욕동은 그 대상 주위를 돌고, 그 대상은 여러분이 분석에서 수선하고 있는 직물 속에 넣은 달걀처럼 생긴 나무[역주 : 양말 기울 때 쓰던 전구처럼 생긴 도구]로 된 수선 도구처럼 돌기가 된다. 그것이 <대상 a>다."(『세미나 XI : 정신분석의 네 가지 기본 개념』(1964~65), 232쪽) 그러나 그것은 비어 있고, 그것이 실제로 현실 속에 회귀하면 죽음과 같은 불안을 야기합니다.

이제 70년대로 넘어가기 직전의 세미나, 즉 『세미나 XIV: 환상의 논리』(1966~67)와 『세미나 XV: 정신분석 행위』(1967~68)에서 <대상 a>에 대해 무슨 이야기를 했는지 알아봅시다. 거기서는 <대상 a>와 거세(−φ)의 관계에 대해 논하고 있습니다. 그 논의의 핵심은 지난 세미나에서 우리가 자세히 다루었던 공식, <1+a=1/a>이라는 공식으로 압축할 수 있습니다. 우리는 그 공식을 신화 — 우라노스의 거세된 남근에서 거품이 일어나며 미의 여신인 아프로디테가 탄생하는 과정 — 에 빗대어 설명한 바 있습니다. 한마디로 그것은 거세(−φ)의 자리에 <대상 a>가 대신 나타나면서, "<대상 a>가 거세(−φ)와 대조적으로 주체의 존재 결핍을 현재화(présentification)한다"는 내용이었습니다. 또한 "두 문자 <a>와 <−φ>의 거리는 프로이트 이론에

서 제2지형학의 <그거>와 제1지형학의 무의식의 거리와 같다"는 내용이었습니다. 다시 말해 전자는 실재계적이고,[6] 후자는 기호형식으로서 상징계에 속하는 것입니다.

70년대의 세미나, 즉 라캉의 후기 이론으로 넘어가면, 지금까지의 개념적 도구와는 전혀 다른 용어들 — 가령 <외양(semblant)>, <향락>(남근적 향락, 잉여-향락, 큰타자의 향락), <진실>과 <지식>, <네 가지 담화>, <보로메오의 매듭> 등 — 이 나타날 뿐 아니라 기존의 개념도 많이 바뀌기 때문에, 단순히 <대상 a>의 개념의 발전을 따라가기보다는 그러한 새로운 개념들과의 관계하에서 <대상 a>를 고찰하는 것이 더 바람직합니다. 따라서 그러한 새로운 개념들을 정확히 정의하면서, 그것들로부터 <대상 a>를 조명해 들어가는 것이 이해하기 편합니다. 우리는 그러한 접근방식의 첫 출발로 <큰사물(La Chose)>에 관해서 공부해볼까 합니다.

프로이트는 항상 <기억의 제로점>에서 일어나는 일, 그래서 최초로 기억에 기록되는 것을 정신분석적 설명의 출발점으로 삼습니다. 그것은 다름 아닌 최초의 충족 체험입니다. 라캉의 <큰사물>의 근거가 된 프로이트의 <das Ding>도 충족 체험의 기억 흔적과 그 이후의 지각 투여와의 관계하에서 정의되고 있습니다. 다시 충족 체험으로 돌아가 봅시다. 아기는 태어나자마자 웁니다. 그 울음은 어떤 감각적 기초 위에 세워져 있습니다. 그것은 아직 그의 울음이 언어에 속하지 않는다는 것을 의미합니다. 그렇기 때문에 엄격한 의미에서, 그의 울음이 포함하고 있는 감각의 의미를 결코

6 물론 <a>는 언어에 등록된 존재 결핍이라는 점에서 상징계에 속하기도 합니다. 따라서 <a>는 상징계적이면서 동시에 실재계적이라고 말하는 것이 더 정확합니다. 그와 부응해서, 사실 제2지형학의 <그거>도 제1지형학의 무의식을 포함하는, 그보다 넓은 개념입니다.

알 수 없습니다. 단지 우리는 그것이 배고픔의 자극에 의한 것이라고 해석할 뿐입니다. 그러한 해석은 꼬마 인간의 울음을 하나의 기호형식으로서 언어체계 속으로 편입시킨다는 것을 뜻하고, 그에 따라 젖먹이는 생물학적 존재에서 언어학적 존재로 승격됩니다. 제가 승격된다고 말했지만, 다른 측면에서 보면, 그것은 주체의 감각적 울음이 큰타자(어머니)에 의해 큰타자(언어) 속에서 그것에 부여되는 의미작용 속으로 사라진다는 것입니다. 말하자면 감각이 소외[7]되는 것이고, 언어에 의해 언어에 빼앗기는 것입니다.[8] 그로부터 꼬마 주체의 울음은 큰타자에 대한 요구의 음성 발신이 되면서, 그것은 감각 위에 세워지는 것이 아니라, 그보다 선행하는 다른 음성 발신과의 연합 위에 세워집니다. 부연하면, 이미 주체 밖에 체계화되어 있는, 음성 발신과 음성 발신의 관계 위에 놓이게 됩니다. 그 결과 꼬마 주체에게는 여러 가지 결과가 발생합니다. 첫째, 그는 큰타자와의 관계하에 자신의 지표를 알게 되고(다시 말해 주체의 효과가 발생하고), 둘째, 자신의 발설의 의미작용을 터득합니다. 그러나 우리가 여기서 잊지 말아야 할 것은, 그러한 효과는 모두 큰타자(의 해석)으로부터 주어진다는 것입니다.

이제 모성적 큰타자는 자신의 해석에 기초하여 아기의 감각적 자극을 완화시켜주는 젖을 아기에게 먹입니다. 그러면 아기에게는 욕구 충족(과 그에 따른 쾌락)이 일어나면서, 동시에 어떤 지각이 발생하고, 그것이 기억에 등록됩니다. 다 알다시피, 프로이트는 그것을 기억 흔적이라고 부릅니다. 그렇게 기입된 기억 흔적은 아기가 배고플 때마다 되살아나면서, 욕구 충족과 아울러 새로 발생한 지각이 재현되기를 바라는 마음 — 이것은 프

7 거듭 말씀드리지만 소외는 <다른 것에 예속되는 것>입니다.

8 그것은 마치 감각적 울음이 언어의 숲 속으로 사라지면서 메아리조차 잘 남지 않는 것과 같습니다.

로이트의 소원으로, 나중에 라캉의 욕망으로 이어집니다 — 도 함께 일어납니다. 그러면서 아기는 또 울지만, 그 울음은 이제 감각적 차원에 있는 것이 아니라 요구의 차원에 있습니다.[9] 모성적 큰타자는 이번에도 역시 자신의 해석에 기초하여 젖을 먹입니다. 그러면 아기의 욕구는 충족되고 또 지각이 일어나겠지요? 그러나 그러한 지각이 반복될 때마다 그것이 최초의 것과 동일한지는 아무도 말할 수 없고, 또 아무도 알 수 없습니다. 다시 말해 충족 체험의 기억 흔적에 남아 있는 최초의 기억 이미지와 그 이후의 지각 이미지가 동일한 것(이것을 지각의 동일성이라고 합니다)이라고 누가 보장할 수 있습니까? 이 부분을 더 정확히 설명하면 이렇습니다. 지각과 기억은 카메라의 렌즈와 필름처럼 양립할 수 없다는 것은 잘 알려진 사실입니다. 만약 지각 기관이 기억까지 담당한다면 우리의 기억은 용량의 한계에 부딪칠 것입니다. 그렇다면 최초의 기억 이미지와 지각 이미지의 관계는, 전자의 사진 위에 후자의 촬영이 중첩되는 방식을 취합니다.(만년 노트의 비유를 한번 생각해보시기 바랍니다.) 그것을 프로이트의 용어로 투여라고 합니다. 따라서 기억 이미지와 지각 이미지가 동일하다는 것은 지각의 투여가 기억 이미지를 활성화시킬 때, 완벽하게 일치하여 전부를 환기시키는 것을 말합니다.

그렇다면 여기서 최초의 기억 이미지에는 두 부분이 있음을 가정할 수 있습니다. 즉 거듭되는 지각 투여에도 불구하고 변함없이 환기되는 불변의 부분과, 그때그때 달라지는 가변적인 부분이 있습니다. 프로이트는 「과학적 심리학 초고」(1895)에서 전자를 <사물(das Ding)>이라 명명하고, 후자를 <속성>이라고 부릅니다. <das Ding>이라는 말은 1895년에 프로이트의

9 여기서 언어의 개입 이후에 인간에게, 감각에 의한 직접적인 교류는 있을 수 없다는 것을 다시 한번 확인할 수 있습니다.

어휘 목록에 처음 등장한 뒤, 30년 뒤에 <부정>(1925)이라는 논문에서 다시 사용됩니다.[10] 거기서 프로이트는 판단의 두 종류에 대해 말합니다. 하나는 속성 판단으로 어떤 대상의 질이 좋으냐 나쁘냐에 관한 것이고, 다른 하나는 존재 판단으로, 그 대상이 실제로 존재하느냐의 여부를 검증하는 것입니다. 아무튼 그것에 대한 자세한 논의는 뒤로 미루고, 그렇다면 대체 프로이트에게서 <사물(das Ding)>은 무엇일까요? 여기서 우리는 한 가지 사실을 더 가정해야 합니다. 그것은 모성적 큰타자가 기억 이미지와 지각 이미지의 연합에 개입한다는 것입니다.[11] 그러한 사실을 감안할 때, 프로이트의 <사물>은 어머니 자체라고 할 수 있습니다. 따라서 <속성>은 자연스럽게 어머니라는 대상으로부터 오는 감각적 특성을 말합니다. 그런데 정신분석에서 어머니는 최초의 사랑의 대상이지만, 동시에 근친상간 금지의 대상이 된다는 것은 잘 알려진 사실입니다. 따라서 사물로서의 어머니는 주체가 영원히 지향하는 대상이면서, 주체로서는 영원히 잃어버린, 그 결과 결코 도달할 수 없는 대상입니다. 이것을 <이웃>의 개념에 대입한다면, 그 이웃은 <나>와 무척 친숙하면서도 내가 범접할 수 없이 높은 데 있으며(라캉에 따르면, 그래서 <큰사물>은 주체에게 지고선으로 비칩니다), 동시에 그 거리감 때문에 생소하고 낯설게 느껴집니다.(이것은 앞에서 잠깐 언급한 <unheimlich>의 감정과 연결됩니다) 또한 <네 이웃을 네 몸처럼 사랑하라>라는 말도 그러한 관점에서 조명해볼 수 있습니다.

10 무슨 이유에서인지 프로이트는 30년 동안 <das Ding>이라는 용어를 단 한 번도 사용하지 않습니다. 따라서 <부정>에서의 재사용은 30년간의 침묵을 깨고 이루어진 것으로, 프로이트의 이론사에서 상당히 의미심장한 사건입니다.

11 프로이트는 이렇게 기억과 지각 사이에 개입하는 모성적 큰타자를 <이웃(Nebenmensch, neighborhood)>이라고 부릅니다.

<백문이불여일견>이라고, 저의 설명을 듣는 것보다 「과학적 심리학 초고」 중에서 제가 발췌하여 나눠드린 <das Ding>을 정의한 부분이나 그것과 관계된 부분을 직접 읽어보는 것이 더 생생하게 이해가 될 것입니다. 우선 첫 번째 문단을 보십시오. 거기서 프로이트는 앞에서 제가 설명한 것과는 조금 다른 방식으로 접근합니다.(가급적 간단하게 설명하려다 보니 그렇게 되었습니다. 양해해주시기 바랍니다.) 프로이트는 최초의 기억 이미지 중에서 지각의 동일성이 재현되기를 바라는 마음 — 즉 프로이트의 용어로 말하면 욕망 투여 — 과 지각 투여의 일치 여부를 가지고 <das Ding>을 정의합니다.

> 우리는 자아에 의한 억제가 욕망하는 대상에 대한 투여의 약화를 가져옴으로써 그 대상의 비현실성을 인식케 한다는 가설을 내놓은 바 있다. 우리는 이제 그러한 과정에 대한 분석을 좀 더 밀고 나가려고 한다. 여러 경우가 있을 수 있다.
>
> 첫 번째 경우 : 기억 이미지에 대한 욕망의 투여와 동시에 그것에 대한 지각[다시 말해 기억되는 대상에 대한 지각]이 나타나는 경우. 그렇게 되면, 그 두 투여는 일치한다(그러나 이 경우는 생물학적으로 이용될 수 없는 상황이다).
> […]
>
> 두 번째 경우 : 욕망의 투여가 있고, 그것과 전체적으로 일치하는 지각이 아니라 부분적으로 일치하는 지각이 그것에 동반되는 경우. 이 경우에 우리는 지각 투여가 결코 고립된 뉴런에 대한 투여가 아니라 뉴런 복합체에 대한 투여라는 사실을 잊지 말아야 한다. 우리는 지금까지 그 특성을 무시해 왔는데, 이제 그것을 고려해야 할 때다. 일반적으로 욕망의 투여는 <뉴런 a + 뉴런 b>와 관계하고, 지각 투여는 <뉴런 a + 뉴런 c>에 관계한다고 가정하자. 그것은 동일성의 경우보다 일반적이고 흔한 경우이기 때문에, 보다 정확한 고찰을 요구한다. 다시 한번 생물학적인 경험에 따르면, 현실 징후가 복합체 전체가 아니라 그것의 부분만을 인정할 때, 방출을 작동하는 것은 위험하다. 그렇지만 우리는 유사성을 완전한 동일성으로 바꾸는 방법을 소유하고 있다. 즉 W 복합

> 체는 다른 W 복합체들과 비교함으로써, 우리는 그것을 두 부분 — 전체적으로 동일성을 유지하는 뉴런 a 와 거의 항상 변화하는 뉴런 b — 로 나눌 수 있다. 그러한 분석 과정에 대해 언어는 나중에 ≪판단≫이라는 이름을 부여하는데, 판단은 한편으로는 자아의 핵과 지각 복합체의 불변 요소 사이에 유사성이 존재한다는 것을 발견하고, 다른 한편으로는 외투(pallium) 속의 변화하는 투여와 지각 복합체의 변이 요소 사이에 유사성이 존재한다는 것을 발견하게 된다. 그에 따라 언어는 뉴런 a를 ≪사물(thing, chose)≫이라고 부르고, 뉴런 b를 사물의 활동이나 특성 — 간단히 말하면 그것의 ≪속성(predicate, attribut)≫ — 이라고 부르게 된다.
>
> —「과학적 심리학 초고」, 257~8쪽

한마디로 기억 이미지에 대한 욕망 투여에 의한 지각(W) 복합체와 지각 투여에 의한 지각 복합체가 비교될 때, 항상 일정한 불변의 부분은 <사물>이고, 그때그때 다른 가변적인 부분인 <속성>이 됩니다. 그리고 우리의 <판단>에 따르면, 그 불변의 부분은 자아의 핵과 유사하고, 외투 뉴런 속의 변화하는 투여는 자아의 변이 요소와 유사성이 있습니다.(여기서 사물이 자아의 핵과 연결된다는 것을 알 수 있습니다.)

그 다음 문단은 최초의 기억 이미지 속의 대상은 반드시 구체적인 지각 대상, 즉 주체와 비슷한 인간 존재를 전제할 때 비로소 설명될 수 있다는 것을 보여줍니다. 그것은 프로이트의 <이웃> — 주체의 유일한 조력자, 특히 어머니 — 의 개념으로 연결됩니다. 그에 따라 그 타자도 두 부분으로 나뉩니다: 사물과 이해될 수 있는 부분이 그것입니다.

> 지각된 대상이 지각하는 주체, 다시 말해 인간 존재와 유사하다고 가정해보자. 그러면 그것이 야기하는 이론적인 관심은, 그와 같은 대상은 주체에게 최초의 충족(과 동시에 최초의 불쾌감)을 가져다준 대상이기 때문에 그에게 유일한 조력자였다는 사실로 설명될 수 있다. 따라서 인간 존재가 인식을 배우는 것은

타인과의 관계 속에서이다. 타인으로부터 오는 지각 복합체는 부분적으로 새롭고, 다른 것과 비교될 수 없는 것이다: 가령 시각적 영역에서 타인의 특징이 그렇다. 그러나 다른 시각적인 지각들 — 가령 손동작에 대한 지각 — 은, 주체 자신의 손동작에 대한 시각적 인상 — 그 자신이 경험한 다른 움직임에 대한 기억에 연합된 — 과 일치할 것이다. 그 대상의 다른 지각 — 가령 그의 외침 — 도 주체 자신의 외침의 기억과 동시에 주체 자신의 고통 체험을 깨울 것이다. 따라서 타인이라는 복합체는 두 부분으로 나뉜다: 그중 하나는 일정한 구조의 인상을 주면서 사물(thing)처럼 머물러 있는 것이고, 다른 하나는 기억 활동을 통해 이해될 수 있는 것, 다시 말해 주체 자신의 육체로부터 정보를 추적할 수 있는 것이다.

—「과학적 심리학 초고」, 262쪽

그런데 우리가 여기서 주목해야 할 것은, <속성>의 부분을 <이해될 수 있는 것>이라고 규정하고 있다는 것입니다. 그렇다면 역으로 <사물>은 이해될 수 없는 것이겠네요? 그렇습니다. 프로이트는 사물을 <동화될 수 없는 것>, 또는 <이해되지 않는 불변의 부분>으로 정의합니다.

우리가 이미 보았듯이, 판단 기능이 시작될 때, 지각은 욕망의 대상과 연결되면서 관심을 일깨운다. 그리고 그것들의 복합체는 동화될 수 없는(unassimilable)[12] 부분(≪사물(the thing)≫)과 자아 자신의 경험으로부터 자아에 알려진 부분(대상의 ≪속성≫이나 활동) — 우리가 이해라고 부르는 것 — 으로 나뉜다.

—「과학적 심리학 초고」, 304~5쪽

---

12 스트레이치(Strachey)의 역주에 따르면, 여기서 <동화될 수 없다(unassimiliable)>는 것은, <비교될 수 없다(non-comparable)>는 것과 그리고 <[다른 것과] 공통점이 없다(disparate)>는 것과 동의어입니다.(S.E.,I, 366 참조) 만약 스트레이치의 식견이 옳다면, 프로이트의 사물은 라캉의 큰사물과 동일한 특성을 갖고 있습니다. 왜냐하면 라캉은 큰사물을 일반적인 타자로 환원할 수 없는 것, 다시 말해 근원적인 타자인 큰타자의 하나로 규정하는 반면에, 상상적 타자(소문자 타자)는 서로 닮아서 상호 동일시와 상호 교환이 가능한 타자이기 때문입니다.

> 자아는 자신의 인체 속에서 발견된 사실 — 지각 투여가 자기 자신의 육체로부터 오는 정보와 부분적으로 일치한다는 이미 언급한 사실 — 을 통하여 거기[판단]에 도달한다. 그 결과, 지각 복합체는 이해되지 않는 불변의 부분 — 사물(thing) — 과, 이해될 수 있는 가변적인 부분 — 사물의 속성이나 움직임 — 으로 나뉜다.
>
> —「과학적 심리학 초고」, 326~7쪽

심지어 프로이트는 사물을, 판단을 벗어나는 것으로 생각하고 있습니다: "우리가 ≪사물≫이라고 부르는 것은, 판단을 벗어나는 찌꺼기들(residues, reliquats)이다."(「과학적 심리학 초고」, 265쪽) 다분히 라캉의 실재계를 연상시키기에 충분한 대목입니다. 다 알다시피, 라캉은 실재계를 <불가능> 또는 <계속해서 써지지 않는 것>이라고 정의하면서, 그것의 표상 불가능성을 피력하기 때문입니다.

> ≪사물 복합체≫는 항상 다양한 ≪속성 복합체≫와 결부되어 상기되고, 속성-복합체는 다양한 사물-복합체와 결부되어 상기되기 때문에, 그 두 복합체에서 ≪사물≫에 대한 욕망 상태로 가는 사고의 길을 내는 것 — 말하자면 일반적으로 확실한 방식으로 그 순간에 실재하는 지각과 관계없이 — 은 가능하다.
>
> —「과학적 심리학 초고」, 326~7쪽

결과적으로 <사물>은 욕망 투여 중에서 본질적이고 핵심적인 부분이기 때문에, 욕망은 그 사물을 중심으로 움직일 수밖에 없습니다. 그리고 <속성>은 가변적인 부분이기 때문에, <사물> 주위를 맴돌면서 형성될 수밖에 없습니다. 따라서 <사물>은 욕망이 생성되는 근원에 있습니다. 말하자면 사물은 욕망이라는 해바라기가 지향하는 태양과 같은 것입니다. 사물은 욕망의 지향점입니다. 그렇지만 결코 도달할 수 없는 지향점입니다.

이제 프로이트의 텍스트에서 <사물>에 대한 논의를 만나기 위해서는 30년의 세월 — 「부정」이라는 논문 — 을 기다려야 합니다. 프로이트가 그 동안 왜 <사물>에 대해 언급하지 않았는지는 알려지지 않고 있습니다. 단지 제 추측으로는, 「과학적 심리학 초고」가 유고본으로 발간된 것과 모종의 관계가 있지 않나 싶습니다. 다시 말해 프로이트는 「과학적 심리학 초고」를 별로 마음에 들어 하지 않았습니다. 그래서 서랍 속에 처박아 놓았던 것인데, 그것이 사후에 발견되어 빛을 보게 된 것입니다.[13] 그러한 맥락에서 보면, <사물>이라는 개념도 「과학적 심리학 초고」와 함께 서랍 속에 묻혀버린 것이 아닌가 싶습니다. 아무튼 프로이트는 「부정」에서 속성 판단과 존재 판단을 구분하면서, <사물>의 문제를 다시 거론합니다. 우선 속성 판단은 대상의 질의 좋고 나쁨을 결정하는 것으로 <형용사>의 영역에 속하는 판단이라고 할 수 있습니다. 그런데 존재 판단은 그것과는 전혀 다른 종류의 결정입니다. 그것과 관계된 문단을 한번 인용해 보겠습니다.

> 판단의 기능에 의해 이루어지는 다른 종류의 결정 — 표상 가능한 어떤 것의 사실적 존재에 대한 현실 검증 — 은 원래 쾌락-자아에서 발전해 나온 것이 확실한 현실-자아의 관심사이다. 이제 지각된 것(어떤 사물)이 자아 속으로 들어오느냐 않느냐의 문제가 아니라, 표상으로서 자아 속에 있는 것이 지각(현실) 속에서 재발견될 수 있느냐의 문제이다. 그것이 다시 한 번 외부와 내부의 문제임을 우리는 알 수 있다. 비현실적인 것, 단순히 표상적이고 주관적인 것, 이런 것은 오직 내적일 따름이다. 반면에 현실적인 것은 외적인 것이기도 하다. 발전의 이 단계에서 쾌락 원칙에 대한 고려는 옆으로 제쳐놓는다. 어떤 사물(충족 대상)이 좋은 속성을 지녀서 그의 자아 속으로 끌어들일 가치

13 프로이트, 『정신분석의 탄생』(임진수 역), 열린책들, 201쪽 참조.

> 가 있는 것이냐의 문제뿐만 아니라, 그것이 외부 세계에 실제로 존재하여 필요한 때 언제고 그의 손에 넣을 수 있느냐의 문제가 중요하다는 사실이 경험을 통해 밝혀졌다. 이 전진 단계를 이해하기 위해서 우리는 모든 표상이 지각에서 나왔고, 지각의 반복이라는 사실을 기억해야 한다. 그래서 원래는 표상이 존재한다는 사실만으로도 표상된 대상이 실재한다는 보증이 되었다. 주관과 객관의 대극 관계가 처음부터 존재한 것은 아니다. 사고는 한때 지각되었던 것을 표상으로 재생시킴으로써 — 외부의 대상이 그대로 존재할 필요는 없다 — 다시 한 번 그것을 정신의 표면에 둘 수 있는 능력을 보유하고 있기 때문에, 그러한 주・객관의 대극 관계가 생긴 것이다. 그러므로 현실성 검사의 첫 번째 직접적인 목적은 표상된 것과 일치하는 어떤 대상을, 그것이 기억에 아직도 존재한다는 것을 확신하기 위해서 <재발견>하는 것이다. 또 다른 사고 능력이 주관적인 것과 객관적인 것 사이의 차별화에 기여했다. 표상으로서 지각의 재생산은 반드시 충실한 것만은 아니다. 그것은 어떤 것은 빠뜨려서 수정되기도 하고, 여러 요소들을 합병함으로써 바뀌기도 한다. 그 경우, 현실 검증은 그러한 일탈이 어느 정도인가를 조사해야 한다. 그러나 분명히 현실 검증을 설정하는 전제 조건은 한때 진정한 만족감을 안겨 주었던 대상들을 잃고 말았을 것이라는 것이다.
>
> —「부정」, in『정신분석학의 근본 개념』, 열린책들, 448~9쪽

여기서 가장 중요한 대목은, 존재 판단은 <사물을 현실 속에서 되찾는 것>이지 <현실 속의 사물을 자아 속으로 받아들이는 것>이 아니라는 것입니다. 따라서 사물은 최초의 충족 체험 시에 지각된 것이고, 존재 판단은 그러한 사실적 존재에 대한 현실 검증의 기능을 수행하는 것입니다. 프로이트는 여기서 한 발 더 나아갑니다. 그는 그것을 <쾌락 자아에서 발전해 나온 것이 확실한 현실 자아의 관심사>라고 정의함으로써, 존재 판단을 현실 자아(내지는 현실의 원칙)와 연결시키고, 속성 판단을 쾌락 자아(내지는 쾌락의 원칙)와 연결시키고 있습니다. 그리고 전자를 현실적이고 외적인 것으로, 후자를 표상적이고 비현실적이고 주관적이고 내적인 것으로 규정합니

다. 여기서 우리가 주목할 것은, 전자가 현실적이고 외적인 것이라고 해서, 그것을 물리적 공간을 차지하고 있는 물건과 혼동해서는 안 됩니다. 그렇다면 어떻게 됩니까? 주관적이거나 표상적이 아니면서, 동시에 3차원적 공간의 사물이 아니라면, 프로이트의 <사물>은 과연 무엇일까요? 사실 프로이트는 그 두 사물을 구분하지 못했습니다. 그러한 사실을 날카롭게 지적하면서, 프로이트의 사물을 <실재계>로 연결시키며 그것들을 구분해낸 사람은 라캉입니다.[14]

존재판단	속성판단
실재적 존재	대상의 질
현실적이고 외적인 것	표상적이고 내적이고 비현실적인 것
현실 자아	쾌락 자아
현실 검증	쾌락의 원칙, 현실의 원칙
실재계, 큰사물	상징계, 상상계

기왕에 말이 나왔으니 말인데, 여기서 라캉에게로 가는 문 — 아주 좁은 문 — 을 하나 더 발견할 수 있습니다. 만약 우리가 <현실 자아가 쾌락 자아로부터 나왔다>는 말로부터, 라캉의 실재계 — 정확히 말하면 <큰사물> — 가 상징계[15]로부터 추방된 것이라는 정의를 읽어낸다면 너무 비약

14 라캉이 프로이트의 <das Ding>을 <대문자 사물(La Chose)>로 번역하는 것은 <사물>에 실재계의 의미를 부여하기 위한 것이 분명합니다. 왜냐하면 원래 독어에서는 모든 명사를 대문자로 쓰기 때문에, 프로이트의 <das Ding>을 특별히 대문자로 강조된 것이라고 볼 수 없기 때문입니다. 따라서 라캉이 그것을 대문자 <la Chose>로 번역한 것은 특별한 의미가 있는 것입니다.

15 속성이 표상으로 구성되는 세계라면, 그것은 라캉의 상징계와 상상계에 해당한다고 할 수 있습니다.

하는 것일까요? 여기서 중요한 것은 큰사물이라는 존재는 상징적 법 때문에 현실로부터 영원히 추방된다는 사실입니다. 다시 말해 큰사물은 상징적 법(상징계)이 없으면 존재하지 않는 것입니다.[16]

그러한 사물과 표상은 원래 일치했었습니다. 그래서 처음에는 표상이 존재한다는 사실만으로도 표상된 대상이 실재한다는 보증이 되었습니다. 즉, 주관과 객관이 대극 관계에 있었던 것은 아닙니다. 그러던 것이 기억(또는 사고)으로 재생되면서 주관과 객관의 대극 관계가 생기며, 현실과 표상도 분리되기에 이르렀던 것입니다. 여기서 주관과 객관, 표상과 현실 사이의 분리에는 언어가 개입한다는 사실을 알 수 있습니다. 왜냐하면 언어는 사고로 재생되기 위한 필수적인 수단이기 때문입니다.

이 문단에서 우리가 눈여겨보아야 할 것이 비단 그것만은 아닙니다. 만약 현실 검증과 존재 판단이 <사물을 되찾는 것>이라면, 그 사물은 잃어버린 현실이라는 전제 조건이 있어야만 존재 판단이 성립한다는 것입니다. 그렇습니다. 프로이트의 사물은 근친상간의 대상으로 금지됨에 따라 주체로부터 영원히 떨어져 나간 것입니다. 즉 그것은 <어머니>입니다. 그에 따라 주체는 구조적으로나 실천적으로 그것에 접근할 수 없습니다. 우리는 그것을 그리움의 대상으로만 만날 수 있을 뿐입니다. 그렇다면 표상으로 된 속성의 부분은 어떻게 되는 것일까요? 한 가지 예를 든다면, 그것은 쾌락의 원칙이 적용되는 부분으로, 억압되어 무의식에 처하게 됩니다. 말하자면 무의식은 그러한 억압된 표상으로 구성되어 있는 것입니다.

2006년 11월 1일

16 그러나 라캉은 후기에 이르면, 상징계를 실재계에 우선하는 것으로 보던 전기 이론을 뒤집어, 실재계를 상징계에 우선하는 것으로 봅니다.

X

l'a-chose

욕망의 원환면
〈네 이웃을 네 몸처럼 사랑하라〉
〈la Chose〉와 〈l'a-chose〉
res와 〈거 뭐꼬?〉
기억 흔적과 문자

우리는 지난 시간에 욕망 투여와 지각 투여가 공통된 부분 — 이 부분은 불변적인 부분입니다 — 을 <사물(das Ding)>이라 하고, 욕망 투여 중에서 가변적인 부분을 <속성>이라 부른다는 것을 알았습니다. 다시 말해 최초의 충족 체험 시에 일어났던 어떤 지각 이미지의 기억 흔적에 대한 투여 — 이것이 욕망 투여이고 지각의 동일성을 실현하고자 하는 마음의 움직임입니다 — 와, 지각을 통해서 들어오는 지각 투여가 일치하는 부분을 <사물>이라고 하고, 욕망 투여 중에서 <사물>의 부분을 제외한 나머지 부분을 <속성>이라고 합니다. 그런데 그러한 욕망 투여에는 반드시 <이웃>의 매개가 필요합니다. 물론 그 <이웃>은 <어머니>로 대표될 것이 뻔합니다. 따라서 <사물>은 어머니라는 존재 자체[1]이고, <속성>은 주체에게 쾌락을 제공했던 지각의 질적인 부분입니다. 그러나 어머니라는 존재 자체는 근친상간의 대상이기 때문에 금지되어야 하고, 그에 따라 사물은 주체의 접근을 허락하지 않는 금지 구역을 구성하게 됩니다. 그것이 라캉이 말하는 <la Chose(큰사물)> 입니다. 그리하여 큰사물은 현실로부터 영원히 추방되는 현실이라고 정의할 수 있습니다. 더 정확히 말하면 그것은 상징적 법(상징계)의 개입으로 말미암아 현실로부터 영원히 추방된 현실 — 즉 실재계 — 입니다. 말하자면 라캉에게 현실은 두 가지 — 전자의 현실과 후자의 현실 — 가 있는 셈입니다. 라캉은 그것들을 구분하기 위하여, 후자의 현실에 실재계라는 별도의 이름을 부여합니다. 그와 맥을 같이하여, 라캉에게 어머니도 실재하는 어머니와 실재계로서의 어머니 — 라캉이 <큰사물>이라고 명명한 — 로 나뉩니다.

다른 한편, <속성>은 사물과는 다른 운명의 길을 걷습니다. 그것은 우선 표상으로 이루어져 있습니다. 사물이 <일종의 현실>[2]이라면, 표상은 <일종의 언어>입니다. 프로이트에 따르면, 그 표상은 의식에서 거부되어 억압되느냐의 여부에 따라 사물 표상과 언어 표상으로 나뉩니다. 다시 말해 억압되어 무의식을 구성하는 것이 사물 표상이고, 반면에 그 사물 표상이 의식화되고 언표화되려면 언어 표상과 결합되어야 합니다. 그렇게 해서 구성된 심역이 전의식입니다. 우리는 여기서 간과할 수 없는 두 가지 사실을 도출해낼 수 있습니다. 하나는 억압은 프로이트의 속성과 관계하는 것이지 사물과 관계하는 것이 아니라는 사실이고, 다른 하나는 따라서 사물은 억압된 표상으로 이루어져 있는 무의식과 다른, 또는 무의식 밖에 있는 것이라는

1 라캉이 <la Chose>를 칸트의 <사물 자체(Ding an sich)>에 견주는 까닭이 여기에 있습니다.
2 일종의 현실이라고 해서 일반적인 의미의 현실과 혼동해서는 안 됩니다. 그것은 실재계로서의 현실입니다.

사실입니다. 라캉이 무의식(과 전의식)을 상징계의 범주에 소속시키고 실재계를 따로 구분하는 이유가 바로 거기에 있습니다. 왜냐하면 프로이트의 이론 체계에서 무의식(과 전의식)은 사물 표상과 언어 표상으로 구성되어 있고,[3] 그것들은 라캉에 이르러 기호형식이라고 불리면서 언어 상징의 장소인 상징계를 구성하기 때문입니다. 라캉이 무의식을 언어처럼 구조화되어 있다고 말하는 까닭이 거기에 있습니다.

질문 : 그렇다면 프로이트의 그거와 라캉의 실재계의 관계는 어떻습니까?

답변 : 그거가 욕동의 중심이라는 점에서는 실재계의 정의와 구분해야 하지만, 프로이트에게 무의식과 그거의 관계는 라캉에게 상징계와 실재계의 관계와 같다고 말할 수 있습니다. <도표 L>에서도 기호형식의 장소이자 무의식의 무대인 <큰타자>와 동음이의어의 관계로서 그거(Es)를 암시하고 있는 <S>(물론 S는 주체(sujet)의 약자입니다)는 서로 마주 보고 있지 않습니까?

질문 : 그렇다면 <도식 L>에서 <대상 a>는 어디에 위치합니까?

답변 : <도식 L>의 <a>와 <대상 a>를 동일시하기는 어렵겠지만(왜냐하면 이미 공부했듯이, <도식 L>이 그려질 때에는 아직 <대상 a>라는 개념이 탄생하지 않았기 때문입니다), 위니컷의 과도적 대상이 주객이 분리되는 중간 단계 — 즉 합체와 자아 형성 사이 — 에 위치한다는 점을

3 무의식과 전의식이 표상으로 구성되어 있다는 점에서만 상징계에 속하는 것일 뿐, 무의식과 전의식 — 특히 전의식 — 에는 상징계에 속할 수 없는 다른 특성들이 있습니다. 그 특성들 — 검열에 의해 변형 왜곡되어 오인의 구조를 갖고 있다는 점 — 은 프로이트의 전의식을 라캉의 상상계에 위치시킵니다.

감안한다면, <대상 a> 역시 그거(S)와 큰타자(A) 사이에 있지 않겠습니까?

그보다는 <대상 a>를 큰사물과의 관계에서 정의하는 것이 좋습니다. <대상 a>는 상징계의 개입으로 주체와 큰사물이 분리될 때, 그 둘 모두에게서 떨어져 나간다고 생각되는 공통적인 부분 대상입니다. 그래서 라캉은 그것을 <파편> 또는 <나머지>라는 말로 규정하려고 했던 것입니다. 그로부터 저는 그것을 일식을 상징하는 <검은 태양>에 비유했던 것이고요. 다시 말해 달에 의해 가려진 태양을 큰사물이라고 한다면, 그 가장자리에 나타나는 찬란한 후광을 <대상 a>라고 할 수 있습니다. 그러나 그 비유는 <대상 a>가 공백(vide)으로 존재한다는 것을 적절히 전하지 못합니다. 그렇다면 그것을 태양의 <흑점>에 비유해봅시다. 흑점은 다 알다시피 태양의 표면에 나타나는 어두운 반점으로 온도가 낮은 것과 엄청난 자기장을 형성하여 지구에 강력한 영향을 미치는 것입니다. 따라서 태양의 한 점(부분 대상)이라는 점에서, 그리고 강력한 영향(<대상 a>의 흡인력)을 발휘한다는 점에서, 그리고 온도가 죽은 지점(공백)이라는 점에서 <대상 a>에 대한 적절한 비유인 것 같습니다. 그러나 태양이 어엿하게 가시적으로 존재한다는 점에서, 그것은 큰사물을 떠올리기에 부적절합니다. 큰사물은 오히려 블랙홀에 가깝습니다. 블랙홀은 구멍이지만 모든 것을 끌어들이는 구멍이듯이, 큰사물도 주체의 욕망의 원점에서 그것을 끌어들이는 원인이자 목적입니다. 게다가 주체의 욕망이 구멍 주위를 빙빙 돌면서 구멍 속으로 빨려 들어간다는 점에서도 동일합니다. 그 움직임의 끝에는 구멍만이 있을 뿐입니다. 그리하여 라캉은 그러한 욕망의 움직임을 위상학적으로 원환면(la tore)을 그려 보여줍니다. 원환면은 튜브의 표면을 생각하면 됩니다. 튜브의 표면을 돈다고 하면, 두 빈 공간(구멍)의 가장자리를 이중적으로 도는 셈입니다. 다시 말해 튜브 속의 빈 공간을 돌면서, 동시에 튜브 중앙에 있는 빈 공간을 도는 셈입니다. 여기서 중앙의 빈 공간은 큰사물에 해당하고, 튜브 속의 빈 공간은 <대상 a>에 해당합니다. 그것은 다음과 같은 그림으로 그릴 수 있습니다.

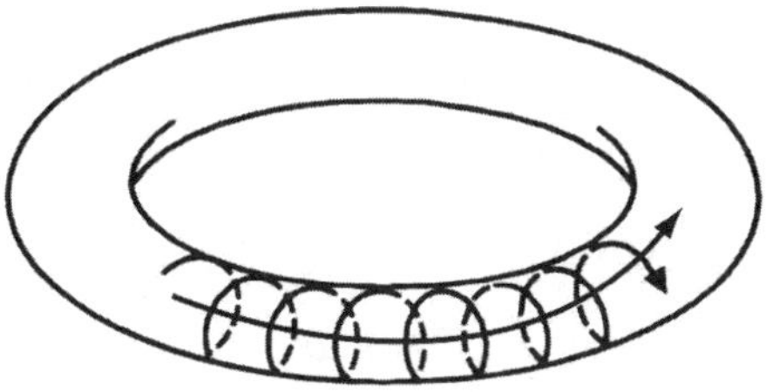

〈원환면〉

정은경 : 그것을 보면 공전과 비슷하네요?

답변 : 그렇지요? 저도 처음에는 지구는 태양 주위를 돌고, 달은 지구 주위를 도는 이미지가 떠오르더라고요. 여기서 태양은 큰사물이고, 지구는 그것의 파편인 <대상 a>이고, 달은 주체의 욕망이 되겠지요. 그런데 그 비유는 구멍으로서의 큰사물과 <대상 a>를 잘 보여주지 못한다는 단점이 있습니다. 아무튼 여기서 중요한 것은, 큰사물과 <대상 a>를 만나지 못하는 한에서만 쾌락의 원칙이 유지된다는 것입니다. 만약 그것들을 직접 만나게 된다면, 그것은 죽음(의 공포)입니다. 따라서 그것들을 만나지 못하는 것이 오히려 다행스러운 일입니다. 사탕은 깨물어 먹지 않고 빨아먹어야 맛있는 법입니다.

이것을 「부정」에 나오는 존재 판단과 속성 판단에 견주어서 이야기해봅시다. 존재 판단은 자아의 핵을 구성하는 최초에 잃어버린 <사물(das Ding)> — 라캉의 <큰사물(la Chose)> — 을 현실 검증을 통해 되찾는 것이고, 속성 판단은 어떤 사물이 특수한 속성을 가졌느냐 갖지 않았느냐를 판단하는 것입니다. 다시 말해 후자는 좋거나 나쁜 속성, 이롭거나 해로운 속성에 관한 것으로, 그것은 좋거나 이로운 속성을 가진 것은 내 것으로 받아들이고 그렇지 않은 것은 자기 밖으로 내몰고 싶은 충동으로 이어집니다. 따라서 후자는 쾌・불쾌와 관계하고 있는 것입니다. 결국 속성 판단은 잃어버린 사물을 되찾으려는 운동(존재 판단)의 부산물인 셈입니다.[4] 그러나 사물은 영원히 상실된 대상이기 때문에, 속성 판단의 움직임은 사물에 결코 도달하지 못한 채 그 주위를 맴돌면서 쾌락을 챙기기만 할 뿐입니다. 어찌 보면 쾌락은 사물의 질로부터 오는 것이라기보다 사물 주위를 도는 행위 자체에서 오는 것인지 모릅니다. 그 결과 사물과 속성, 존재와 표상의 관계는 마치 대립관계인 것처럼 진행됩니다. 상징계와 실재계도 마찬가지입니다. 그것들은 상호 배타적입니다.

그러나 지각의 동일성이 보장되기 위해서는, 다시 말해 충족 체험이 갱신되기 위해서는 그 체험이 지향하는 목표-대상(즉 사물)이 반드시 있어야 하며, 또한 그 목표-대상과 지각의 동일성을 중재할 이웃이 필요합니다. 왜냐하면 그 사물이 어머니를 지칭하는 것으로 알고 있지만, 사실 큰사물로서의 어머니의 자리를 대신하여 실제 지각을 야기할 수 있는 사람은 실재하는 어머니가 아닐 수 있을 뿐 아니라, 실재하는 어머니를 포함하여 모든

4 프로이트는 존재 판단이 속성 판단 다음에 온다고 말하지만, 그것은 판단의 순서이고, 논리적 순서는 존재 판단이 속성 판단에 선행한다고 할 수 있습니다. 왜냐하면 속성은 존재를 전제하고 있기 때문입니다.

이웃(Nebenmensch)[5]이 그 자리에 앉을 수 있기 때문입니다. 단지 실재하는 어머니가 지각의 동일성을 재현하는 대표적인 이웃이라고 알려져 있을 뿐입니다. 따라서 그 이웃은 근본적으로 자아를 닮았으면서, 금지된 대상이기 때문에 낯선(fremde)[6] 대상이며, 욕망의 근원이면서 동시에 욕망이 지향하는 궁극적인 목적입니다. 따라서 그것은 주체에게 지고선으로 비치게 마련이며 신과 같은 구원의 힘을 갖고 있는 것처럼 느껴지게 마련입니다.

정은경 : 지난 세미나에서 말씀하신 <네 이웃을 네 몸처럼 사랑하라>라는 금언과 관련해서 이웃의 개념을 다시 한 번 설명해주십시오.

답변 : 어머니라는 이웃은 내 몸처럼 사랑했기 때문에, 금지되어 현실로부터 영원히 추방된 이웃입니다. 그런데 역설적으로 영원히 금지되기 때문에 더욱더 내 몸처럼 사랑할 수밖에 없는 대상입니다. 게다가 방금 전에 말씀드렸듯이, 큰사물로서의 어머니는 욕망의 방향을 잡아주는 중추이기 때문에, 모든 욕망은 그것을 지향하고, 그것 때문에 존재합니다. 따라서 그것은 인간 주체를 살아 움직이게 하는 원인자, 즉 절대적 타자입니다(신이라고 해도 좋습니다). 그것은 주체에게 <나를 네 몸처럼 사랑하라>고 말합니다. 그곳은 그러한 명령의 소리가 흘러나오는 원천입니다. 그러나 우리는 그것이 무엇인지 말로 표현할 수 없습니다. 단지 그 말이 우리에게 전해지는 것을 통해서 그것이 존재

5 「과학적 심리학 초고」에 보면, 이웃에 관한 기술이 몇 군데 나옵니다.(특히 『정신분석의 탄생』, 열린책들, 315쪽 참조)

6 이것은 <섬뜩함(unheimlich)>의 감정과 통합니다. 다 알다시피, 섬뜩함은 친숙했던 것이 갑자기 낯설고 두렵게 느껴지는 감정을 말합니다. 이것에 대해서는 다음 세미나에서 자세히 다룰 예정입니다.

한다는 것을 알 수 있습니다. 다시 말해 그의 말이 그의 증거입니다. 마치 여호와 하느님의 말이 그의 존재 증거가 되었듯이 말입니다. <태초에 말이 있었다. 말은 하느님과 함께 있었다. 말은 곧 하느님이었다.>(요한복음 1장 1절)

라캉은 큰사물의 그러한 특성을 잘 규정하고 있습니다. 제가 나누어드린 자료를 보십시오. 그 자료의 두 번째 인용문을 보면, 쾌락의 원칙이 지배하고 있는 표상의 움직임은 큰사물을 축으로 돌고 있다는 것을 보여줍니다.

> 사물(Ding), 그것은 논리적으로 그리고 동시에 연대기적으로 심리에서 세계를 조직하는 최초의 지점에 있는 것으로, 프로이트가 소위 쾌락의 원칙(뉴런 장치의 기능과 관련된)이라는 조정 원칙에 의하여 지배되는 것으로 보이는 표상(Vorstellung)의 모든 움직임이 그것을 중심으로 도는 생소한 항으로 따로 떨어져 나타난다. 상징적 과정이 빽빽하게 짜여 있는 한, 인간에게 아주 특수한 모든 적응 발전은 Ding을 축으로 돈다.
>
> —『세미나 VII: 정신분석의 윤리』, 71~2쪽

그리고 세 번째 인용문에서는 큰사물의 표상 불가능성을 <기호내용-바깥>이라는 재미있는 조어로 표현하고 있습니다.

> Ding은 근원적으로 우리가 기호내용-바깥(hors-signifié)이라고 부르는 것이다. 주체는 그러한 기호내용-바깥의 기능으로서의 그것과 거리를 유지하면서, 모든 억압에 선행하는 최초의 정동 관계를 구성한다. [⋯] 그러한 Ding과의 관계에서 최초의 방향성, 최초의 선택, 최초의 주체의 방향(우리가 경우에 따라 신경증의 선택[Neurosenwahl]이라 부르는)의 토대가 이루어지는 것이다."

—『세미나 VII: 정신분석의 윤리』, 67~8쪽

그러나 저에게 진정으로 재미있는 표현은 <쾌락 좌표>라는 말이었습니다.

> 프로이트의 세계, 다시 말해 우리 경험의 세계에서 되찾아야 할 것은 주체의 절대적 큰타자로서의 Ding이라는 그 대상이다. 그러나 우리는 그것을 기껏해야 회한[그리움]으로써 되찾는다. 우리가 되찾는 것은 그것이 아니라, 그것의 쾌락 좌표들이다.
>
> —『세미나 VII : 정신분석의 윤리』, 65쪽

그것은 큰타자로서의 사물을 주체는 그리움으로써만 만날 수 있을 뿐, 실제로는 결코 만나지 못한다는 말을 하는 가운데 나온 말로, 주체는 기껏해야 큰사물을 둘러싸고 있는, 기호로 된 가장자리 표면을 계속 어루만지며 쾌락을 느끼는 것에 만족할 수 있을 뿐이라는 뜻입니다.

저는 이 문단을 읽으면서 <기호-인간> 또는 <언어-인간>이라는 표현이 떠올랐습니다. 그것은 심리적인 차원에서뿐 아니라, 육체적인 차원에서도 언어처럼 구조화된 인간을 말합니다. 말하자면, 성감대는 언어처럼 구조화되는 것입니다. 그러한 어려운 표현이 아니더라도, 육체가 기호화될 때, 다시 말해 육체에 언어가 써질 때, 육체는 가뭄에 거북등처럼 갈라진 논바닥처럼, 쫙쫙 갈라져 그 틈 사이로 심연을 드러냅니다. 생각해보십시오. 눈꺼풀과 눈썹과 이마라는 말이 눈과 머리 사이에 써질 때, 연속적으로 이어져 있던 것이 갈라지며 그 경계에 언어가 미치지 못하는 틈이 생깁니다. 그 틈 사이로 한 조각의 육체가 명명되지 않고 기호 밖으로 떨어져 나갑니다. 그리고 그곳은 빈 공간으로 남습니다. 그러한 <기호-육체>를 애무한다고 생각해봅시다. 사실 우리는 육체 자체의 아름다움을 향유하고 있다고 생각하지만, 실제로는 기호를 애무하고 있는 것이며 또한 갈라진 틈을 상상의 공간으로 채우면서 환상을 즐기고 있는 것입니다. 실제로 거북등을 만지고 또 만진다고 생각해보십시오. 그러면 살은 허물고 심지어 피까지 흘리지 않겠습니까? 이렇게 우리는 기호 속에 포함된 사물의 죽음을 즐기고 있는 것입니다. 대상 자체의 향락은 불가능한 향락입니다. 왜냐하면 향락은 기호와 기호 사이의 결핍을 매개로 한 향락이기 때문입니다.

다시 본론으로 돌아가서, 그렇다면 큰사물과 <대상 a>는 대체 어떤 관계가 있을까요? 라캉은 1969년의 한 세미나에서 다음과 같이 말하고 있습니다.

> <la chose>를 나는 <l'achose>라고 쓸 것이다. 그것은 사물이 그것의 현존을 드러내지 않는다는 것을 지적하기 위함이다.
>
> —『세미나 XVI : D'un Autre à l'autre』(1968~69), 69년 1월 15일 세미나, 미간행

우리는 이 인용문을 통해, 라캉이 말놀음을 통하여 큰사물과 <대상 a>의 관계를 확실하게 보여주고 있음을 알 수 있습니다. 한마디로, 라캉에게 <la Chose(큰사물)>은 <l'achose[(대상) a-사물]>입니다. <l'achose>는 정관사와 명사로 된 <la Chose>를 한 단어로 결합한 뒤, 그것을 다시 관사(l')와 명사(achose)로 분해한 조어입니다. 게다가 이 세미나 이후에는 <achose> 마저 <a>와 <chose>가 하이픈으로 연결되어 <a-chose>가 됨으로써, <l'a-chose>가 무엇을 의미하는지를 분명히 하고 있습니다. 우선 그 말놀음은 <a>가 <chose>에서 분리된 부분이라는 것을 보여주고 있습니다. 뿐만 아니라, 그 조어는 <a>가 사물 — 즉 실재계 — 의 속성을 가지고 있으며, 또한 큰사물은 그 현존을 직접 드러내지 않고 <a>를 통해서만 드러난다는 것을 말해주고 있습니다.[7] 그뿐만이 아닙니다. 만약 <a->를 부정을 나타내는 접두사라고 본다면, <a>는 <반-사물>적인 특성을 지니고 있는 것으로 해석될 수도 있습니다. 사실 <a>는 실재계의 속성뿐만 아니라, 이미

보았듯이, 상상계적이고 상징계적인 속성을 모두 갖고 있습니다. <a>는 보로메오의 매듭에서 세 고리를 연결하는 쐐기로 나타납니다. 이렇게 <l'a-chose>라는 말은 큰사물과 <대상 a>의 관계를 완벽하게 그려 보여줍니다. 그리하여 라캉은 다음과 같은 말로, 그 조어를 자화자찬합니다.

> 그 단어[l'a-chose]는 아주 이상한 속성을 가지고 있다. 그 말은 사물을 만든다. 나는 동음이의어로 그렇게 쓰고 싶다.
>
> —「결론의 순간」, 77년 11월 15일 세미나, 미간행

<l'a-chose>라는 단어가 <사물>을 만든다는 말은 무슨 뜻일까요? 그 말은 한마디로, 그 말 자체가 실재계로서의 <사물>의 위엄을 갖는다는 말입니다. 그렇다면 <사물의 위엄>이라는 말은 또 무엇일까요? 그것은 말 그대로 <사물의 기능과 자격을 갖추었다>는 뜻입니다. 따라서 위의 말은 <l'a-chose>라는 <글자> 자체가 사물 — 즉 큰사물 — 의 기능과 자격으로 승격한다는 말입니다(이것이 라캉의 승화 개념입니다).

사르트르는 『문학이란 무엇인가?』(김붕구 역, 문예문고, 9쪽)에서 <문학적 언어는 사물이다>라는 유명한 명제를 내놓습니다. 프로이트도 『꿈의 해석』에서, <꿈속에서 언어 표상은 사물 표상화한다>고 말하고 있습니다. 그것은 언어가 꿈속에서는 실제 물질처럼 작용한다는 말입니다. 즉 언어 자체가 단순한 의미에 그치지 않고 환각화하여 꿈꾸는 사람이 그 언어를 사물처럼 보고 만지고 지각할 수 있다는 것입니다. 아마 라캉의 앞의 말도 그러한 문맥에서 크게 벗어나지 않을 것입니다. 다시 말해 그의 자화자찬에 따르면, <l'a-chose>라는 말은 사르트르 식으로 말하면 시적 언어로 작용하고 있고,

---

7 따라서 큰사물은 부분적으로만 자신을 드러냅니다. 이렇게 큰사물의 진실은 반쯤만 몸을 드러내는 것입니다.

프로이트 식으로 말하면 <사물 표상화>하고 있다는 것입니다.[8] 라캉이 제임스 조이스의 문학에 심취하는 이유는, 그가 기존의 언어를 해체함으로써 최초의 문자가 태어나는 순간 — 그 순간은 문자가 사물이 되고 사물이 문자를 만드는 순간입니다 — 을 맛보려고 했기 때문입니다. 이러한 사물화 현상은 비단 문학에만 있는 것은 아닙니다. 일본의 어떤 유명한 작가는 어떤 그림 앞에서 오르가즘을 느끼며 졸도했다고 합니다. 그 그림이 그 작가에게 <큰사물의 위엄>을 띠었던 것입니다. 그렇습니다. 라캉은 그 <글자>에서 제임스 조이스나 일본 작가의 경험이 보여주는 <큰사물의 위엄>을 부여하고 싶었던 것입니다. 사실 라캉은 <큰사물의 위엄>이라는 표현을 자주 씁니다. 그가 동음이의어를 이용하여 새로운 단어를 만들려고 한 것도 그러한 차원에서 생각해볼 필요가 있습니다.[9] 라캉에게 승화는 이렇게 어떤 대상이 큰사물의 위엄으로 상승하는 것에 지나지 않습니다.[10]

김소희 : 라캉의 『에크리』와 『세미나』들이 일반적인 책이나 글처럼 쓰이지 않고, 중간 설명 단계를 생략한 채 마구 건너뛰면서 쓰인 것도 그러한 문맥에서 볼 수 있습니까?

답변 : 마치 제임스 조이스의 글쓰기인 셈이지요. 일전에 저는 재미있는 말놀음을 들은 적이 있습니다. 누가 저에게 <아주머니> 속에는 무엇

8 그러나 <언어 표상의 사물 표상화>(프로이트)나 <사물로서의 시적 언어>(사르트르)는 라캉이 말하는 <큰사물의 위엄>과는 구분되어야 합니다.

9 그 한 예가 <hommelette>입니다. 그것은 <omelette(오믈렛)>와 동음이의어로, <homme(인간)>와 지소형 어미 <-ette>를 결합한 말입니다. 그리하여 그 신어는 <꼬마 인간>의 무정형 상태(즉 <오믈렛>)를 물질적으로 보여줍니다.

10 프로이트의 승화의 개념 — 성욕동의 에너지를 성욕과 관계없는 인간 활동에 전용하는 것 — 과 비교해보기 바랍니다.

이 있느냐고 하더군요. 그래서 <주머니>가 있다고 했습니다. 그럼 <주머니> 속에는 무엇이 있습니까? 물론 <머니(money)>가 있겠지요? 말놀음은 여기까지 진행되었습니다. 그런데 한 단계 더 있습니다. 그럼 <머니> 속에는 무엇이 있겠습니까? "바로 <니(너)>가 있다."고 질문자에게 대답해보십시오. 그러면 어떻게 되겠습니까? 말놀음을 하려는 사람은 아마 깜짝 놀랐을 것입니다. 마치 제임스 조이스나 라캉의 글쓰기는, <아주머니> 속에 무엇이 있느냐고 묻는 자에게, 중간 단계를 건너뛰고 바로 <니>가 있다고 대답함으로써 질문자를 당황스럽게 만들도록 조작되어 있습니다.

그런데 그 말에는 그 이상의 의미가 숨어 있습니다. 대상이 큰사물의 위엄을 띠기 위해서는 <대상이 문자가 되어야(objet fait lettre)> 한다는 것입니다. 사실 승화가 인간의 원초적인 욕동을 문화 활동으로 옮기는 것이라면, 대상이 큰사물 쪽으로 가는 것은 오히려 퇴행에 가깝지 않을까요? 큰사물이 모든 욕망의 원천이고, 모든 욕망은 큰사물을 중심으로 돌고 있다고 하더라도, 달리 말하면 대상의 원동력이 큰사물로부터 나온다고 하더라도, 승화는 문화 쪽에 있기 때문에 대상은 언어적 성격을 띠어야 합니다. 그것이 바로 문자입니다. 따라서 대상은 큰사물의 위엄을 띤 문자이고, 큰사물은 문자로서의 대상으로 대표되는 것입니다. 그 예를 늑대 인간의 <V>에서 찾을 수 있습니다. 그 글자는 늑대 인간에게 원초적으로 억압된 대표-표상(프로이트)이고, 큰타자의 위엄을 띤 <대상 a>(라캉)입니다.[11]

11 이것에 대해서는 우리의 『세미나 IV : 환상의 정신분석』(현대문학)을 참조하기 바랍니다.

선불교의 화두 중에 <이 뭐꼬?>라는 것이 있습니다. 우리는 큰사물에 대해서도 그 화두로 접근해야 합니다. <큰사물, 거 뭐꼬?> 저는 지금 <이 뭐꼬?>를 <거 뭐꼬?>로 바꾸어 말했습니다. <이 뭐꼬?>는 화자가 무언가를 들고 화자 쪽으로 관심을 돌리는 것이고, <거 뭐꼬?>는 화자로부터 멀리 있는 것이 무엇인지를 묻는 것입니다. 그렇습니다. 큰사물은 <이>가 아니라 <거>입니다. 사실 라캉도 큰사물에 대한 개념을 제시할 때, 처음부터 프로이트의 <das Ding>을 참조한 것은 아닙니다. 그는 오히려 라틴어의 <res>를 참조합니다.(「프로이트의 큰사물」, 1956) 그것은 모든 의미에서 프랑스어의 <chose>와 일치하는 단어로, 아주 넓고 막연한 의미를 갖고 있습니다. 우리말로 한다면 <것>에 해당한다고 할까요? <것>이라고 하니까 머릿속에 잘 안 들어오는 모양인데, 바로 그 징후가 <res>라는 단어가 갖고 있는 희미한 의미의 테두리입니다. 차라리 <그 거 있잖아?>라고 말할 때의 <거>에 해당한다고 말하면 이해가 빠를까요? 사실 제가 <거 뭐꼬?>라고 말하면서 <거>를 특별히 강조한 이유가 그것입니다. <거(또는 것)>은 주체와 무관하게 주체 밖에 있는 것이라는 뉘앙스가 있습니다. 라캉이 노린 것도 그것입니다. 라캉이 보기에, 환자의 말을 통해 드러나는 주체 밖의 무의식, 그것도 그 중심에 무엇인가 있는데, 그 <무엇>이 주체를 제치고 주체의 집에서 주인 행세를 하고 있을 뿐 아니라, 주체를 노예로 만들 정도로 주체에게 강력한 영향을 미치고 있었던 것입니다. 그 <무엇>이 라캉에게 문제였던 것입니다. 그것을 라캉은 라틴어의 <res>를 빌어 표현했던 것입니다.[12] 따라서 그것은 그야말로 <거>입니다. 그 <거>는

12 어쩌면 라캉은 <res(거 또는 것)>라는 말로써, 프로이트의 <Es(그거)>와 차별성을 두려고 했는지 모릅니다. 그것들은 서로 관련이 있으면서 동시에 서로 구분됩니다. 간단히 말하면, 전자는 실재계이고 후자는 무의식이 뿌리를 내리고 있는 욕동의 중심입니다.

앞에서도 말씀드렸지만, 상징계의 개입으로 말미암아 현실로부터 영원히 추방된 <것>입니다. 그러나 그것은 추방되었다는 사실로 해서 주체에게 그것을 향락할 수 있다는 환상을 불러일으킵니다. 다시 말해 금지를 위반하면 향락이 있다는 환상 말입니다. 그러나 그것은 영원히 불가능한 향락입니다. 게다가 그것을 만나면 죽음의 공포라는 끔찍한 환각적 현실만이 있을 뿐입니다. 따라서 우리는 큰사물과의 만남에 실패해야지만 정상적이고 온전할 수 있는 것입니다. 모세가 시나이 산에서 불타고 있지만 타 없어지지 않는 덤불로 현현한 하느님을 만났을 때, <두려운 낯섦>의 감정에 떨었던 것을 기억해보십시오. 그때의 하느님은 실재계의 실재로서 나타난 하느님이라고 말할 수 있습니다. 그러한 의미에서 하느님은 우리가 볼 수 없는 한에서만 경외하는 하느님입니다. 하느님을 직접 만나거나 보는 순간, 주체에게 하느님은 무색해져 버립니다. 왜냐하면 그때는 죽음이니까요. 존경과 경배도 살아 있을 때 가능한 것이지, 죽음 이후에는 죽음만이 있을 뿐입니다. 따라서 하느님과의 거리 유지는 우리가 하느님을 경배하기 위한 필수조건입니다.

김소희 : 그렇다면 에덴동산에서 추방되었기 때문에 우리가 인간이 되었다는 것이 되네요?

답변 : 예. 그렇게 말할 수 있습니다. 그것은 금지와 위반의 싸움입니다. 인간이 금지를 위반하니까, 하느님처럼 눈이 밝아질까 봐, 하느님이 인간을 에덴동산에서 추방했습니다. 따라서 금지 너머는 하느님의 영역으로, 그것을 넘어가면 인간이 하느님처럼 되는 것입니다. 정신분석적으로 말하면, 금지가 하느님이고, 금지 때문에 금지 너머에 하느님이 있다는 환상과 그리움을 갖게 된다고 말할 수 있습니다. 그것은

상징계에 의해 영원히 금지되고 추방된 큰사물이 향락의 환상을 불러일으키는 것과 같습니다. 따라서 큰사물의 향락은 불가능하지만, 모든 향락은 큰사물로부터 나옵니다. 욕망이 큰타자로부터 나오듯이 말입니다.

....

그러한 큰사물의 향락의 불가능성은 우리를 그것의 파편인 <대상 a>의 탐구로 몰고 갑니다. 알키비아데스와 소크라테스의 관계를 한번 생각해보십시오. 알키비아데스는 소크라테스의 언변에 끌립니다. 그의 담화를 들으면, 알키비아데스는 때로는 가슴이 두근거리고 때로는 울음이 나고 때로는 도망가기까지 합니다. 그에게 소크라테스의 담화는 그의 욕망을 매수하는 욕망의 대상 — 라캉의 용어로 아갈마 — 입니다. 여기서 우리는 그 대상의 특성을 끌어낼 수 있습니다. 우선 그것은 전체 대상이 아니라 부분 대상입니다. 그에 따라 부분 욕동의 하나인 청각 욕동이 부분 대상을 향유합니다. 둘째, 그러나 그것은 소크라테스에 속하는, 소크라테스가 소유하고 있는 것이 아닙니다. 소크라테스에 따르면, 그것은 자기에게 없습니다. 더 나아가 소크라테스는 그 대상이 알키비아데스의 결핍이 상상적으로 투영된 것이라는 것을 계속해서 지적합니다. 왜냐하면 인간은 결핍된 것을 욕망하기 때문입니다. 결핍되지 않은 것은 욕망할 필요가 없습니다. 여기서 <대상 a>의 상상적 속성을 엿볼 수 있습니다. <대상 a>는 하나인데 환상적 투영 대상이 무수히 많을 수 있는 것은 상상적 특성 때문입니다. 그러나 여기서 잊어서는 안 될 것은, 무엇이 상상되기 위해서는 반드시 그에 대응하는 상징적 언어가 있어야 한다는 것입니다. 마치 상상적 남근이 있기 위해서는 상징적 남근을 가정해야 하듯이 말입니다. 따라서 <대상 a>가 상상계적 속성을 지녔다고 하는 것은, 그것의 상징계적 특성을 전제하고 있습니다. 그것은 앞에서 말씀드렸듯이, 라캉이 <la Chose>를 <l'a-chose>로 표시하는 것에서 잘 드러나 있습니다. <la Chose>는 <a>-사물로 대표되면서 동시에 <a>는 문자로 승화됩니다. 이렇게 해서 <대상 a>는 상상계-상징계-실재계의 모든 성격을 다 가지고 있는 것으로 판명됩니다.

김소희 : 그런 이론은 임상을 통해 환자를 만나면서 발견 발전된 것 아닌가요?

답변 : 소희 씨는 저에게 라캉이 제시한 사례를 전해달라고 하는 것 같은데… 맞는 말입니다. 그러나 프로이트가 많은 사례가 있음에도 불구하고 환자의 인격을 보호하기 위하여, 문학작품 속의 허구적인 인물을 탐구 대상으로 삼았듯이, 라캉도 문학 예술 종교 철학 및 신화로부터 그 전거를 끌어옵니다. 그것을 역으로 이야기하면 프로이트와 라캉의 이론은 임상보다 문학과 예술에 더 잘 적용된다고 할 수 있을지 모릅니다. 라캉이 자기 자신의 사례를 분석 대상으로 삼지 않은 데에는 또 다른 이유가 있습니다. 다시 말해 거기에는 정신분석을 과학적 담화, 또는 추론 과학으로 만들려는 그의 배려가 숨어 있습니다. 아마 구체적인 사례, 임상 실천은 주관적 전이로부터 자유로울 수 없다고 생각한 것 같습니다.

질문 : 아까 <대상 a>를 문자라고 했는데요, 예전에 기억 흔적을 정의할 때도 문자라는 표현을 쓰셨던 것 같습니다. 기억 흔적과 <대상 a>의 관계를 설명해주십시오.

답변 : 좋은 질문입니다. 그렇지만 답변하기 무척 어려운 질문입니다. 분명한 것은 그것들이 일종의 문자라는 점에서 공통적으로 묶이지만,

엄연히 서로 다른 개념적 도구라는 사실입니다. 전자는 기억의 차원에 있고, 후자는 상징계와 실재계, 큰타자와 큰사물과의 관계로부터 나온 개념입니다. 그렇다고 그것이 전혀 무관한 것은 아닙니다. 프로이트는 기억의 여러 층위를 탐사해 들어가다가 기억 흔적을 설정했고, 그 기억 흔적이 어떤 관계로 이루어진 일종의 문자임을 발견합니다. 반면에 라캉은 전체와 부분의 관계를 탐구하다가 <대상 a>를 발견했고, 종국에는 그 <대상 a>가 문자임을 밝혀냅니다. 따라서 육체와 심리가 갈라지는 지점, 심리의 궁극 지점에서 문자를 발견하는 것은 서로 공통적이라고 말할 수 있습니다.

....

어차피 말이 나왔으니까, 기억 흔적과 무의식적 언어에 대해 다시 한번 살펴보지요. 기억 흔적이 무엇입니까? 기억 흔적은 어떤 사건이 기억에 기입되는 방식입니다. 가장 대표적인 것이, 여러분이 이미 알고 있듯이, 최초의 충족체험에 대한 기억 흔적입니다. 기억은 지각이 아닙니다.[13] 따라서 기억 흔적은 지각 이미지와 구분되어야 합니다. 그 말은 지각이 있는 그대로 기억에 새겨지는 것이 아니라는 뜻입니다. 지각을 통하여 들어온 이미지가 기억에 새겨질 때, 그것은 어떤 특수한 심리 과정을 통하여 <배열>됩니다. 그것은 기억 흔적의 차원이 <관계>로 이루어지는 세계라는 것을 의미합니다. 그렇습니다. 기억 흔적은 다른 기억 흔적과의 관계, 또는 연합을 통해 심리 속으로 진입할 수 있습니다. 따라서 기억 흔적은, 언어에

13 지각 장치는 자신의 기능을 수행하기 위해 굉장히 빠른 속도로 이전의 상태를 회복해야 하기 때문에(그렇지 않다면 다른 지각이 일어날 수 없기 때문입니다), 그 내용이 지속적으로 보존되는 기억 장치와는 구분되어야 합니다. 브로이어와 프로이트가 단 하나의 심리 기관이 지각과 기억을 동시에 충족시키기 불가능하다고 말하는 것은 바로 그 때문입니다.

대한 소쉬르의 정의에 따르면, 일종의 언어입니다. 소쉬르에 따르면, 언어는 그것을 구성하는 요소들끼리의 관계에 지나지 않기 때문입니다. 그러한 각도에서 기억 흔적은 사물이나 사건의 이미지가 사진을 찍는 것처럼 머릿속에 인각된 것 — 즉 엔그램 — 이 아닙니다. 그리하여 프로이트는 그것이 어떠한 감각적 자질이 없다고까지 말합니다. 대상의 시각적이고 청각적 자질을 포함하고 있지 않다는 말이지요. 그것은 언어학에서 말하는 지칭물과 기호의 무연성 — 소쉬르의 용어로 자의성 — 과 일맥상통한 말입니다. 예컨대 <나무>라는 말은 그것이 지칭하는 나무라는 사물과 아무런 관련이 없는 것입니다. 따라서 기억흔적은 단순히 기호라고 말할 수 있습니다. 그렇다면 한자와 같은 상형문자는 어디에 위치하는 것일까요? 상형문자가 사물의 이미지로부터 온 것은 사실이나, 그것이 일단 기호 체계 속에 편입되면, 다른 상형문자와의 관계에 의해 그 가치를 갖는 것이지, 대상과의 닮음이 그 문자에 의미를 부여하는 것은 아닙니다. 기억 흔적도 마찬가지입니다. 그것이 본질적으로 사물의 시각적 이미지로부터 유래한다고 할지라도, 그것은 이미 문자로 편입된 것이기 때문에, 다른 문자와의 관계에서 그 가치가 결정되게 마련입니다. 사실 프로이트 자신도 기억 흔적을 문자 체계의 한 요소나 글자에 비유하고 있습니다.

이제 그 기억 흔적은 재투여되면서 서로 다른 체계(즉 심역)에 서로 다른 방식으로 기록(재배열)됩니다. 그 대표적인 두 체계가 전의식계와 무의식계입니다. 전자는 언어 표상이 결합된 것으로 언제든지 현재화할 수 있는 기억이고, 후자는 사물 표상으로 이루어진 것으로 그 흔적이 있는 그대로 의식에 도달할 수 없는 기억입니다. 그런데 문자와 관련하여 우리가 주목해야 할 것은, 억압된 것으로 이루어진 무의식의 가장 밑바닥에 있다고 알려진, 최초로 억압되는 대표-표상(Vorstellungsrepräsentanz, représentant-représentation)입니다. 그것은 육체적인 것과 심리적인 것을 연결시켜주는 표상

(군)으로, 욕동은 그것을 매개로 하여 심리에 등록됩니다. 따라서 대표-표상은 최초의 기억 흔적과 내적인 욕동이 만나는 지점에 있는 표상으로, 욕동이 고착되고, 따라서 원초적으로 억압되는 표상입니다. 그런데 라캉은 그 대표-표상을 <대상 a>에 연결시키면서, <대상 a>를 문자(lettre 또는 écriture)라고 말하고 있습니다. 그러면서 라캉은 정신분석이 <대상 a>에 관한 치료로 요약된다면, 정신분석은 문자의 치료에 나서야 한다고 역설합니다. 마치 프로이트가 늑대 인간을 분석 치료할 때, <V>라는 문자의 치료를 통해서 했듯이 말입니다. 사실 표상은 일종의 기호이고, 대표-표상은 일종의 문자라는 점에서, 대표-표상과 <대상 a> 그리고 기억 흔적이 연결될 가능성은 이미 프로이트에게 내포되어 있었습니다.

···························

김소희 : 꿈은 문자로 꾸지는 않잖아요?

답변 : 물론 일반적으로 말하는 철자라는 의미의 문자로 꿈을 꾸지는 않습니다. 마치 책을 읽듯이 꿈을 꾸지는 않는다는 말입니다. 그리고 여기서 말하는 문자는 철자라는 뜻도 아닙니다. 여기서 말하는 문자는 사물 또는 대상의 이미지가 최초로 기억에 기입될 때(이때 내면적인 욕동이 심리에 동시에 등록됩니다), 기억에 써지는 글자를 말합니다. 아마 그것은 상형문자의 형태를 띠지 않을까요? 그리고 우리로서는 그것을 상형문자라고 말할 수밖에 없고요. 가령 동그라미 형태만 보면 도망가는 사람이 있다고 합시다. 그 사람에게 동그라미는 하나의 문자인 셈입니다.

김소희 : 어떤 기호 차원의 문자를 말하는 것은 아니지요?

답변 : 예. 그것은 언어학적인 의미의 기호 차원에 있는 것이 절대 아닙니다. 게다가 그것은 의미가 없기 때문에,[14] 더더욱 기호라고 말할

수 없습니다. 굳이 말한다면 기호형식이라고 말해야 합니다. 그러나 기호형식이 청각적 이미지에 중점이 두어져 있다는 점에서, 문자는 기호형식과도 구분되어야 합니다.

김소희 : 그렇다면 기억 흔적은 각인된 문자들로 이루어져 있습니까?

답변 : 문자는 기억 흔적의 핵이라고 말하는 것이 더 좋을 것 같습니다.

김소희 : 그러면 기억흔적에 각인된 문자를 언어로 풀어내는 것이 치료입니까? 환자들이 그러한 각인된 문자들이 어떤 것인지 알 수 없잖아요.

답변 : 프로이트의 관점에 따르면, 맞습니다. 그것을 언어 표상으로 의식화하고 언표화하는 것이 분석 치료에서는 무엇보다도 중요합니다. 그런데 <각인>이라는 표현을 자꾸 쓰시는데, 정신분석에서는 그냥 <기입(Niederschriften)>이라는 표현을 더 선호합니다. 왜냐하면 각인은 지각 이미지 또는 심리학의 엔그램과 연결되기 때문입니다.

김소희 : 어떤 책에서는 번역을 <이중각인>이라고 했던데요?

답변 : 무엇을 이중각인이라고 번역했는지는 모르겠지만, 프로이트가 <흔적>이라는 용어를 쓴 것은 오히려 선명하게 각인 기억되지 않고, 억압되어 기억이 상실되기 때문입니다. 그야말로 그것은 희미한 흔적으로만 남아 있지만, 잊히지 않고 의식에 출몰하는 어떤 것입니다. 프로이트가 <인간은 기억 때문에 괴로워한다>고 말할 때, <기억>에 해당하는 말이 명료하게 새겨진 <memory>가 아니라 무의식적인 희미한 기억인 <reminiscence>라는 것도 같은 문맥에 있는 사실입니

14 사실 의미(sens)와 의미작용(signification)도 구분해야 합니다. 라캉의 용어에서, 의미는 궁극적으로 육체적인 욕구의 명령으로 귀결되기 때문에, 문자는 그것의 누빔점입니다. 따라서 엄격히 말해 문자는 의미가 없는 것이 아니라, 의미작용이 없는 것입니다.

다. 기억 흔적은 보는 각도에 따라 글자가 나타났다 사라졌다 하는 마술판과 같습니다.

김소희 : 정상인들이 기억 흔적을 경험담처럼 이야기하는 것은, 비정상인이 그 기억 흔적을 언어로 풀어내지 못하는 것과 어떤 차이가 있습니까?

답변 : 기억 흔적이 무의식적인 것이라면, 그 기억 흔적을 어떤 사람도 경험담처럼 이야기할 수 없습니다. 무의식은 의식화할 수 있는 성질의 기억이 아니기 때문입니다. 그렇다면 무의식적인 기억 흔적과 관련하여 정상인과 비정상인은 어떤 차이가 있을까요? 프로이트에 따르면 무의식적 진실은 그것이 의식에 의해 인정되고 고백될 때까지 우리의 의식에 출몰하며 우리를 괴롭힙니다. 그 고통이 바로 증상입니다. 따라서 신경증 환자는 무의식적 진실을 인정하지 않고 언표화하지 않은 사람입니다. 가령 플라톤의 『향연』에 나오는 알키비아데스를 예로 들어봅시다. 그는 소크라테스를 진정으로 사랑한다고 믿고 있습니다. 그러나 그것이 과연 진실일까요? 라캉에 따르면 그것은 소크라테스의 욕망에 예속된다는 전제하에 이루어지는 전이적 사랑, 또는 사랑의 속임수입니다. 다시 말해 소크라테스로부터 욕망될 수 있는 존재이기를 욕망하면서, 다시 말해 욕망될 수 있는 존재라고 상상하면서, 소크라테스에게 사랑을 요구하는 것이지 소크라테스를 사랑하는 것이 아닙니다. 따라서 분석가는 분석자로 하여금 그 진실을 스스로 인식하고 진실한 사랑을 찾아가게 해야 합니다. 소크라테스의 예가 그러한 분석가의 위치를 잘 보여줍니다. 다시 말해 처음에 소크라테스는 알키비아데스에 의해 아갈마 — 또는 <대상 a> — 의 위치에 서지만, 계속해서 자신에게는 <대상 a>가 없다는 것을 알키비아데스에게 알림으로써, 알키비아데스로 하여금 <대상 a>는 존재 결핍에 의한 환상적

투영에 불과할 뿐 비어 있는 것이라는 사실을 깨닫게 하려고 노력하며, 나아가 그로 하여금 진정한 사랑의 대상을 찾아가도록 애씁니다. 그렇게 함으로써 소크라테스는 알키비아데스에게 진실을 몸소 보여주면서 진실을 보게 하는 것입니다.

2006년 11월 15일

XI

사물과 사물 표상

das Ding과 die Sache
증상, 네 번째 고리
죽음과 실재계
사물과 표상
공(空)과 무(無)와 공백(vide)

지난 세미나에서 큰사물과 <대상 a>의 관계를, 때로는 <검은 태양>, 때로는 흑점, 때로는 태양과 지구와 달에 비유해서 설명했습니다. 그러나 뭐니 뭐니 해도 라캉의 <원환면>의 비유가 가장 적절하고, 가장 정확한 것 같습니다. 그것은 두 가지 이유에서 그렇습니다. 하나는 원환면이 욕망의 항락이 두 공백을 이중적으로 돌고 있다는 것을 보여주고 있고, 다른 하나는 그 운동이 목표에 영원히 도달하지 못하고 기호형식으로 된 언어의 좌표 ― 튜브의 표면을 구성하는 ― 만을 핥고 있다는 점입니다. 게다가 <대상 a>라는 주변 공백이 큰사물의 중앙 공백으로부터 나와서 그 가장자리를 형성하고 있다는 것과, 동시에 욕망은 직접적으로는 <대상 a>의 공백을 돌지만 결과적으로 중앙 공백을 간접적으로 돌고 있다는 사실도 원환면이 갖고 있는 장점입니다. 아무튼 원환면은 <대상 a>와 큰사물 그리고 욕망의 관계를 위상학적으로 잘 보여줍니다.

그렇다면 오늘은 라캉에 의해 재해석된 (큰)사물(das Ding)과 무의식을 구성하고 있다는 사물 표상(Sachevorstellung)이 어떻게 다른지에 대해 알아보겠습니다.(두 개념 다 프로이트의 개념입니다.) 여러분이 다 알고 있다시피, 라캉은 <무의식은 언어처럼 구조화되어 있다>고 말합니다. 따라서 그 명제에 따르면, 무의식은 본질적으로 언어적입니다. 그러한 사실은 라캉으로 하여금 무의식을 상징계에 소속시키는 근거가 됩니다. 그러나 프로이트의 추종자들은 그러한 무의식의 언어적 본질에 대해 반대합니다. 왜냐하면 프로이트는 분명히 언어 표상(Wortvorstellung)을 사물 표상과 구분하여 따로 설정했을 뿐 아니라, 그것을 전의식의 전유물로 보았다는 것입니다. 따라서 그들이 보기에 무의식을 언어로 보는 것은 무리가 있는 것입니다.

그러나 라캉은 프로이트가 <das Ding>과 <die Sache>를 구분해서 썼다는 것을 강조하면서 상징계(the Symbolic)와 구분되는 <실재계(the Real)>라는 전대미문의 개념을 들고 나옵니다. 라캉에 따르면 <사물 표상(Sachevorstellung)>은 <언어 표상>과 함께 상징계에 속하고, <das Ding>은 실재계의 하나로 정의됩니다. 정통 프로이트주의자들에게 그것은 사물 표상의 사물적 본질을 희석화시킴으로써, 무의식의 개념을 혼란에 빠뜨리는 결과를 가져오는 것처럼 비쳤던 것입니다. 그렇지만 프로이트의 초기 저작 — 특히 『정신분석의 탄생』 — 을 자세히 읽어보면, 프로이트가 무의식을 특수한 종류의 언어 기호로 이루어져 있다고 생각했다는 것은 확실합니다. 말하자면 <사물 표상>이라는 복합명사에서 강조되어야 할 것은 <표상>입니다. 거기서 <사물>은 그 표상의 속성을 나타낸다고 할 수 있습니다. 제가 언젠가 무의식을 상형문자에 비유하면서, 액센트를 앞에 두어 <**상형** 문자>라고 읽어서는 안 되고, 뒤에 두어 <상형 **문자**>라고 읽어야 한다고 말한 것은 그러한 문맥에서입니다. 마찬가지로 전의식의 <언어 표상>에서 <언어>는 언어 표상이라는 기호의 특성을 나타내는 것입니다. 따라서 프로이트가 사물 표상을 보통 상형문자에 비유한다고 해서, 언어 표상을 표음문자에 비유할 수는 없습니다. 상형문자나 표음문자는 언어학적인 개념으로, 프로이트로서는 궁여지책으로 상형문자에 비유한 것뿐입니다. 아무튼 <사물 표상>과 <언어 표상>은 정신분석이 발견한, 기억을 특수한 방식으로 <기록>하는 두 종류의 언어 기호입니다.

그에 비해 라캉이 보는 프로이트의 <사물(das Ding)>은, <사물 표상(Sachevorstellung)>이라는 복합어로만 쓰이는 <사물(die Sache)>과는 전혀 다른 차원에 있습니다. 전자는 상징계에 속하는 후자와는 다르게 실재계를 구성하는 것입니다. 그렇다면 라캉이 말하는 실재계는 무엇일까요? 그것은 우선 언어가 전혀 아닙니다. 그것은 현실(reality)인데, 일반적인 의미의 현실과는 전혀 다른 현실입니다. 그래서 라캉은 그것에 현실과 구분되는 새로운 용어 — 실재계(the real) — 를 부여해준 것입니다. 그것은 한마디로 상징계의 개입으로 말미암아 일반적인 의미의 현실(reality)로부터 추방된 것입니다. 『지붕 위의 기병』에 나오는 두 꿈을 기억해보십시오. 하나는 외적인 죽음의 위협 — 까마귀가 주인공을 시체로 알고 쪼아 먹으려고 다가오는 — 을 알고도 계속 잠을 자면서 남자의 애무를 감미롭게 만끽하는 꿈이고, 다른 하나는 외적인 죽음의 위험이 전혀 없는데도 남편이 불에 타 쓰러지는 것을 보고, 소스라치게 놀라 두려움에 떨면서 잠에서 깨어나는 꿈입니다. 전자의 죽음과 후자의 죽음은 확연히 구분됩니다. 전자는 주체 밖의 생물학적인 죽음인 데 반해, 후자는 주체 내의 심리적 죽음입니다. 그리고 전자의 위험은 생리적인 욕구를 능가하지 못하는 데 반해, 후자는 생리적인 욕구(즉 수면욕)을 훨씬 능가할 뿐 아니라, 주체에게 끔찍한 공포와 불안을 안겨줍니다. 바로 후자가 실재계의 죽음입니다. 그것은 상징계의 칼날에 의해 현실로부터 떨어져 나간 실재로서의 죽음입니다.

거세도 마찬가지입니다. 그것은 근친상간의 욕망과 그것의 금지 갈등이 만들어낸 죄책감이 남녀의 성기 차이에 투영된 처벌 환상입니다. 따라서 실질적인 거세는 현실에 없습니다. 현실로부터 영원히 추방된 것입니다. 프로이트의 말대로, 원시적 아버지 시대에는 어쩌면 그것이 현실이었을지 모릅니다.[1] 그러다가 모든 여자를 독차지하던 아버지를 모의하여 살해하고, 그 자리에 법을 세운 뒤에 그것이 현실로부터 <추방되었는지> 모릅니다. <추방되었다>는 것은 현실로부터 사라졌다는 것을 의미하고, 그 결과 그 추방된 것이 실재계를 구성하는 것입니다. 그에 따라 우리는 현실로서의 거세(가령 내시의 거세)와 실재계의 거세를 구분해야 하고, 동시에 실재계의 거세와 상상적 거세 그리고 상징적 거세를 구분해야 합니다. 상상적 거세는 거세 환상을 말하는 것으로 상상계에 속한다는 것은 다들 짐작할 것입니다. 그렇다면 상징적 거세는 무엇일까요? 아주 간단합니다. 라캉은 언어가 없으면 어떠한 상상이나 사고도 있을 수 없다고 생각합니다. 따라서 어떤 상상이 있으려면 그것에 상응하는 언어 또는 상징이 전제되어야 합니다. 그것이 바로 상징적 거세, 다시 말해 언어 — 정확히 말하면 기호형식 — 로서의 거세로, 상징계에 속하는 것입니다.

그렇게 현실로부터 추방된 실재계는 때때로 성배의 귀환처럼 현실 속으로 회귀합니다. 그러고 보니, 「인디아나 존스」에서 성배가 담겨 있는 상자를 여는 순간, 인디아나 존스가 <눈을 감으라>고 외친 것이 기억납니다.[2]

---

1 『토템과 터부』 참조.

2 이정대군이 이 세미나를 녹취하면서 다음과 같은 각주를 붙여왔습니다. 「인디아나 존스」에 대한 저의 착각을 지적해주고 있을 뿐 아니라, 실재계와 하느님의 관계에 대한 중요한 종교적 사실을 전해주고 있어서 원문을 그대로 전재합니다.

"성배가 등장하는 것은 「인디아나 존스」3탄이고, 상자가 열리면서 그것을 본 자가 녹아

눈을 뜨고 하느님을 정면으로 보는 자는 죽음을 면치 못하기 때문입니다.

내리는 것은 「레이더스」(인디아나 존스 1탄)에 나오는 장면입니다. 그 「레이더스」에서 열렸던 것은 법궤로서 그 안에는 이스라엘 민족 신앙의 출발점인 출애굽을 상징적으로 대표하는 세 가지 성물이 들어 있었다고 합니다. 그 세 가지 성물은 모세의 형인 '아론의 싹이 난 지팡이', 출애굽 시에 하느님이 주었다던 '만나가 들어 있는 항아리', 그리고 모세가 받았던 '십계명이 기록된 두 개의 석판'입니다. 이 법궤는 평소에는 이스라엘 민족이 속죄의 예식을 드리던 예배처인 성막 안에 있는데, 그 성막 안은 '성소(聖所)'(holy place)와 '지성소(至聖所)'(most holy place)로 구분된 곳이 있었습니다. 이러한 성소와 지성소의 구분은 법궤 앞에 쳐 있는 휘장을 통해서 이루어집니다. 그리고 이 구분된 곳 중에 '지성소'에 바로 그 법궤가 놓여 있었습니다. 그런데 이렇게 휘장을 통해 성소와 구분되어 가려져 있는 그 지성소에는 대제사장 외에 그 어떤 이도 들어갈 수 없었습니다. 대제사장 외에 다른 사람이, 하느님이 임재하고 있다고 믿어졌던 그 법궤가 놓여 있는, 지성소 안에서 법궤를 직접 대면하게 되면, 「레이더스」에서 묘사된 것처럼, 죽어버린다고 믿었기 때문입니다. 그러므로 이때의 휘장은 법궤를 가리기 위한 것이기도 하겠지만 법궤를 가림으로써, 법궤를 직접 대면하게 될 때 닥쳐오는, 죽음을 피하게 하기 위한 것이라고 할 수 있습니다. 그래서 휘장으로 구별되어 가려진 지성소는 두려움과 죽음의 장소라고 할 수 있습니다. 이때 유일하게 휘장을 지나 지성소에 들어갈 수 있는 사람은 대제사장입니다. 그러니 이 대제사장도 1년에 한 번 정도(하루, 대속죄일, 7월 10일) 속죄를 의미하는 피를 통해서만 볼 수 있었을 뿐입니다.(하느님의 부름을 통해 계시를 받았던 모세는 7월 10일 속죄일을 제외하고는 계시가 있는 어느 때나 들어갈 수 있었다고 합니다.) 그러나 그때조차도 대제사장이 청결의 예식을 행하지 않은 부정한 상태에서 들어가게 되면 죽는다고 믿었기 때문에 대제사장도 들어갈 때에는 허리에 끈을 묶고서 들어갔다고 합니다. 그것을 통해서 죽음을 확인하고 끈을 당겨서 시체를 꺼내기 위한 것이죠. 그리고 이 법궤가 다른 곳으로 이동할 때에는 이 법궤를 완전히(3겹으로, 3은 이스라엘 민족 신앙의 完全數) 덮어씌워서 이동시켰고 이스라엘 민족이 이동할 때나 전쟁을 할 때조차도 제사장 그룹(제사장 또는 제사장이 속한 지파)이 그 법궤를 직접 어깨에 메고 이동해야 했다고 합니다. 물론 이때에도 함부로 만지거나 부주의하게 스칠 때조차도 즉사를 면치 못한다고 믿었습니다.

교수님께서 말씀하셨듯이, 이렇게 이스라엘 신앙의 대표적인 성물이며 하느님이 임재한다고 믿었던 법궤는, 1년에 1번조차도 속죄의 피를 통하지 않고서는 대제사장도 즉사를 면할 수 없게 하며, 그 외 다른 모든 이에게도 하느님의 임재와 동시에 죽음을 가져다주는, 두려워서 고개를 들 수 없게 하는 das Ding, La Chose라고 할 수 있지 않을까 그리고 죽음을 가져오는 그 두려운 법궤를 가려주는 '안전장치로서의 휘장'은 '상징'의 역할을 하지 않는가 생각합니다. 그리고 법궤가 놓여진 두려움과 불안의 장소인 '지성소'는 휘장에 의해 갈라져 구별된 실재계라고 할 수 있지 않은가 생각합니다. 물론 하느님이라는 것이 이미 the real의 상징이겠지만, 이스라엘 민족이 법궤를 하느님의 임재로 믿었다는 것은, 법궤는 'the real의 임재'이며 'the real의 핵'으로서 La Chose가 되고 지성소는 두려움과 불안의 장소인 실재계가 되며 휘장은 그것을 가려 '죽음을 면하게는 상징'으로 해석할 수 있을 것 같습니다."

아닌 게 아니라 악역을 맡은 어떤 등장인물은 눈을 뜨고 있다가 몸이 완전히 녹아내리는 참형을 당합니다. 그는 처음에는 상자에서 나온 천사들의 아름다움에 황홀경에 빠집니다. 그러나 곧바로 죽음의 악마로 변한 그 천사에 의해 죽음을 당하게 되지요. 마찬가지로 실재계의 귀환은 우리에게 죽음의 끔찍함으로 다가옵니다. 인간이 상징을 사용하고, 거기에 환상의 옷을 입히는 것은 그러한 실재계의 끔찍함으로부터 스스로를 방어하기 위한 것입니다. 마치 해골에 살을 입히는 것처럼 말입니다. 그러고 보면 상징계는 실재계의 추방을 가져오는 장본인이면서 동시에 실재계로부터 우리를 보호하는 장치 역할을 하고 있는 셈입니다. 병 주고 약 준다고나 할까요. 늑대 인간은 호두나무 껍질을 벗기다가 칼에 손가락이 잘리는 환각을 경험합니다. 그는 감히 두려워서 잘린 손가락을 쳐다보지도 못합니다. 그 순간이야말로 현실로부터 추방된 거세의 실재계가 귀환하는 순간입니다.

그러나 보통 무의식과 동의어로 쓰이는 억압물의 회귀는 그것과 전혀 다른 차원에 있습니다. 그것은 한마디로 전의식의 검열을 통과하기 위하여 그것과 타협함으로써, 변형 왜곡되어 의식에 나타납니다. 그리하여 정작 의식에 도달한 타협물은 주체로 하여금 억압물의 실체를 오인하게 만듭니다. 알아볼 수 없게 만든다는 말입니다. 그것은 우선 상상적이라는 점에서 실제 현실처럼 느껴지는 실재계와는 완연히 구분됩니다. 그 결과 억압물의 회귀는 표상의 차원에서 이루어집니다. 프로이트는 증상도 그러한 차원에서 해석합니다. 즉 그에게 증상이 기억의 상징입니다. 그 결과 증상은 트라우마의 기념으로 간주할 수 있으며, 마찬가지로 무의식적 욕망의 위장으로 볼 수 있습니다. 그러나 라캉은 증상을 상징적 차원의 타협물로만 보지 않습니다. 그는 증상을, 실재계-상징계-상상계의 고리들 — 보로메오의 매듭이 아닙니다 — 을 한꺼번에 엮어내는 네 번째 고리로 위치시키면서도, 그것에서의 실재계의 역할에 주목합니다. <증상은 실재계로부터 온다. 그

것은 실재계이다.>

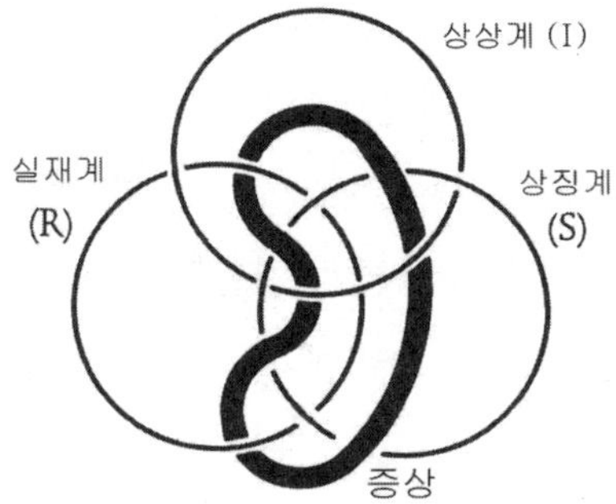

〈증상의 고리〉

아무튼 증상에 대한 이론적 해석의 차이에 관계없이, 우리가 여기서 간과해서 안 될 것은, 증상은 그 이면에 <다른 것>을 숨기고 있다는 점입니다. 그것이 억압된 의미이든, 실재계이든 말입니다. 따라서 정신분석은 그 <다른 것>을 밝히려고 노력해야 합니다. 그리고 정신분석은 담화를 통해 그것을 밝히는 방법입니다. 제가 가끔 분석자의 말과 증상을 곧이곧대로 믿거나 보지 말라고 말씀드리는 까닭이 거기에 있습니다. 프로이트는 그 <다른 것>을 찾기 위하여 양파 껍질 벗기듯이 증상을 벗겨 들어갑니다. 그리하여 무의식의 가장 깊은 곳에서 만난 무의식의 핵이 바로 오이디푸스와 거세의 구조입니다. 어찌 보면 결론은 간단합니다. 그러나 그 간단한 결론에 도달하는 과정을 생략하고, 결론을 그때 그때 대입한다면 아무런 치료 효과가 없습니다. 그것은 <조잡한 정신분석(wild psychoanalysis)>에 지나지 않습니다. 결론은 간단할지 모르지만, 과정은 지난하고 오랜 시간이 걸립니다. 그래서 정신분석은 인고의 세월을 요하는 작업인지 모르겠습니다.

김소희 씨가 지난 세미나에서 질문했듯이, 무의식의 사물 표상을 전의식의 언어 표상으로 언표화하고 의식화하면, 프로이트의 관점에서는 치료가 됩니다. 여기에 하나를 덧붙인다면, 그 표상에 얽혀 있던 감정이 방출된다면 금상첨화이겠지요? 이렇게 언표화, 의식화, 감정의 방출은 프로이트가 정신분석 초기에 가지고 있었던 치료 방법의 핵심 개념입니다. 그러나 라캉은 다릅니다. 그는 우선 치료와 분석을 구분할 뿐 아니라[3], 자신의 독창적인 개념을 가지고 정신분석적 방법론을 재정립합니다. 지난번에도 말씀드렸듯이, 소크라테스와 알키비아데스의 예는, 라캉에게 분석가와 분석자의 관계의 모델을 제공하고 있습니다. 그 관계를 압축해서 이야기하면, 소크라테스는 알키비아데스에 의해 <대상 a> — 즉 욕망의 대상 — 의 자리에 위치되지만, 그러한 알키비아데스의 전이적 사랑 — 즉 사랑의 속임수 — 에 넘어가지 않고, 계속 자신을 <큰타자>의 자리에 위치시킵니다. 말하자면 분석가는 <a>에 <A>로 옮겨가는 것입니다. 그럼으로써 분석가는 자기의 자리가 결핍의 자리임을 보여줌과 동시에(왜냐하면 <A>는 기호형식의 장소로써 본질적으로 하나의 기호형식이 비어 있는 자리이기 때문입니다), 자기에게 <a>를 투영한 것도 분석자의 존재 결핍이 투영된 것이라는 사실을 인정하게 합니다. 결국 라캉의 정신분석은 말에 등록된 결핍, 즉 욕망의 인정으로 귀결됩니다. 그것은 불교의 귀결점과 일맥상통하는 점이 있습니다. 불교 철학은 「반야바라밀다심경(般若波羅蜜多心經)」이 요해해 보여주고 있듯이, 궁극적으로 공(空)으로 압축됩니다. <마하반야바라밀다심경 관자재보살 행심반야바라밀다시 조견오온개공(摩訶般若波羅密多心境 觀自在菩薩 行深般若波羅蜜多時 照見

---

3 <분석이 끝났더라도 증상은 계속될 수 있으며, 증상이 더 이상 나타나지 않아도 분석은 계속될 수 있다>는 라캉의 유명한 말을 상기해보십시오. 그렇다고 분석과 치료의 구분이 라캉에게서 갑자기 나타난 것은 아닙니다. 프로이트의 말년의 논문 — 특히 『끝이 있는 분석과 끝이 없는 분석』(1937) — 을 보면, 그는 분석의 끝에 도달했는데도 치료되지 않는 경우를 예로 들면서, 정신분석의 한계를 인정합니다.

五蘊皆空)>(관자재보살이 진리의 언덕을 넘어갈 때 바라보니 오온[우주의 삼라만상]이 모두 공이라.)>[4] 플라톤의 『향연』을 통해 진술되고 있는 소크라테스의 철학도 마찬가지입니다. 그 역시 욕망은 결핍으로부터 나온다는 것을 지적하면서, 몸소 제자에게 결핍을 실천해 보입니다. 따라서 라캉의 결핍 철학이 특별히 독창적인 것도, 라캉에 이르러 처음 출현한 것도 아닙니다. 그것은 소크라테스와 불교의 전통을 이어받고 있는 것에 불과합니다. 단지 라캉은 그것을 방법론적으로 개발했을 뿐입니다.

오늘은 지난 세미나에서 예고한 대로, <사물(das Ding)>과 <사물 표상(Sachevorstellung)>의 관계를 좀 더 자세히 알아보기로 하지요. 앞에서도 말씀드렸지만, 프로이트의 용어집에는 <사물>에 해당하는 말이 두 개 있습니다. 하나는 <das Ding>이고, 다른 하나는 <사물(die Sache)>입니다. 그런데 전자는 독립적으로 쓰이는 데 반해, 후자는 독립적으로 쓰이는 경우는 없고, 주로 <표상(vorstellung)>이라는 말과 결합하여 <사물 표상(Sachevorstellun g)>이라는 복합명사를 형성합니다. 게다가 문제는, 전자는 비록 30년의 거리를 가지고 나타나지만 그 개념이 변하지 않는 데 비해, 후자는 용어 자체가 텍스트에 따라 바뀔 뿐 아니라, 그 개념도 유동적이라는 데 있습니다. <사물 표상>이라는 용어가 프로이트의 저작에서 처음 나타나는 것은 『실어증에 관한 비판적 연구』(1891)에서입니다. 거기서 <사물 표상>에 해당하는 용어는 <대상 표상(Objektvorstellung)>이었습니다. 그러

4 사족입니다만, 저는 언젠가 선불교에서 말하는 깨달음(覺)의 상태를 정신분석적으로 풀면 어떻게 될까를 생각해본 적이 있습니다. 특히 라캉의 정신분석 체계 내에서 말입니다. 아마 첫째, 깨달은 사람은 실재계의 끔찍함에 대한 완전무결한 방비 태세를 갖추고 있을 것이고, 둘째 상징계의 법을 충분히 내입하여, 셋째 상상에 휘둘리지 않을 것입니다. 그러면서도 그는 사랑의 아름다움—그것이 환상의 속임수라 할지라도—을 몸소 실천하는 사람일 것입니다. 그러기 위해서는 무엇보다도 상징계-실재계-상상계의 분별심으로부터 벗어나 있어야 합니다. 도교적으로 말하자면, 그것들의 넘나듦이 자유로워야 합니다.

다가 『꿈의 해석』(1900)에서는 <사물 표상(Dingvorstellung)>으로 바뀝니다. 어쩌면 프로이트의 추종자들이 <사물(das Ding)>과 <사물 표상>을 하나의 연결선상에 놓으려고 하는 것은, 바로 그러한 문맥에서일지 모릅니다. 그러나 저는 <사물(das Ding)>과 <사물 표상>을 구분하여, 각각 실재계와 상징계에 연결시킨 라캉의 손을 들어주고 싶습니다. 왜냐하면 프로이트는 「무의식에 관하여」(1915)라는 논문부터 <사물 표상(Dingvorstellung)>을 <사물 표상(Sachevorstellung)>으로 바꾸고 줄곧 그 둘을 분명히 구분해서 사용하기 때문입니다. 라캉은 다음과 같은 말을 합니다.

> 나는 프랑스어로 무엇이 독일어 — 명확히 하기 쉽지 않은, <la chose>를 말하는 두 단어 <das Ding>과 <die Sache> — 의 미묘한 대립에 일치하는지 모르겠다.
>
> —『세미나 VII : 정신분석의 윤리』, 55쪽

욕망 투여와 지각 투여의 매개가 되는 <이웃(Nebenmensch)>에 대한 기술에서는, 불변의 부분인 <Ding(사물)>과 질적 속성을 구성하는 <Vorstellung(표상)>이 완전히 다른 것이라는 사실을 분명히 합니다.

> 그래서 Nebenmensch(이웃)의 복잡성은 두 부분으로 나누어진다. 그중 하나는 전체가 사물(Ding)로 남아 있는 불변의 기구로 주어진다.[…] Ding은 Nebenmensch의 경험에서 그것의 생소한 본질(Fremde)로 말미암아 주체에 의해 고립된 요소이다. 대상의 복잡성은 두 부분으로 되어 있다. 판단이 접근하면서 분리와 차이가 생기는 것이다. 대상의 질의 모든 것은 속성으로 표현될 수 있고, 그것은 비투과성 뉴런 체계의 투영 속으로 되돌아가, 원초적인 Vorstellungen(표상)을 구성한다. 그것을 중심으로 원시적 주체의 개입이라 부를 수 있는 것 속에서, 쾌락과 불쾌의 법칙에 따라 조정되는 것의 운명이 작용한다. Ding은 완전히 다른 것이다. 그것이 바로 현실 경험의 원천적인 분리이다.
>
> —『세미나 VII : 정신분석의 윤리』, 64~5쪽

여기서 우리가 주목해야 할 것은, <Ding>이라고 명명되는 본질적 부분이 <낯선 것>이라는 사실입니다. 어찌 보면 <이웃>이 <낯설다(fremde, strange, étrnager)>는 것이 앞뒤가 안 맞습니다. 어떻게 이런 일이 있을 수 있을까요? 거두절미하고, 이것이 바로 프로이트가 말하는 <unheimlich> — 영어로는 <uncanny>, 프랑스어로는 <étrangeté inquiétante> — 의 감정입니다. 우리가 다음 시간에 좀 더 자세히 공부하겠지만, <unheimlich>는 프로이트에 따르면, <heimlich(친숙한)> 것이 억압의 과정을 거쳐 우리에게 다시 회귀할 때는 <낯설고 두렵게> 느껴지는 감정을 말합니다. 그와 마찬가지로, <Ding>도 낯설게 된 이웃입니다. 그러나 여기서 프로이트와 라캉의 결정적인 관점의 차이가 개입합니다. 프로이트는 <낯섦>을 억압과 연결시킴으로써 억압물 — 즉 좁은 의미의 무의식 — 의 회귀로 말미암아 생기는 감정으로 보았는데, 라캉은 그것을 존재 판단에 의한 현실 경험과 연결시킵니다. 그리하여 그는 <Ding>을 금지에 의하여 현실로부터 영원히 추방된 <다른 현실>, 그에 따라 영원히 접근 불가능한 <다른 현실> 즉 실재계로 따로 분리합니다. 따라서 <Ding>은 라캉이 보기에 근친상간 금지의 대상인 <어머니>입니다. 그것은 표상이 아닙니다. 그것은 표상될 수 없는 어떤 현실(reality)입니다.

반면에 대상의 질적 속성에 관계된 부분은 <표상(Vortstellung)으로 구성되어 있습니다. 그것이 바로 프로이트가 말하는 <사물 표상>으로 무의식을 구성하는 언어입니다. 라캉이 무의식을 언어처럼 구조화된 것으로 보는 까닭이 바로 거기에 있습니다. 그 결과, 그것은 라캉의 이론적 범주에서 상징계에 속하는 것입니다. 프로이트가 말하는 무의식의 지대는, 위의 인용문이 보여주듯이, 쾌-불쾌의 법칙에 따라 조종되는, 쾌락의 원칙이 적용되는 지대입니다.(여기서 <원시적 주체>는 프로이트의 <쾌락-자아>를 말합니다.) 반면에 Ding은 완전히 다른 것입니다. <Ding>은 실제 지각에서 그것과 일치하는 것을 <찾는> 것이 아니라, 환각적인 방식을 통하는 한이 있더라도 <되찾아야> 할 것입니다. 라캉은 다음과 같이 말합니다.

> 프로이트의 세계, 다시 말해 우리 경험의 세계가, 되찾아야 할 것은 주체의 절대적 큰타자로서의 Ding이라는 그 대상이다. 우리는 그것을 기껏해야 그리움(regret)으로서 되찾는다. 우리가 기껏 되찾는 것은 그것 자체가 아니라, 그것의 쾌락 좌표들뿐이다.
>
> —『세미나 VII : 정신분석의 윤리』, 65쪽

제가 언젠가 말했지요? 욕망의 라틴어 어원인 <desiderium>이 <그리움(regret)>이라고요? 그렇습니다. 우리는 그것을 그리워할 수 있을 뿐이지 영원히 되찾지 못합니다. 그것을 되찾는 길은 환각뿐입니다. 그렇기 때문에 그것은 영원히 공백으로 남아 있습니다. 우리가 되찾을 수 있는 것은 기껏해야 그 공백을 둘러싸고 있는 속성의 부분, 즉 쾌락 좌표들뿐입니다. 그것을 좌표라고 하는 이유는, 그 부분이 <표상> — 정확히 말하면 <사물 표상> — 으로 구성되어 있기 때문입니다. 저는 언젠가 야구공이 헤진 것을 본 적이 있습니다. 야구공이 촘촘한 실로 이루어져 있더군요. 그런데 그것이 꽉 차 있는 것이 아니라 중심이 비어 있더군요. 말하자면 실이 빈 공간을 아주 빽빽하게 휘감고 있는 것입니다. 비유하자면, 중심의 그 빈 공간이 <Ding>이고, 그것을 둘러싼 빽빽한 실이 언어라는 쾌락 좌표인 셈입니다. 투수는 공을 손에 물집이 생기고 굳은살이 박일 때까지 던지고 또 던집니다. 그와 마찬가지로 인간의 욕망도 피를 흘리면서도 그 좌표 사이의 공간을 오고가며 쾌락을 추구합니다. 마치 기린이 자기가 좋아하는 가시나무 이파리를 먹기 위하여, 혓바닥에 가시가 찔려 피를 흘리는 것과 같습니다. 우리는 <Ding>과 <Vorstellung>의 관계가 야구공처럼 구성되어 있다는 것을, 라캉의 또 다른 인용문에서 발견할 수 있습니다.

Ding, 그것은 논리적으로 그리고 동시에 연대기적으로 심리에서 세계 조직의 최초 지점에 있는 것으로, 프로이트가 소위 쾌락의 원칙(뉴런 장치의 기능과 관련된)이라는 조정 원칙에 의하여 지배되는 것으로 보여주고 있는 Vorstellung의 모든 움직임이 그것을 중심으로 도는 생소한 항으로 따로 떨어져 나타난다. 상징적 과정이 빽빽하게 짜여 있는 한, 인간에게 아주 특수한 모든 적응 발전은 Ding을 축으로 돈다.

—『세미나 VII : 정신분석의 윤리』, 71~2쪽

말 그대로, <빽빽한 상징적 과정>이 어떤 중심을 축으로 하여 돌고 있는데, 막상 그 중심은 <낯설고 생소한 항>으로 떨어져 나가 비어 있습니다. 여기서 우리에게 잘 알려진 『노자』의 한 구절을 떠올리는 것은 아주 자연스러운 일일 것입니다.

三十輻 共一轂 當其無 有車之用(삼십폭 공일곡 당기무 유차지용)[서른 개의 바퀴살이 하나의 바퀴통에 꽂혀 있으나, 바퀴통 한복판의 텅 빈 곳에 수레의 작용이 있다.]

埏埴以爲器 當其無 有器之用(선식이위기 당기무 유기지용)[그릇은 흙을 이겨 만들지만, 그릇의 쓰임새는 그 안의 텅 빈 공간에 있다.]

— 제11장 「無用」편

이것을 라캉의 개념과 비교한다면, 자전거의 바퀴살이나 흙으로 빚은 그릇 자체는 기호형식(또는 표상)의 쾌락 좌표가 되는 것이고, 그 중심의 텅 빈 공간[5]은 <Ding>이 되는 것입니다. 라캉이 <Ding>을 <기호내용-바깥(hors-signifié)>[6]이라고 부르는 까닭이 거기에 있습니다. 다시 말해 그것은

5 노자는 이 공간을 <충(沖)> 또는 <허(虛)>라고 불렀습니다.

6 『세미나 VII : 정신분석의 윤리』, 67쪽.

기호형식 너머에 있기 때문에, 의미작용으로 알려질 수 없는 세계이기 때문입니다. 그에 따라 <unheimlich>도 억압물 — 다시 말해 억압된 표상 — 의 회귀와 관계하는 것 이상으로, 실재계 — 즉 현실로부터 추방된 <사물> — 의 귀환과 관계합니다. <표상>이 실재처럼 느껴지는 것이라기보다, 심리적 실재 자체가 <unheimlich>의 감정을 야기하며 주체에게 실제로 나타나는 것처럼 지각하는 것입니다. 그리하여 주체와 사물은 <모든 억압에 선행하는 최초의 정동 관계를 구성합니다>. 정동은 처음부터 사물로부터 나오는 것일 뿐 아니라 사물과의 관계에서 주체의 방향과 위치가 정해지는 것입니다.

> Ding은 근원적으로 우리가 기호내용-바깥(hors-signifié)이라고 부르는 것이다. 주체는 그러한 기호내용-바깥의 기능으로서의 그것과 거리를 유지하면서, 모든 억압에 선행하는 최초의 정동 관계를 구성한다. [···] 그러한 Ding과의 관계에서 최초의 방향성, 최초의 선택, 최초의 주체의 방향 토대(우리가 경우에 따라 신경증의 선택[Neurosenwahl]이라 부르는)가 이루어지는 것이다.
>
> —『세미나 VII : 정신분석의 윤리』, 67~8쪽

그렇다면 왜 사물이 억압물에 선행하는 것이고, 억압물과 사물은 어떤 관계에 있는 것일까요? 앞에서도 말했지만, 실재계에 속하는 사물은 상징적 법 — 가령 근친상간 금지법이나 거세 — 의 개입으로 말미암아 영원히 현실로부터 떨어져 나갑니다. 그리하여 그것이 떨어져나간 공간은 공백으로 남게 됩니다. 따라서 그것은 상징계 밖에, 언어 밖에, 그에 따라 무의식 밖에 존재합니다. 그래서 큰사물을 상상하거나 표상하기 불가능하다고 말하는 것입니다.[7] 이렇게 실재계는 상징계의 개입과 동시에 가정해야 하는

7 라캉은 그러한 <큰사물>을 칸트의 <물 자체(Ding an sich)>에 비유하기도 합니다.

개념 범주입니다. 그러나 억압물은 다릅니다. 억압되는 것은 상징적 법 — 특히 <아버지의-이름> — 이 주체에게 수용되었을 때(억압은 그러한 수용에 부여된 특별한 명칭에 지나지 않습니다.), 큰사물과 관계된 표상이 의식 밖으로 격리되는 것을 말합니다. 그리하여 그 표상은 무의식에 처하게 마련입니다. 만약 그것이 수용되지 않으면(이것을 라캉은 <폐기(forclusion)>라고 합니다.), 상징계에서 폐기된 것은 실재계에서 되돌아오게 마련입니다. 그것이 실재계의 회귀입니다. 그러나 상징계가 폐기되어야만 실재계가 회귀하는 것은 아닙니다. 그것은 <잊히지 않는 것>으로, 진실의 중심에 빈 공간으로 포함된 채, 진실이 이해 또는 인정될 때까지 의식의 표면에 출몰합니다. 그 사정은 이렇습니다.

① 우선 큰사물은 현실로부터 추방되었지만 <잊히지 않는 것>입니다.
② 따라서 그것은 잊히지 않는 것이라는 의미에서의 진실(aletheia)에 자연스럽게 포함됩니다.
③ 그런데 진실은 실재계에 있는 것이 아니라 말의 차원에 있습니다: <나, 진실이 말한다.>
④ 다른 한편 무의식 역시 억압된 표상으로, 주체에 의해 이해 인정될 때까지 잊히지 않습니다.
⑤ 따라서 무의식은 잊히지 않는 진실입니다.
⑥ 그러한 억압된 무의식(즉 진실)은 의식적 검열에 의해 변형 왜곡되어 의식에 도달하기 때문에, 오인을 낳습니다.
⑦ 그러나 모든 오인과 증상에는 비록 왜곡되어 있을지라도 일말의 진실이 숨어 있는 법입니다. <진실은 자신을 우물 밖으로 반쯤 드러내는 법입니다.>
⑧ 결론적으로 진실의 회귀는 큰사물과 억압물의 회귀라는 이중의 회귀

인 셈입니다.

실재계와 상징계의 관계를 선사와 유사의 관계로 기술할 수 있습니다. 큰사물은 상징적 질서라는 유사의 개입과 함께 선사적인 것이 되는 어떤 것입니다. 인류 역사는 그러한 선사와 유사, 또는 실재계와 상징계의 변증법적 관계에 의해 발전해왔는지 모릅니다. 그것을 발전이라고 할 수 있다면 말입니다. 아무튼 근친상간 금지와 거세라는 상징적 질서가 큰사물과 실재계로서의 거세를 낳았다는 논리를 밀고 나간다면, 뉴턴의 만유인력 법칙과 아인슈타인의 상대성이론의 발견이 실재계에 모종의 변화를 가져왔을 것이라고 짐작하는 것은 그렇게 어려운 일이 아닙니다. 어떤 변화인지는 연구를 해봐야 하겠지만 말입니다. 가령 에이즈 — 정확히 말하면 <에이즈>라는 이름 — 의 발견이 얼마나 어두운 실재계를 창조해냈는지 한번 생각해보십시오. <에이즈>라고 명명되기 이전에도 분명 에이즈(균)가 있었을 터인데, 그때는 에이즈에 대한 공포가 없었습니다.

· ·

정은경 : 유사와 선사의 틈을 신화가 메우는 것인가요? 신화는 그것을 메우기 위해 생기는 것인가요?

답변 : 그렇지요. 그것이 바로 상상계입니다. 상상계는 상징계와 실재계 사이의 틈을 충전(充塡)함으로써 실재계로부터 주체를 보호해주는 방어기능이 있습니다. 그것과 조금 다른 이야기이긴 하지만, 정신분석 연구에 따르면, 강박증의 역사가 히스테리의 역사보다 짧다고 합니다. 다시 말해 히스테리에 대한 기록은 이미 희랍시대부터 있는 데 비해, 강박증(에 대한 기록)은 기독교 역사와 함께 시작된다고 합니다. 따라서 강박증은 <아버지>의 종교인 기독교와 밀접한 관련이 있습니다.[8]

오주리 씨가 언젠가 저에게 이런 말을 하더군요. <많은 사람이 죄책감 때문에 기독교를 믿는다>고요. 아주 정확한 말입니다. 프로이트도 강박증의 본질을 죄책감으로 보면서 그것을 기독교의 원죄와 연결시킨 적이 있습니다. 아무튼 종교를 포함하는 어떤 상징적 질서가 도입되면, 그것은 자동적으로 실재계와 상상계의 변화를 가져온다는 것에 주목할 필요가 있습니다.

김정미 : 동서양 문화를 이야기할 때 서양 기독교 문화는 죄책감이 많고 동양 문화에는 수치심이 많다고 하지 않습니까? 그렇다면 수치심은 히스테리와 연결되는가요?

답변 : 그것은 연구해봐야 알겠지만, 충분히 가능성 있는 이야기입니다. 프로이트의 『성욕에 관한 세 편의 에세이』를 보면 가장 원시적인 감정으로 혐오감과 수치심을 들고 있습니다. 그것은 성적인 것에 대한 판단이 강조되어 있는 반면에, 죄책감은 자아에 대한 초자아의 처벌이 강조되어 있습니다. 물론 수치심도 초자아가 작용하는 원시적 형태의 죄책감입니다. 그러나 전자는 후자에 비해 초자아가 그렇게 선명하게 형성되어 있거나 작용하지 않습니다. 이제 <프로이트 라캉 학교>의 정신분석이 인류 문명에 대해 이야기할 정도로 심화되고 있군요. 아주 바람직한 일입니다.

김소희 : 조금 다른 얘기인데요? 선사적인 것과 형이상학적인 것은 전혀 상관이 없습니까?

이정대 : 선사는 역사학적인 개념이기 때문에 선험적이거나 형이상학적인 맥락과는 전혀 관계가 없는 것 아닌가요?

---

8 기독교와 강박증의 관계는 이미 프로이트도 지적한 바 있습니다.

답변 : 꼭 그렇다고는 할 수 없지요. 가령 선사시대에 일어났던 유목민의 아버지 살해가 오이디푸스적인 구조로 인간의 심리에 내입되어 계통 발생적으로 내려오는 것이니까 말입니다. 구조는 주체 이전에 있는 것으로 주체 밖에 있고 주체보다 우위에 있는 것입니다. 그렇게 선사적이고 통시적인 것이, 공시적인 구조의 차원에서 반복되고 있는 것입니다. 개체 발생은 계통 발생을 반복하는 것이지요.

정은경 : 그것은 경험 이전에 있는 선험적인(a priori) 것입니까?

답변 : 예. 그러나 선험적이라고 해서 본능적인 것은 아닐뿐더러, 후천적인 우연한 경험에 의해 구조화되는 것입니다. 그러한 의미에서 그것은 경험과 함께 각 주체에게 독특한 구조화로 발현되는 구조입니다.

2006년 11월 22일

XII

두 사물 : das Ding과 die Sache

정은경 씨가 무의식과 상징계에 대해 다음과 같은 질문을 카페에 올려주었습니다.

〈무의식과 무의식적인 것, 상징계와 실재계〉

선생님께서는 '표상'으로 이뤄져 있는 전의식과 무의식을 모두 합쳐서 상징계라고 하셨다. 심리를 전의식, 무의식, 의식으로 보는 것은 제1지형학이고, 제2지형학에서 심리는 자아, 초자아, 그거로 나눠진다. 자아, 초자아, 그거는 모두 '무의식적'인 것이다. 무의식이 표상이라면 후기의 이 세 가지 용어는 모두 표상인가? 그런데 무의식과 무의식적인 것은 다르다. 그렇다면 이 세 가지를 모두 표상이라고 할 수 없을 것 같다. 그런가?

다시 말해 보자. 지난 세미나에서는 프로이트의 제1지형학에 초점이 맞추어진 것 같다. 그래서 선생님께서는 무의식과 전의식을 합쳐서 상징계라고 지칭

> 한 것에 맞서는 개념인 실재계를 라캉이 만들었다고 하신 것 같다. 그런데 프로이트의 제2지형학에서는 실재계의 개념과 연결지을 수 있는 '그거'라는 개념이 등장한다. 그거는 무의식적인 것이다. 무의식적인 것은 무의식이 아니다. 무의식은 억압된 표상으로 이뤄져 있고 라캉적으로는 상징계이고, 그거는 실재계이면서 무의식적인 것이다. 그렇다면 '무의식적'이라는 표현은 표상과 실재계적인 것 둘 다를 지칭하는 표현이 되는 것인가? 다시 말해, 무의식이라는 말은 상징계를 가리키지만, 무의식적이라는 말은 상징계와 실재계를 다 가리킬 수 있는 표현이 되는가?
>
> — 정은경의 질문, 2006.11.29

우선 무의식과 무의식적인 것의 구분에 대해 말씀드리겠습니다. 엄격히 말해서 <무의식적인 것>은 없습니다. 명사로서의 무의식과 형용사로서의 <무의식적>이라는 말이 있을 뿐입니다. <무의식적인 것>이라고 하니까, 마치 명사로서의 무의식과 명사로서의 <무의식적인 것>이 서로 구분되는 것처럼 느껴집니다. 명사로서의 무의식은 무의식의 체계, 즉 무의식계를 말하는 것입니다. 반면에 <무의식적>이라는 것은 어떤 것의 작용 자체가 의식되지 않는다는 것을 뜻합니다. 따라서 의식을 제외한 전의식, 무의식, 그리고 제2지형학의 그거는 물론이려니와 자아와 초자아까지도 무의식적입니다. 왜냐하면 우리는 그것의 결과물, 즉 의식되는 것만 알 수 있지, 그것이 의식에 이르는 과정을 의식하지 못하기 때문입니다. 그것은 마치 쌀을 넣어 가래떡이 나올 때까지의 과정이 우리 눈에 보이지 않는 것과 같습니다. 그렇게 보이지 않는 것을 우리는 무의식적이라고 합니다.

다음의 질문은 제1지형학과 제2지형학의 차이에 관한 문제입니다. 여러분이 잘 알다시피, 지형학(topique)은 <장소>를 의미하는 희랍어 <topos>에서 나온 말입니다. 따라서 제1지형학과 제2지형학은 어떤 기준에 따라 장소의 영역을 구분하느냐가 중요한 관건입니다. 간단히 말하면 제1지형학은 기억 체계에 따라 구분한 것이고, 제2지형학은 갈등의 극에 따라 나눈 것입니다.

기억에는 일정한 <수단> — 정확히 말하면 <표상들> — 이 있습니다. 그런데 프로이트에 따르면, 그 표상들 — 정확히 말하면 동일한 기억 표상들 — 이 무의식과 전의식에 서로 다른 방식으로 등록된다는 것입니다. 무의식을 구성하는 표상 — 즉 사물 표상 — 은 압축과 이동이 자유롭지만 의식하고 언표화할 수 없는 데 반해, 전의식을 구성하는 표상은 그 에너지가 구속되어 있지만 언제나 의식으로 끌어내어 언표화시킬 수 있습니다.

다른 한편 제2지형학은 갈등의 극을 중심으로 분류한 것입니다. 자아와 초자아, 자아와 그거 등은 서로 화합하기도 하지만, 서로 부딪치는 두 축입니다. 여러분이 잘 알다시피, 그거는 한마디로 욕동의 저장소이고, 초자아는 부모의 어떤 특성과의 동일시를 통해 형성된 윤리적인 양심, 관찰, 이상의 기능을 갖고 있습니다. 따라서 초자아는 그거와 대립적입니다. 그에 따라 인격의 중심인 자아는 초자아와 그거 사이에서, 고래 싸움에 새우등 터지듯이 진퇴유곡이 되는 것이지요. 어떤 의미에서 제2지형학이야말로 지형학이라는 말에 더 합당합니다. 왜냐하면 그것들은 그야말로 넓이를 갖지 않은 지점이기 때문입니다. 그에 반해 전의식과 무의식은 도서관처럼 기억을 보관하고 있기 때문에 넓이를 갖고 있다는 인상을 줍니다.

그렇다면 제2지형학은 표상으로 되어 있는가요? 우선 자아는 그 형성 과정에 육체적 이미지가 참여하기 때문에, 다시 말해 거울에 비친 육체적 이미지와의 동일시를 통해 형성되기 때문에 표상들로 이루어져 있다고 할 수 있습니다. 바로 그러한 사실 때문에 자아는 무의식에 그 뿌리가 닿아 있습니다. 그리고 자아의 작용 자체가 무의식적입니다. 초자아도 마찬가지입니다. 초자아는 부모 — 특히 아버지 — 와의 동일시를 통해 형성되기 때문에 표상으로 이루어져 있습니다. 그러나 라캉은 자아 형성에 동원되는 동일시와 초자아의 형성에 관여하는 동일시를 구분합니다. 전자는 이미지와의 동일시로 상상적 동일시이고, 후자는 기호형식과의 동일시로 상징적 동일시입니다. 아무튼 초자아 역시 그러한 동일시를 통해 형성되기 때문에, 무의식에 그 뿌리가 닿아 있고 또한 무의식적입니다. 물론 자아와 초자아에 의식적인 부분도 있습니다. 그렇다면 그거와 무의식의 관계는 어떻게 될까요? 그거는 무의식을 포함하지만, 무의식은 그거 말고도 자아와 초자아와도 관계합니다. 이렇게 제1지형과 제2지형학은 서로 얼기설기 얽혀 있습니다. 그것들 각각은 심리 장치를 설명하는 데 일장일단이 있습니다. 그래서 프로이트는 『새로운 정신분석 강의』에서 그것들을 통합하여 다음과 같은 도표를 그립니다.(『새로운 정신분석 강의』 열린책들, 108쪽)

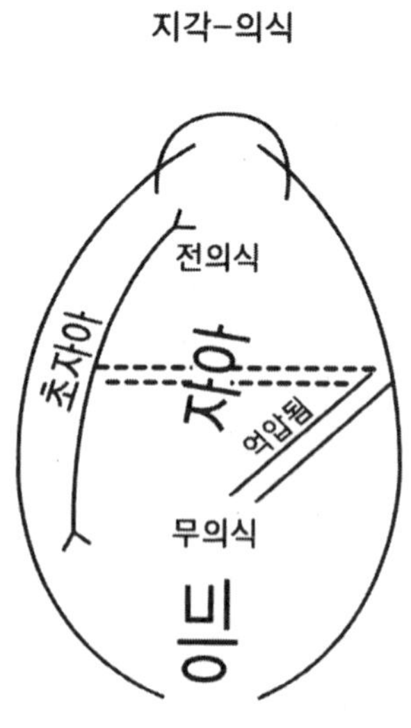

문제는 그거와 무의식 그리고 라캉의 실재계와 상징계의 관계입니다. 앞에서도 말했지만, 그거 자체가 무의식적이면서 무의식을 포함합니다. 그러나 그거와 무의식은 무척 다릅니다. 전자가 욕동의 저장소라면, 후자는 표상

으로 이루어져 있습니다. 그렇다면, 무의식은 상징계에 포함시킬 수 있습니다. 그러나 표상으로 이루어져 있다고 해서 모두 다 상징계는 아닙니다. 가령 사물 표상과 언어 표상으로 이루어진 전의식은, 오인의 구조를 갖고 있다는 점에서 상상계에 포함되지만, 동시에 언어적 질서를 갖고 있다는 점에서는 상징계적입니다. 무의식과 상징계의 관계도 마찬가지입니다. 무의식의 부분 중에서 닮은 자의 이미지와의 동일시에 의해 형성된 것이 있다면, 그것은 상상계적인 데 반해, 언어처럼 구조화된 부분은 상징계적입니다.(물론 이것은 프로이트를 라캉에 대입한 것입니다. 라캉 자신의 무의식에 관한 견해는 다릅니다. 라캉은 후자만을 문제 삼습니다.) 이 모든 것은 심리를 분석하는 개념 범주의 기준이 다르기 때문에 오는 결과입니다. 라캉의 상상계는 주체와 같은 인격체인 닮은자와의 동일시의 영역이라면, 상징계는 언어처럼 구조화된 상징적 질서를 가리키는 것입니다. 따라서 기억 체계에 의한 분류인 제1지형학과는 접근방법 자체가 다를 수밖에 없습니다. 그에 반해 자아와 초자아는 그 형성 과정만 따로 떼놓고 본다면, 전자는 상상계적이고 후자는 상징계적입니다.

그렇다면 그거와 실재계, 무의식과 실재계는 어떻게 다를까요? 우선 무의식은 사물 표상으로 이루어져 있건(프로이트), 언어처럼 구조화되어 있건(라캉), 실재계와는 완전히 별도의 영역을 구축하고 있습니다. 반면에 그거와 실재계는 일치한다고는 할 수 없지만, 모종의 관계가 있는 것은 분명합니다. 왜냐하면 그거가 주체가 접근할 수 없는, 주체 밖에 있는 가장 오래된 욕동의 저장소라면 그리고 주체가 거기로부터 나오는 것이라면, 실재계는 모든 것 이전에 <이미 거기에> 있는 것으로 상징계에 의해 현실로부터 추방되어 주체가 파악하기 불가능한 것이기 때문입니다. 그리고 실재계가 회귀할 때, 죽음의 얼굴을 하고 오기 때문에 주체에게 끔찍하게 느껴지는데[1], 그거 역시 죽음의 욕동을 포함하고 있습니다. 그래서 프로이트에게서 무의식과 그거의 관계는 라캉에게서 상징계와 실재계의 관계와 같습니다. 단지 차이가 있다면, 그거는 욕동과의 관계하에서 정의되는 데 비해, 실재계는 반드시 상징계와의 관계하에서 정의된다는 것입니다.

그런데 실재계와 무의식이 혼동되는 것은, 그것들 각각이 하나는 <사물(das Ding)>과 연결되고, 다른 하나는 사물 표상과 연결되기 때문입니다. 프로이트의 <das Ding>은, 여러분이 알다시피, 라캉의 <큰사물(la Chose)>로 번역되면서, 실재계에 속하는 것으로 정의됩니다. 그것은 실재계의 실재, 즉 실재계의 핵입니다. 다른 한편, 무의식을 구성하는 사물 표상도 사물(die Sache)과 연결되어 있습니다. 그래서 무의식과 실재계는 혼동되는 것입니다. 그러나 사물 표상은 <사물>이라는 명사가 들어간 복합명사일 뿐, 그것은 엄연히 표상의 한 종류, 따라서 언어의 한 종류일 뿐입니다. 그렇기 때문에 언어로 표상하기 불가능한, 언어 밖의 심리적 현실인 사물과는 전혀 다른 것입니다. 우리는 무의식이 일종의 기호로 기록된 기억 체계라는 사실을 『정신분석의 탄생』의 <편지 52>(1896)와 『꿈의 해석』(1900) 제7장에 나오는 기억 체계도를 통해 알 수 있습니다.(『정신분석의 탄생』, 열린책들, 112쪽, 『꿈의 해석』, 열린책들, 626쪽)

---

1 가령 <두려운 낯섦(즉 섬뜩함)>이 그렇고, 늑대 인간의 단지환각(切指幻覺)이 그렇고, 「지붕 위의 기병」이라는 영화에서 여주인공이 꿈속에서 남편이 불에 타 죽는 것을 보고 소스라쳐 놀라 깨는 장면이 그렇습니다.(『꿈의 해석』에 나오는 <불에 타 죽는 아이>의 꿈도 마찬가지입니다.) 그 모든 것은 실재계의 회귀가 주체에게 얼마나 끔찍한 느낌을 주는지 우리에게 가르쳐주고 있습니다. 아무튼 그러한 실재계는 상징적 언어로 표상될 수 없는 것입니다. 언어로 표상되기 불가능하다는 것은 그것이 상징계로부터 추방된 것이라는 사실을 의미합니다. 그렇기 때문에 실재계는 언어처럼 구조화된 무의식과는 전혀 별개의 영역을 구축하고 있는 것입니다.

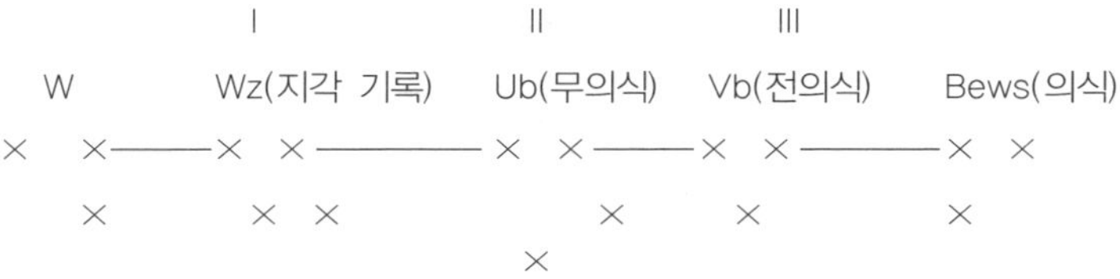

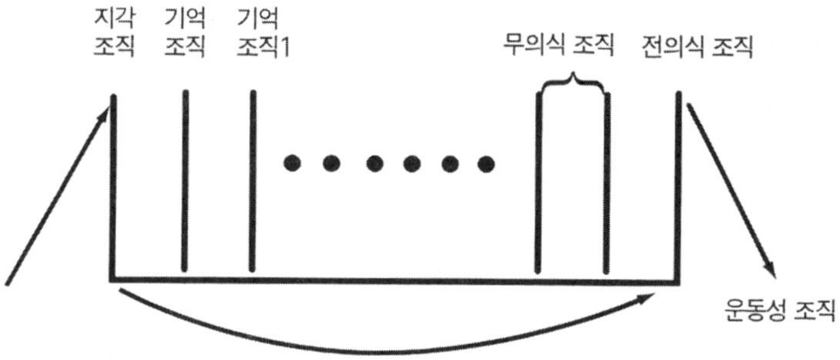

단지 전자와 후자의 차이점이 있다면, 전자에 있던 <지각 기록(Wahrnehmungszeichen)>이라는 용어가 후자에서는 사라지고, <동시성의 관계에 의해 연상이 고착되는 기억 조직>이라는 말로 풀어서 설명한다는 점입니다. 사실 <지각 기록>이 <지각에 대한 최초의 기록으로 동시성에 의한 연합에 따라 배열된>[2] 것이라는 설명이 붙기는 했어도, <지각 기록>이라는 말 자체는 지각을 있는 그대로 전사한 것이라는 인상을 줍니다. 그러나 지각과 기록은 엄연히 다릅니다. 그것들은 담당하는 기관도 다를 뿐더러, 지각에 대한 최초의 기록이라고 할지라도, 그것은 이미 선별적으로 이루어집니다. 그래서 저는 그것을 기억 흔적이라는 말로 바꾸고 그것과 비슷한 말로 사용하고 싶습니다. 이제 그렇게 기록된 기억 흔적은 새로운 상황에서

2 프로이트, 『정신분석의 탄생』(임진수 역), 열린책들, 112쪽.

투여(또는 환기)되면서, 그 새로운 상황에 대한 기억 흔적과 함께 재배열되고 재기록됩니다. 프로이트는 다음과 같이 말합니다.

> 나는 지금 심리 기제가 성층화 과정에 의해 확립된다는 가설을 연구하는 중이다. 기억 흔적의 형태로 된 현재의 재료는, 가끔 새로운 상황에 따라 재배열된다. 나의 이론에서 본질적으로 새로운 것은, 기억은 한 번에 기록되는 것이 아니라 여러 차례에 걸쳐 기록된다는 것과, 그것은 여러 종류의 <기호>로 구성된다는 것이다.[3]

<성층화>라는 것은 지질학적인 용어로, 여러 층으로 구성되어 있다는 뜻입니다. 여기서 중요한 것은, 기억이 여러 층으로 되어 있다는 사실 이상으로, 그 각각의 층을 구성하는 기호가 서로 다른 종류의 기호라는 사실입니다. 사실 어떤 지각이 기억으로 기록될 때, 그 기억을 구성하는 기호 자체는 언어이기 때문에, 지각과 같은 감각적 특질이 없습니다. 프로이트는 그러한 사실을 끊임없이 강조합니다. 기억흔적은 단순한 사물의 재현이나 사물의 이미지가 아닙니다. 기억흔적에는 감각적 특질이 없습니다.[4] 지각이 기록되는 기억 흔적은 이미 언어인 것입니다. 기억 흔적에서 핵심은, <대상의 유사성에 의지하지 않고 뉴런에 기록된다>는 것입니다. 기억 흔적은 다른 기억 흔적과의 관계에 의해 기록되는 것입니다. 그러한 기록은 이항 대립적이고 이진법적인 뉴런의 소통에 의지하고 있습니다. 다시 말해 뉴런은 일종의 전기의 소통 — 전기를 흘려보내거나 흘려보내지 않는, 즉 저항하는 — 에 불과한데, 기억 흔적은 그러한 뉴런 소통의 특수한 배열에 지나지 않습니다. 그렇기 때문에 기억 흔적은 어떤 문자 체계의 한 요소이거나 어떤

3 프로이트, 『정신분석의 탄생』(임진수 역), 열린책들, 111쪽.
4 프로이트, 『꿈의 해석』(김인순 역), 열린책들, 627쪽 참조.

종류의 문자라고 할 수 있습니다. 한마디로 기억 흔적은 감각적 차원에 있는 지각과는 다른 차원, 즉 기호의 차원에 있습니다. 프로이트를 기호학자라고 부르는 이유가 여기에 있습니다.

어떤 사건에 대한 동시적인 기록인 그러한 기억 흔적이 일단 고착되었다고 해서, 그것으로 끝나는 것은 아닙니다. 그것은 여러 차례에 걸쳐 재배열되고 재기록됩니다. 프로이트에 따르면, 그러한 재배열과 재기록 방식에는 크게 두 가지가 있습니다. 무의식과 전의식이 그것입니다. 그것들은 기억 흔적을 재배열하는 방식에 불과합니다. 전자는 기억의 <두 번째 기록으로 동시성과는 다른 연합 — 아마 인과성이나 유사성 — 에 따라 배열됩니다. 무의식의 흔적은 아마 개념적인 기억과 일치합니다. 그것은 의식으로 접근할 수 없습니다.>[5] 그렇게 인과성과 유사성에 따라 자유롭게 압축 이동되는, 무의식을 구성하는 독특한 언어(또는 기호)를 프로이트는 <사물 표상>이라고 부릅니다. 반면에 전의식은 <언어 표상과 결부된 세 번째 기록으로 공식적인 자아와 일치합니다>.[6] 그러한 언어 표상은 나름의 독특한 법칙을 갖고 있으며, 그러한 법칙을 준수할 때 비로소 의식화될 수 있습니다. 따라서 의식에 접근하기 위해서는 반드시 언어 표상의 법칙에 구속되어야 합니다. 무의식의 사물 표상도 예외는 아닙니다. 그것도 의식화되기 위해서는 언어 표상으로 <번역>되어야 합니다. 사실 프로이트는 "두 시기[무의식과 전의식]의 경계에서는 심리적인 재료의 번역이 이루어진다"고 말합니다. 두 기억 체계의 관계를 번역의 관계로 보았다는 것은, 그것들이 각각 서로 다른 언어로 구성되어 있다는 것을 전제하고 있습니다. 그러나 프로이트는

5 프로이트, 『정신분석의 탄생』(임진수 역), 열린책들, 112쪽. <유사성>에 대해서는 『꿈의 해석』(김인순 역), 열린책들, 626쪽 참조.
6 프로이트, 『정신분석의 탄생』(임진수 역), 열린책들, 112~3쪽.

번역의 의미를 거기에 머무르게 내버려두지 않습니다. 그는 정신신경증과 억압의 메커니즘조차 번역의 관점에서 설명합니다.

> 나는 정신신경증의 특수성을 어떤 재료들의 번역이 잘 이루어지지 않은 것으로 가정하고 있다. 그것은 어떤 결과를 가져온다. 왜냐하면 나는 양적인 균등을 향한 경향이 있다는 것을 확고하게 믿기 때문이다. 모든 새로운 기록은 앞선 기록을 방해하고, 그것[앞선 기록]으로부터 흥분 과정을 자기 자신에게로 빼돌린다. 만약 새로운 기록이 생기지 않는다면, 흥분은 앞선 심리시기를 지배하는 심리 법칙에 따라, 그리고 그 당시에 열려 있던 길을 따라 흐른다. 그리하여 시대착오적인 것이 존속한다. 그것은 마치 어떤 지역에서 아직도 푸에로[고대 스페인의 법]가 존재하고 과거의 흔적이 살아남아 있는 것과 같다.
>
> 번역의 실패를 우리는 임상에서 <억압>이라고 부른다. 그것의 동기는 항상 번역에서 생기는 불쾌감이다. 모든 것은 마치 그 불쾌감이 번역 과정을 방해함으로써 사고를 교란하는 것처럼 진행된다.
>
> 불쾌감의 생산에 대한 <정상적인 방어>는 하나의 동일한 심리 단계에서, 그리고 같은 종류의 기록 속에서 가끔 일어나지만, 병적인 방어는 오직 예전 단계에 속하는, 아직 번역되지 않은 기억 흔적에 대항해서 일어난다.[7]

여기서 앞선 기록은 무의식을 말하며, 새로운 기록은 전의식을 말합니다. 따라서 앞선 기록이 새로운 기록으로 번역되지 않았다는 것은, 무의식의 사물 표상이 전의식의 언어 표상으로 번역되지 않음으로써 의식화되지 않았다는 것을 뜻하며(그래서 번역되지 않은 것을 무의식이라고 하는 것입니다), 또한 그렇게 번역되지 않은 예전의 기록이 시대착오적으로 새로운 기록과 함께 존속하면서 의식을 교란한다는 것을 뜻합니다. 정신신경증은 그러한 교란의 결과에 지나지 않습니다. 또한 위 인용문에서 우리가 주목해야 할

7 프로이트, 『정신분석의 탄생』(임진수 역), 열린책들, 113~4쪽.

것은, 프로이트가 번역의 실패를 억압과 동일시하고 있다는 것입니다. 따라서 그의 정의를 그대로 따른다면, 무의식은 번역의 실패, 즉 <억압된 것>과 동의어입니다.

	번역, 의식화	
무의식	————————→	전의식
앞선 기록		새로운 기록
사물 표상	←————————	언어 표상
	억압, 번역의 실패	

질문 : 어느 때는 연상이라고 하시고, 어느 때는 연합이라고 하시는데, 연상과 연합은 어떻게 다릅니까?

답변 : 그것들은 모두 <Assoziation>의 번역어입니다. 그런데 그 용어는 <frei Assoziation(자유 연상)>에서는 <연상>이라고 번역하는 것이 부드럽고, 기억에 기록되는 관계에 대해 이야기할 때는 <연합>이라고 번역하는 것이 좋을 성싶습니다.

질문 : 프로이트는 무의식을 이야기할 때도 <기억 흔적>이라는 표현을 쓰는 것 같은데요?

답변 : 맞습니다. 기억 흔적은 엄격히 말하면, 어떤 사건이 기억에 새겨지는 것을 말합니다. 따라서 넓은 의미에서의 기억 흔적은 무의식에 포함되는 개념입니다. 프로이트는 『정신분석의 탄생』(1895)과 『꿈의 해석』(1900)에서 기억의 체계를 세 단계로 나누고 있습니다. 하나는 동시성에 의한 기억 조직 — 이것이 최초의 기록으로 프로이트가 『정신분석의 탄생』에서 <지각 기록>이라고 말한 것이고 제가 좁은 의미의 기억 흔적이라고 부르고 싶은 것입니다 — 이고, 두 번째가 인과

성과 유사성이 강조되는 사물 표상에 의한 무의식의 기록이고, 세 번째가 언어 표상에 의한 전의식의 기록입니다. 프로이트는 특히 앞의 두 기억 조직에 대해 <흔적>이라는 표현을 할애한 것 같습니다.

질문 : 그렇다면 기억 흔적에 투여된다는 말은 무엇입니까?

답변 : 한마디로 기억 흔적이 기록된 뉴런에 전기에너지가 흐른다는 말입니다. 이때 기억 흔적들이 인과성과 유사성에 따라 자유롭게 결합 이동하면 무의식을 구성하는 사물 표상이 되는 것이고, 언어 표상의 독특한 법칙에 구속되면 전의식을 통하여 의식화되는 것입니다.[8] 따라서 사물 표상은 기억흔적 중에서 재투여된 것입니다. 그것은 기억흔적의 변종이 아닙니다.

그렇다면 프로이트는 왜 그것을 <사물 표상>이라고 명명했을까요? 그것은 어찌 보면 아주 간단합니다. 무의식의 언어는 본질적으로 사물의 이미지에서 유래하는 것이기 때문입니다. 따라서 그것은 시각적입니다. 프로이트가 사물 표상을 상형문자에 비유하곤 하는 이유가 바로 거기에 있습니다. 여기서 유의해야 할 것은 <유래한다>는 말입니다. 그것은 사물의 이미지에서 파생한다는 뜻이지, 사물의 이미지 자체 즉 사물의 이미지를 판에 박은 사진이 아니라는 말입니다. 사물 표상은 사물의 이미지에서 도출된 일종의 상형문자입니다. 제가 가끔 <상형문자>에서 강조되어야 할 부분은 <상형>이 아니라, <문자>라고 말한 것은 바로 그 때문입니다. <**상형**

8 무의식을 자유 에너지에 의한 1차 과정으로, 전의식을 구속 에너지에 의한 2차 과정과 연결시키는 이유가 거기에 있습니다. 이것은 곧바로 의식이 배제된 지각의 동일성과 의식화를 동반하는 사고의 동일성으로 이어집니다.

문자>가 아니라 <상형 **문자**>라고, 액센트를 뒤에 두고 읽어야 합니다.

반면에 언어 표상은 본질적으로 말에서 유래하는 것으로 청각적인 것입니다. 다시 말해 그것은 우리가 보통 쓰는 <말>이라고 해도 무방합니다. 따라서 무의식에서 전의식으로 번역된다는 것은, 그리고 무의식은 사물 표상만을 포함하고 있고 전의식은 사물 표상과 그에 상응하는 언어 표상의 결합으로 이루어져 있다는 것은, 아직 말이 없는 사물 표상을 말로 언표화한다는 것에 지나지 않습니다. 그리하여 그 의미작용을 의식화하는 것에 불과합니다. 굳이 그것을 상형문자 같은 문자에 비유한다면, 아마 <표음 문자>에 해당합니다. 그러나 언어 표상이 청각적이라고 해서(표음문자), 청각이 언어 표상만의 특권이라고 생각해서는 안 됩니다. 왜냐하면 정신분열증이나 꿈과 같은 무의식의 형성물에서는 언어 표상이 사물 표상으로 취급되기 때문입니다. 다시 말해 언어 표상의 소리 자체가 사물 표상처럼 유사성과 인접성에 따라 다른 소리와 자유롭게 결합하기 때문입니다. 게다가 언어 표상의 철자가 시각인 사물 표상으로 나타나는 경우도 있습니다. 이르마의 꿈에서 <TRIMETHYLAMINE>이 그러한 사실을 잘 보여줍니다.

그렇다면 사물 표상과 언어 표상은 무의식과 전의식의 언어 특징과 완전히 일치하지 않습니다. 대체 무의식과 전의식의 언어는 어떤 차이가 있을까요? 제가 보기에, 의식에 의해 의미작용이 이루어지는 언어가 전의식의 언어이고, 의미작용을 알 수 없는 언어가 무의식의 언어입니다. 다시 말하면 후자는 의미가 없는 물질성으로서의 언어이고, 전자는 의미와 결합하는 언어입니다. 언어학적으로 말하면 무의식의 언어는 아직 기호내용과 결합하지 않은 기호형식(signifiant)을 가리키고,[9] 전의식의 언어는 의미작용이 이루

9 언어학에서 기호형식은 기호의 음성적 이미지의 측면과, 철자의 측면을 모두 가리킨다는 것은 이미 잘 알려진 사실입니다. 그러나 언어 표상과 결합하지 않은 순수한 사물 표상은

어져 기호내용과 기호형식이 결합된 언어입니다. 왜냐하면 의미작용이 있어야만 의식되기 때문입니다. 의미작용 — 즉 의미 파악 — 이 곧 의식화인 것입니다. 그러한 문맥에서, 언어 표상도 꿈에서는 사물 표상으로 취급된다는 프로이트의 말은, 기호내용이 배제된 언어 표상은 사물 표상과 같다는 말로 해석해야 합니다. 반대로 사물 표상에 상응하는 언어 표상이 전의식을 구성한다는 말은, 사물 표상이 언어 표상화함으로써 비로소 의미작용을 부여받는다는 말로 해석해야 합니다. 그래서 프로이트의 용어를 라캉의 기호형식 이론에 비추어 다음과 같이 다시 조정해야 합니다.

		사물 표상	언어 표상
전의식	억압 / 번역	Sa.2	Sé.
무의식		Sa.1	

이 도표를 다음과 같이 읽을 수 있습니다. 우선 무의식을 구성하는 사물 표상은 언어 표상화되기 이전의 기호형식(<Sa 1>)으로, 기호내용은 배제되고 순전히 기호형식으로만 이루어집니다. 반면에 전의식은 사물 표상과 그에 상응하는 언어 표상으로 이루어져 있는데, 언어 표상의 기호형식의 부분은 사물 표상화하여 무의식의 언어가 될 수 있습니다. 따라서 우리는 언어 표상의 기호형식의 부분과, 사물 표상에서 전의식으로 올라온 기호

발음이 없는 문자에 가깝습니다. 라캉이 후기 이론에 이르러, 무의식을 음성적 이미지가 강조되는 기호형식으로 이루어진 부분과, 순전히 문자로 이루어진 부분으로 구분하는 경향이 있는 것은 바로 그러한 까닭입니다. 그러한 관점에서 프로이트가 무의식을 상형문자에 비유할 때, 그 상형문자는 아직 소리를 얻지 못한 순전히 시각적인 이미지로서의 문자입니다.

형식을 모두 합쳐 <Sa 2>로 표시하고, 그것 중에서 의미작용이 이루어진 부분을 <Sé>로 표시할 수 있습니다. 결국 무의식과 전의식의 언어 차이는 언어의 물질적 부분만으로 이루어져 있느냐, 아니면 의미작용이 이루어진 언어이냐에 달려 있습니다. 우리는 이제 언어의 저울로 무의식의 언어의 무게를 달 수 있습니다. 물론 그 저울은 시인들이 우리에게 가져다 주어야겠지요.

....

이동민 : 정신병 환자들은 의미 없는 말을 계속 되풀이하던데… 그들에게는 그 말이 뭔가 의미가 있는 것 같습니다.

답변 : 어떤 히스테리 환자는 할머니의 <날카로운(perçant)> 시선과 마주친 이래, 눈이 쿡쿡 쑤시는 증상을 보입니다. <날카로운>이라는 말이 그 환자에게는 사물처럼 작용했기 때문입니다. 다시 말해 <perçant>이라는 말은 원래 <구멍을 뚫다>라는 뜻입니다. <날카롭다>라는 우리말도 원래는 칼이나 송곳 같은 것을 형용할 때 쓰는 말이지 않습니까? 따라서 <날카로운> 시선에 의해 <칼로 베인 듯이> 눈이 실제로 아픈 것입니다. 이렇게 무의식의 언어는 물질로서의 언어이고, 전의식의 언어는 그 물질로서의 언어를 의미화하는 언어임과 동시에, 언제라도 물질로서의 언어가 될 수 있는, 의미화하는 물질입니다. 이러한 언어의 물질성을 가리키는 사물 표상의 <die Sache(사물)>와 <das Ding(사물)>은 전혀 다른 것입니다. <das Ding>은 오히려 그러한 언어 — 즉 상징계 — 의 개입 때문에 현실로부터 영원히 추방된 것입니다.

....

무의식의 사물 표상이 물질성으로서의 언어, 언어의 물질성의 부분이라는 것을 『꿈의 해석』에 나오는 유명한 <노레크달(norekdal)>의 꿈을 예로 들어 보여주겠습니다. 그 꿈의 내용은 이렇습니다. "어느 날 동료 하나가 연구 논문을 하나 보내왔다. 그것은 나의 견해로 최근의 어떤 생리학적인 발견을 과대평가하면서 아주 과장된 언사로 이야기하고 있었다. 그날 밤 나는 분명히 그 논문과 관계있는 듯한 한 문장으로 된 꿈을 꾸었다. <대단히 'norekdal'한 문체인데!>"[10] 그 한 문장이 꿈 내용 전부입니다. 프로이트는 처음에는 그 복합어의 뜻을 전혀 이해하지 못합니다. 단지 <굉장한(pyramidal)>이나 <엄청난(kolossal)>과 같은 최상을 나타내는 형용사의 어미를 흉내 낸 것이라는 생각밖에는 떠오르지 않았습니다. 그러다가 프로이트의 뇌리 속에 어떤 연상이 번개처럼 스쳐 지나갑니다. 입센(Ibsen, 1828.3.20~1906.5.23)의 두 희곡의 여주인공의 이름 — 『인형의 집』의 노라(Nora)와 『야생오리』의 에크달(Ekdal) — 이 떠오른 것입니다. 사실 프로이트는 그 꿈을 꾸기 얼마 전에, 꿈속에서 문제가 된 그 동료가 쓴 다른 평론을 신문에서 읽은 적이 있었습니다. 그 평론이 바로 입센에 대한 평론이었던 것입니다. 이제 그러한 꿈 사고를 바탕으로 그 꿈의 언어 — <노레크달> — 가 만들어지는 과정을 그려볼 수 있게 되었습니다. 다시 말해 그것은 꿈 사고에서 문제가 되던 생리학적인 발견에 대한 논문에서 입센에 대한 평론을 거쳐 입센의 작품의 여주인공으로 이동하여, 마지막에는 두 여주인공의 이름이 압축되어 신어가 만들어져 꿈 내용으로 나타나는 과정입니다. 그것은 다음과 같은 도식으로 도표화할 수 있습니다.

10 프로이트, 『꿈의 해석』(김인순 역), 열린책들, 355~6쪽.

Nor(a) + Ekdal
pyramidal
+ kolossal
―――――――
norekdal

여기서 알 수 있는 것은, <norekdal>이라는 꿈의 언어가 만들어지기 위해 <Nora>와 <Ekdal> 그리고 <pyramidal>이라는 단어 — 즉 언어 표상 — 에서 기호내용이 사상되고 음성적 이미지만 남아, 그 음성적 이미지끼리 유사성에 의거하여 자유롭게 결합된다는 것입니다. 거꾸로 이야기하면, 그 신어에 참여한 말들이 고유한 의미를 가지고 있는 한, 그것들의 결합은 불가능합니다. 그것이 바로 프로이트가 말하는, 꿈에서 언어 표상의 사물 표상화입니다. 그렇게 사물 표상화되었기 때문에, 프로이트가 꿈에서 깨어났을 때, <그 낱말을 이해하기 무척 어려웠던> 것입니다. 달리 말하면, 그 낱말이 만들어지는 과정이나 의미가 무의식적이었던 것입니다. 보통 정신분석이니 꿈의 해석이니 하는 과정은, 꿈의 작업의 역과정으로서, 그것을 풀어내어 그 의미를 밝히는 것입니다. 따라서 해석 과정은 사물 표상을 언어 표상으로 번역함으로써, 그 의미를 의식화하고 언표화하는 것입니다. 그리하여 분석 치료의 가장 중요한 목표가 의식화와 언표화라는 사실이 여기서 다시 한번 증명되는 셈입니다.

이제 우리는 <das Ding>과 <die sache>의 차이를 확실히 말할 수 있게 되었습니다. <die Sache>는 무의식을 구성하는 억압된 표상의 언어적 특성을 가리키는 말이고, <das Ding>은 상징계의 개입으로 말미암아 현실로부터 영원히 추방된 것입니다. 전자는 언어의 물질성을 가리킨다면, 후자는 언어로 표상할 수 없는 것입니다. 왜냐하면 <das Ding>은 언어의 그물 밖으로 빠져나간 것이기 때문입니다. 그것은 언어의 그물로 건져 올릴 수 없는 것입니다. 그것을 도표화하면 다음과 같습니다.

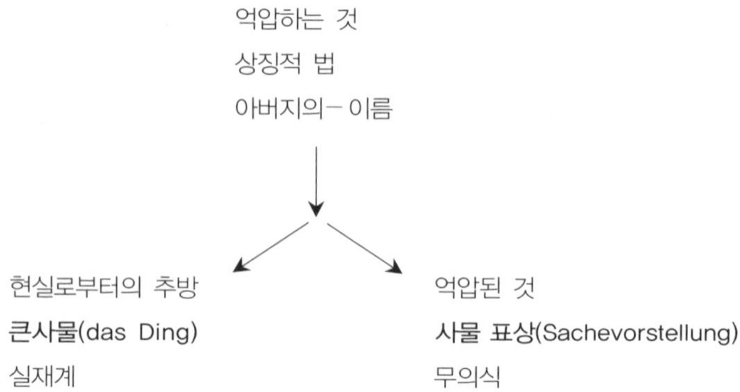

여기서 억압하는 것도, 억압된 것도 모두 표상－라캉의 용어로 기호형식－입니다. 따라서 그것들은 모두 상징계에 속한다고 할 수 있습니다. 결과적으로 실재계만 상징계로부터 추방되는 것이지요.

정은경 : 그 실재계가 회귀할 때, 섬뜩한 감정(unheimlich)을 야기한다는 것이지요?

답변 : 예. 섬뜩함뿐만 아니라 불안, 죽음의 공포 등이 동반됩니다. 한마디로 실재계에 맞닥뜨리는 것은 끔찍한 일입니다.

억압은 독일어로 <Verdrängung>인데, 그것은 원래 <격리>를 뜻하는 것으로, 정신분석적으로 말하면, 그것은 어떤 관념을 따로 떼어 의식으로부터 차단시키는 것입니다. 그렇기 때문에 격리된 관념은 의식되지 않고 무의식 상태에 놓이는 것입니다. 그런데 우리말의 <억압>은 그러한 뉘앙스를 전혀 갖고 있지 않습니다. 오히려 그것은 감정을 억누른다는 뉘앙스를 갖고 있습니다. 그래서 그것은 오히려 감정의 억제를 뜻하는 프로이트의 다른 용어 — 즉 <Unterdrückung(진압)> — 의 번역어로 적합한 것 같습니다. 반면에 실재계는 <이미 거기에> 있었지만, 그것이 회귀하는 데 결정적인 계기가 되는 것은 아버지의-이름의 <폐기(forclusion)>입니다. 말하자면 상징계로 진입하는 핵심적인 관문인 아버지의-이름에 구멍이 나는 것입니다. 달리 말하면, 아버지의-이름이 제 기능을 발휘하지 못하는 것입니다. 그것은 정신병적인 망상과 환각으로 이어집니다. 그렇다면 이 도표 상에는 나타나 있지 않지만, 도착증의 임상구조를 결정하는 <부인>은 무엇일까요? <부인>은 어머니라는 큰타자의 결핍(이 말이 복잡하고 어려우면 <아버지의-이름>이라고 해도 됩니다)을 인정하지 않는 것입니다. 따라서 도착증의 부인은 정신병의 폐기와는 달리 아버지의-이름이 기능하는 것을 전제하고 있습니다.[11]

정은경 : 원시 사회에서는 모계에서 부계로 이동하지 않습니까? 그렇다면 모계 사회에서는 언어가 없었을까요? 신화에서 제우스 이전에 여자가 다스리는 이야기가 나오는데, 그때는 아버지의 법이 없었을까요?

답변 : 법이 있는 한 상징적 질서가 있었겠지요. 그리고 그 상징적 질서

11 조금 다른 차원의 이야기인데, 그렇다면 상상계는 어디에 위치하는 것일까요? 상상계는 억압물이 회귀할 때 변형 왜곡되어 주체에게 오인을 낳는 세계입니다. 따라서 그것은 의미작용의 세계입니다. 결과적으로 실재계-상징계-상상계는 기호의 삼각형(지칭물-기호형식-기호내용)과 상동 구조를 갖고 있다고 할 수 있습니다.

는 언어처럼 구조화되어 있었겠지요. 그것이 아버지의-이름을 중심으로 구조화되어 있었는지는 잘 모르겠습니다. 제 생각으로는, 그때도 성별은 남근을 중심으로 구조화되어 있었을 것 같습니다. 왜냐하면 여자가 아이를 낳는 한, 모든 아이는 남자아이 여자아이 불문하고 어머니에게 남자이니까요.

이동민 : 그럼 그때는 아버지의 살해에 의해 설립된 근친상간 금지법이 없었으니까, 근친상간도 있었겠네요?

답변 : 제가 그 시대에 살아보지 않아서 모르겠습니다.(모두 웃음) 그러나 분명한 것은 무소불위의 원시적 아버지, 아버지의 살해와 근친상간 금지, 그리고 아버지 하느님을 중심으로 한 유일신 사상으로 이어지면서 아버지의-이름의 기능은 더욱 강화되었다는 것입니다. 그것은 강박증의 탄생이 기독교의 도래와 무관하지 않다는 것으로도 증명됩니다.

정은경 : 그럼 상대적으로 기독교 인구가 많은 우리나라에 강박증 환자가 좀 많겠네요?

이정대 : 철학자일수록 강박증의 증상이 많고, 위대한 철학자일수록 가정 배경이 독실한 크리스천이 많다고 하지 않습니까?

답변 : 불란서 지식인의 많은 수가 동성애자라고 하는데… 그것은 동성애자가 유달리 돋보이기 때문이 아닌가요? 다시 말해 동성애자이기 때문에 지식인이 될 확률이 높아지는 것이 아니라, 지식인 중에서도 동성애자가 특히 세인의 주목을 받기 때문에 동성애자인 지식인이 많아 보이는 것 아닌가요?

이동민 : 신화적으로 보면 부계 사회는 보통 기원전 4~5천 년에 도래합니다. 그렇다고 1~2만 년 전, 구석기시대에 다 여성들이 지배를 했냐 하면, 그것은 아니거든요. 그리고 예전에 교회 다닐 때는 일요일에 한 번이라도 빠지면 불안했는데, 교회 안 나가고부터는 전혀 불안하지 않습니다. 얼마 전 인터넷에서 보니까, 기독교 인구가 줄고 가톨릭 인구가 늘어나는 이유가 바로 기독교 교회는 신자에게 불안을 주기 때문이라고 합니다.

답변 : 프로이트에 따르면 오이디푸스 콤플렉스에 따른 죄책감이 종교를 탄생시켰고, 종교는 그러한 죄책감 위에 세워졌습니다. 다른 한편 그 죄책감은 강박증과 연결됩니다. 따라서 종교 의식과 강박증의 의례는 동일한 기원을 갖고 있습니다. 프로이트에 따르면 금지되어 있는 어머니를 사랑하고 아버지를 죽이고 싶은 마음(즉 근친상간과 근친 살해)이 가장 원초적인 범죄이고 인간으로서 가장 극악한 범죄입니다. 그 범죄에 대한 죄책감을 벗어나기 위하여, 아버지의 자리에 하느님의 법을 세웠다는 것입니다. 따라서 하느님의 법을 어기고 아담과 이브가 선악과를 따먹은 것이 원죄가 아니라, 오이디푸스적인 죄악이 원죄이며, 그 원죄로부터 조금이라도 자유롭기 위하여 아버지-하느님을 내세웠다고 봅니다.

이동민 : 이름은 잘 생각이 안 나는데, 독일의 종교학자가 "아무리 전지전능한 신이라고 할지라도 인간의 사고를 벗어날 수 없다"고 말했답니다. 그것은 귀신이 낮에는 못 돌아다니도록 만들어진 것과 문맥을 같이합니다. 즉 귀신과 밤은 음이기 때문에 귀신은 밤에만 돌아다닌다고 생각한 것입니다.

답변 : 제 딸이 사촌 오빠한테 <교회 안 나가면 지옥 간다>는 말을 들었나봅니다. 그리고 지옥이 얼마나 무서운 데인지를 들었나봅니다. 그날

밤, 제 딸이 무서워서 잠을 못 이루다가, 저에게 물었습니다. <아빠, 교회 안 나가면 진짜 지옥 가?>

김삼수 : 기독교도들은 교회를 나오라고 전도를 많이 합니다. 그럴 때마다 든 생각은, 교회에 가면 평생 죄인으로 살아야 한다는 것이었습니다. 그때 저는 <내가 죄도 안 지었는데 왜 죄인으로 살아야 하지?>라는 의문이 들었습니다.

정은경 : 그거 아무나 못 깨닫는 건데! 거리를 두고 그렇게 깨달아야 하는 건데?

이동민 : 기독교는 선과 악을 대립시켜놓고 악을 제거해야 하는 것으로 보고 있습니다. 반면에 동양 사상—가령 인도의 탄트리즘이나 중국의 음양 사상—은 음과 양의 조화를 강조합니다. 창세기에 보면 빛이 어둠을 몰아내는 데 반해, 동양 사상은 공존과 조화를 강조합니다.

답변 : 그러나 기독교의 성경을 종교의 경전으로서가 아니라 심리학 책으로 읽는다면, 거기서 정신분석적인 많은 아이디어를 발견할 수 있습니다. 그것은 고도로 압축된 심리학 책입니다. 가령, 요한복음 1장 1절(<태초에 말이 있었다. 말과 함께 하느님이 있었다. 말은 곧 하느님이시다.>)은 인간과 하느님이 언어학적인 존재라는 것을 보여줍니다. 프로이트와 라캉은 거기서 <talking cure>의 출발점을 발견합니다. 뿐만 아니라, 예수에 의해 돼지 속으로 들어가는 마귀에 들린 사람이 예수에게 하는 질문("당신은 대체 내게 무엇을 원하십니까?(Che vuoi?)")은, 라캉에게 욕망의 그래프를 그리게 합니다.(그 그래프에 대해서는 나중에 종합적으로 다시 정리할 기회가 있을 것입니다.) 아무튼 성경은 정신분석 차원에서 많은 해석거리를 우리에게 제공합니다. 그래서 저는 학생들에게 늘 이야기합니다. "하나의 <책>으로서 성경을 읽어라. 그것은 인류

역사상 가장 위대한 책이다.” 또 생각난 것이 있습니다. 라캉의 핵심 개념 중의 하나인 <아버지의-이름>도 성경에서 따온 것입니다. 그것은 가톨릭에서 성호를 그을 때 하는 말입니다. 오늘은 여기까지 하지요.

2006년 11월 29일

XIII

낯섦(Entfremdungsgefühl)

〈unheimlich〉의 번역에 대해
〈내가 봐도 섬뜩하다〉
이물질의 낭종화
낯섦의 감정
부조리와 이인증
〈너무 좋아서 진짜 같지 않은〉

우리가 지난 시간에 사물 표상의 사물과 큰사물의 사물에 대해 알아보았습니다. 사물 표상의 사물은 그 표상의 언어적 특성을 규정하는 말이고, 큰사물은 실재계의 실재로서 그러한 언어로는 표상하기 불가능한 것입니다. 왜냐하면 그것은 상징계의 개입으로 현실로부터 영원히 추방된 것이기 때문입니다. 오늘은 그러한 실재계와 <unheimlich>의 관계에 대해 알아보려고 합니다. <unheimlich>는 아주 친숙한 어떤 존재나 대상이 갑자기 낯설고 두렵게 느껴지는 것을 가리키는 형용사입니다. 그것의 명사는 <das Unheimliche>인데, 프로이트는 「Das Unheimliche(두려운 낯섦)」(1919)이라는 논문을 쓴 바 있습니다. 프로이트는 그 논문에서 <unheimlich>를 두 가지 방향에서 탐구하겠다고 말하고 있습니다. 하나는 그 단어의 형성 과정과 의미 변천 과정을 살펴보는 것입니다. 그것은 역사 언어학적인 접근이면서, 동시에 그 단어의 의미소를 추출한다는 점에서 의미론적인 접근이기도 합니다. 다른 하나는 그런 감정이 일어나는 실제 상황을 수집하고, 그 상황의 공통된 요소를 추출하는 것입니다. 그러나 그 두 방향은 프로이트가 말한 대로, 그리고 우리도 충분히 짐작할 수 있듯이, 결국 동일한 결론에 도달합니다.

결론은 의외로 간단합니다. 첫째, <unheimlich>은 <heimlich>의 반대말로서, <heimlich>에 반대를 의미하는 접두사 <un->이 붙어서 파생된 말입니다. 둘째, <heimlich>는 <친숙한, 친밀한, 익숙한>이라는 뜻을 가진 형용사입니다. 셋째, 그런데 <heimlich>는 다른 말의 영향으로 점차 바뀌어 급기야는 그 반대말인 <unheimlich>의 뜻으로 쓰이기도 합니다. 한 단어가 서로 반대되는 뜻을 동시에 가지게 되는 것이지요. 마치 <시원하다>는 우리말이 뜨거운 것을 먹을 때도 쓰이는 것처럼 말입니다. 그러한 언어학적 탐구를 통해 프로이트는 다음과 같은 결론을 내립니다. <unheimlich>는 원래 <heimlich>했던 것이 억압되었다 회귀할 때 야기되는 감정이라고 말입니다. 친숙하던 것이 갑자기 낯설고 두렵게 느껴지는 것이지요.

얼마 전에 부산에서 시인들과 술자리를 할 기회가 있었습니다. 거기서 우연히 <unheimlich>에 대한 이야기를 들었습니다. 한 시인이 <동굴에 들어갈 때 섬뜩하다>고 말하면서 모든 어두운 구멍은 두렵다고 말하니까, 다른 시인이 <거기가 우리가 태어난 고향이잖아?>라고 무심코 대답하더군요. 알고 말한 것인지는 모르겠지만, 프로이트의 위의 논문에서도 그와 비슷한 이야기를 언급하고 있습니다. 프로이트에 따르면, 신경증 환자들은 여자의 성기를 두려워하는데, 그것은 그 성기가 바로 우리가 태어난 고향이기 때문이라는 것입니다. 그렇다면 그 장소가 억압되었다는 것인데,

다시 말해 억압된 것이 눈앞에 나타났다는 것인데, 왜 어떻게 억압된 것일까요? 다 알다시피, 그곳은 금지되어야 할 장소이면서, 동시에 거세된 장소입니다. 그래서 라캉은 큰타자의 성, 즉 어머니의 성을 목격할 때 두려움을 느낀다고 말하고 있습니다. 한마디로, <unheimlich>의 <un->은 억압의 상징입니다.

우선 <unheimlich>와 <das Unheimliche>에 대한 번역의 문제를 거론해볼까 합니다. <unheimlich>는 영어로는 아주 쉽게 번역됩니다. <unheimlich>와 정확히 일치하는 <uncanny>라는 단어가 있기 때문입니다. 게다가 <canny>에는 <heimlich>와 마찬가지로 반대의 뜻도 내포되어 있는 것으로 알고 있습니다. 그러나 불어에는 그 말의 뉘앙스를 담아낼 적당한 말이 없습니다. 그래서 프랑스 정신분석학자들은 <etrangeté inquiétante(두려운 낯섦)>라고, 그것을 풀어서 번역합니다. 완전히 설명조의 번역어이지요. 우리나라에서도 불어 번역본을 가지고 중역을 했는지, <unheimlich>에 대한 번역어로 <두려운 낯섦>이 통용되고 있습니다. <두려운 낯섦>은 적어도 잘못된 번역어는 아닙니다. 그러나 그것은 <unheimlich>에 합당한 한 단어로 된 번역어가 없을 때의 이야기입니다. 게다가 역사언어학적인 관점에서건, 정신분석적인 차원에서건, 어떤 의미에서 <unheimlich>는 <두려운 친숙함>으로 번역되어야 합니다. 그러나 <두려운 친숙함>이라는 표현에는 그 감정의 기원을 보여주는 장점은 있지만, 반면에 <낯설다>는 감정은 드러내지 못하는 단점이 있습니다. 그래서 이리저리 궁리를 하다가, 재작년 이대에서 강연을 하던 중에 <섬뜩함>이라는 단어가 불현듯 떠올랐습니다. 그로부터 프로이트처럼 섬뜩함에 관한 모든 것을 찾아보고, 그것에 대한 자료를 수집했습니다.

우선 사전에서 찾은 <섬뜩함>과 관계된 예문은 다음과 같습니다.

1. <산에서 노루를 보고 늑대인 줄 알고 섬뜩했다.> 노루는 무서운 동물이 아닙니다. 그런데 무섭지 않은 노루를 무서운 동물인 늑대로 오인하고 섬뜩한 것입니다. 따라서 <섬뜩함>은 오인을 통한 반대 사실을 동시에 포함하고 있습니다.
2. <오늘 예전에 다니던 직장에 소득공제 관련 서류 부탁 전화를 했다. 그런데 전화를 받는 상대의 목소리가 아는 사람이기에 섬뜩했다.> 이 예문은 <섬뜩함>이라는 우리말을 <unheimlich>에 더욱 가깝게 가게 합니다. <아는> 목소리가, 섬뜩함의 사전적 정의대로, <소름이 끼칠 만큼 무섭고 끔찍하게> 느껴지는 것이지요.

아쉽게도 <섬뜩함>과 관련된 예문을 사전에서 찾기란 그렇게 쉽지 않은 일이었습니다. 우리 사전에는 예문이 별로 없기 때문입니다. 아무튼 위의 두 예문을 보더라도 <섬뜩함>은 <unheimlich>의 번역어로 손색이 없는 것처럼 보입니다. 게다가 개인적인 사족입니다만, <섬>이라는 발음은 아주 부드럽고 섬세해서 그야말로 <친숙한> 느낌을 주는 데 반해, <뜩>이라는 발음은 뭔가 흐름을 끊어지고 꺾어지는(말하자면 낯선) 것 같지 않습니까? 지나친 비약인가요?

인터넷에서 <섬뜩함>을 찾아봤더니, 『괴물』의 영화감독인 봉준호 씨가 <내가 찍었지만 섬뜩하다>는 제목으로, 『씨네 피플』이라는 잡지의 기자와 2004년 4월 26일에 인터뷰한 기사가 나오더군요. 그 내용은 이렇습니다. 주차장에서 일어나는 일을 CCTV처럼 무심하게, 피사체에 개입하지 않고 찍었더니, 나중에 자기가 보면서도 섬뜩했다는 이야기입니다. 자기가 찍었기 때문에 낯익은 풍경일 터인데, 대상을 있는 그대로 리얼하게 보여주니까, 그 광경이 낯설게 느껴진 모양입니다. 그래서 그 주차장에 가서 주차를 하는데도 섬뜩했다고 말합니다. 봉준호 감독은 <섬뜩함>과 관련하여 새로운 사실을 우리에게 알려줍니다. <리얼하게 찍으니까, 그것이 섬뜩한 현실로 다가온다>는 사실이 그것입니다. 여기서 앞의 <현실>과 뒤의 <현실>은 다릅니다. 전자는 있는 그대로의 물리적 세계이고, 후자는 섬뜩하게 느껴지는 심리적 현실입니다. 이러한 구분은 나중에 우리가 다루게 될, 실재계와 섬뜩함의 관계를 미리 예고해 줍니다.

엊그제(2006년 12월 4일) TV(아마 SBS)에서 재미있는 프로를 보았습니다. 『야심만만』이라는 토크쇼이었는데, 그것은 어떤 주제를 가지고 만여 명에게 설문조사한 결과를 1위부터 5위까지, 그 토크쇼에 참석한 사람들이 알아맞히는 프로였습니다. 그날의 주제는 <나 자신이 섬뜩하고 무섭게 느껴질 때>였습니다. 게임이 시작되자마자, 신정환이라는 개그맨이 발언권을 얻어서, <아, 그거야 내가 1위를 맞힐 수 있지!>라고 말하더군요. 그랬더니 사회자가 "1위가 아닐 때는 어떻게 할 겁니까?"라고 반문하더군요. 그러자 신정환은 "제가 틀리면 바람을 4대 맞지요."라고 말했습니다.(만약에 자신의 대답이 5위권 안에 들지 못하면 턱 밑에서 강한 바람이 나와 얼굴을 일그러뜨리고 머리가 헝클어지게 만듭니다.) 사회자가 말했습니다: "(바람이) 굉장히 셀 텐데요. 자신합니까?" "그럼 2대로 하지요." "좋습니다." 사회자의 말이 떨어지기가 무섭게 신정환은 "<자기의 주문이나 예감이 현실에서 이루어졌을 때>입니다."라고 대답했습니다. 애석하게도 신정환의 대답은 5위권 안에는 들었지만(정확히 말하면 3위), 1위가 아니어서 바람을 2대 맞고 맙니다. 그러나 제가 보기에, 1위(1위가 무엇이었는지는 잘 기억나지 않습니다)보다 더 값진 대답이었습니다. 그보다 신정환의 설명이 더 가관이었습니다. "자기를 버리고 떠난 여자를 보고 속으로 <어디 잘되나 보자. 가다가 넘어져라!>라고 마음을 먹었는데, 진짜 그 다음날 교통사고가 났다고 전화가 왔을 때 섬뜩했습니다." 프로이트는 그러한 섬뜩함의 현상을 <사고의 전능성>으로 설명합니다. 말하자면 자기가 생각하는 대로 이루어지는 것입니다. 그것은 일종의 애니미즘에서 기원하는 것인데, 애니미즘을 파고들어 가면, 죽음의 욕동에 대한 방어작용으로 영혼의 존재를 믿게 되는 현상이 그 근원에 자리하고 있음을 발견하게 됩니다.[1]

신정환이 그러한 실마리를 제공하니까, 그 옆에 있던 GOD[2] 멤버인 김태우라는 가수가 거들더군요. "저도 그런 경험이 있습니다. 옆에서 어떤 차가 끼어들기에, <가다가 사고나 나라!>라고 하니까 얼마 안 가서 사고가 나더라고요. 정말 섬뜩했습니다." 그랬더니 이번에는 김아중이라는 탤런트가 거들고 나서더군요. "꿈속에서 본 것 같은 것을 진짜 보았을 때 섬뜩하더군요." <데자뷔(déjà vu)> 현상을 말하는 것입니다. 그러나 <데자뷔>는 <unheimlich>와 조금 다릅니다. <unheimlich>는 옛날에 보았던 익숙한 것이 생소하게 느껴지면서, 자아가 그 대상을 배척하려는 경향이 있는 데 반해, <데자뷔(déjà vu)>는 이미 본 것처럼 느껴지는 대상이 자아에 통합되려는 경향이 있습니다.[3]

....

정은경 : <입살이 보살>이라는 속담이 바로 사고의 전능성을 말하는 것이군요?

답변 : 맞습니다. 말이 씨가 되어, 말 한마디가 우리의 삶을 결정짓는 예가 있습니다.

....

1 이것에 대해서는 나중에 다시 다루게 될 것입니다.
2 애니미즘을 이야기하니까, 곧바로 <신(god)>이 나오네요? (모두 웃음)
3 <데자뷔(déjà vu)>에 대해서는 우리가 잠시 후에 공부하게 될 「아크로폴리스에서 일어난 기억의 혼란」이라는 논문을 참조하기 바랍니다.

우리가 <unheimlich>를 공부하려면, 우선 거기서 가장 중요한 감정인 <낯섦>의 감정부터 살펴보아야 합니다. <낯섦>에 대한 프로이트의 관심은 아주 일찍, 정신분석의 초창기부터 시작되었습니다. 1895년도에 발간된 『히스테리 연구』에서 이미 <낯설다(fremd, étranger, strange)>가 자주 발견됩니다. 거기서 그 형용사는 <이물질(Fremdkörper, corp étranger)>이라는 복합어로 많이 쓰이고 있습니다. 프로이트는 『히스테리 연구』에서 다음과 같이 말합니다. "결정적인 심리적 외상이 히스테리의 원인이라고 해서, 그 외상이 발병인자(agent provocateur)[원문이 불어]로서 증상을 일으킨 뒤 그 증상만이 계속해서 독립적으로 존재하는 것은 아니다. 심리적 트라우마와 그에 따른 그것의 기억은 이물질의 형태로 존재하고 그 이물질은 한 번 침투하면 멈추지 않고 오랫동안 원동력으로서 작용한다."[4] 한마디로, 심리적 외상은 일회적으로 증상을 일으키는 것에 그치지 않고, 계속 심리 속에 이물질로 남아 다른 증상 형성의 원동력이 된다는 것입니다.

그러한 이물질의 개념은 프로이트의 이론 체계 내에서 일생 존속됩니다. 가령 아직 번역되지 않은 1917년의 논문인 『정신분석의 어려움』에서, 프로이트는 <자아는 자기 집의 주인이 아니다>라는 유명한 말을 합니다. 내가 내 집의 주인이 아니라면, 그럼 누가 내 집에 들어와서 살겠습니까? 이방인, 즉 <낯선> 주인이겠지요. 프로이트는 그러한 낯선 주인을 무의지적인 성욕동으로 봅니다. "성욕동은 완전히 길들여지지 않으며 정신 과정 자체가 무의식적이다."[5] 결국 나의 주인은 자아가 아니라 이물질인 셈입니다. 그러한 역설은 『새로운 정신분석강의』(1931) 제31강에서도 계속됩니다. "무의식적인 억압물은 내적인 낯선 지역이다." 이제 우리는 그 낯

4 프로이트,『히스테리 연구』, 열린책들, 17쪽.
5 프로이트, *Standard Edition XVII*(스트레이치의 영역판), p.143.

선 이물질이 자아에 현실로 나타날 때, 낯설고 두렵게 느껴질 것이라는 사실을 짐작하고도 남을 것입니다. 문제는 그 이물질이 자아와 어떤 관계에 있느냐 하는 것입니다. 아무튼 좀 더 살펴봅시다. 1926년의 『억제, 증상, 불안』에는 <이물질의 낭종화(enkystement)>라고 명명할 수 있는 현상에 대한 기술이 나옵니다. <낭종(囊腫)화>는, 의사이신 이동민 선생님께서 더 잘 아시겠지만, 종양을 물집 같은 낭으로 싸서 신체의 일부로 동화시키는 것을 말합니다. 이를테면, 몸에 침투한 이물질에 대해 우리 몸이 항상 적대적인 태도를 취할 것 같지만, 그렇지 않습니다. 적을 물리치는 가장 좋은 방법은 적을 공격하는 것이 아니라, 적을 아군으로 흡수하는 것입니다. 적에 대한 공격은 2차적인 것입니다. 낭종화는 바로 그러한 문맥에 있습니다. 종양 주위를 밀도 높은 표피로 감싸버림으로써 몸의 일부로 만들어버리는(즉 체화시키는) 것이지요. 프로이트는 『억제, 증상, 불안』에서 다음과 같이 말하고 있습니다.

> 억압을 받아 증상으로 바뀐 심리 과정은 자아의 조직 밖에서 자아와 무관하게 존속한다. 그처럼 이른바 외계의 특권을 누리는 것은 사실 심리 과정뿐 아니라 그것의 모든 파생물들도 마찬가지이다. […] 2차적인 방어 투쟁에서 자아는 상반된 표정을 지닌 두 얼굴을 보인다. 자아가 취하는 한 가지 행동 방침은 그것이 본질상 어쩔 수 없이 복구나 화해의 시도로 여겨져야 하는 상황을 조성한다는 것이다. […] 성적 특성을 잃은 자아의 에너지는 한데 묶어 통합시키려는 충동으로 여전히 그 원천의 흔적을 보이는데, 통합의 필요성은 자아의 힘이 증가함에 따라 더 커진다. 그러므로 자아가 가능한 모든 방법을 동원하여 이런 저런 방식으로 증상들을 결합시킴으로써 그 증상들이 고립되어 이질적인 상태로 남아 있지 않도록 막고 그런 결합을 이용해서 증상들을 자아의 조직에 통합시키려고 한다는 것은 지극히 당연한 일이다.
>
> —『억제, 증상, 불안』, 열린책들, 220~2쪽

지금까지의 이야기를 종합하면,

첫째, 억압받은 심리적 외상과 그 파생물은 자아 밖에, 자아와 무관한 이물질로 존재한다.

둘째, 자아는 화해의 시도로 그것을 자아의 조직에 통합하려고 한다.(이것을 우리는 <이물질의 낭종화>라고 표현한 것입니다. 그러한 통합은 자아의 본래의 기능입니다.)

셋째, 그러나 그것은 <외상적 경험의 잔존물로서 마음에 새겨져 있다가 비슷한 상황이 일어나면 기억의 상징들로 되살아난다>.[6] 말하자면 <증상은 기억의 상징>입니다. 단지 그 기억이 무의식적 기억으로 자아 밖에 이물질로 존재하는 것뿐입니다.

여기서 말하는 <자아 바깥> 또는 <외계>가 프로이트가 『꿈의 해석』에서 언급한 <andere Schauplatz(다른 무대)>의 다른 이름이고, 라캉의 큰타자(Autre)라는 개념의 기원이 되는 장소입니다. 문제는 그 <바깥>이 무엇의 바깥이냐 하는 것입니다. 다시 말해 안과 밖을 나누는 기준이 무엇이냐에 따라 개념의 범주가 달라집니다. 프로이트가 보기에, 그 바깥의 특징은 의식되지 않는 무의식의 지대였습니다. 따라서 그에게 <다른 무대>, 즉 <외계>는 무의식계였습니다. 그리고 제2지형학에서의 기준은 자아, 즉 <나>였기 때문에, 거기서 다른 무대는 <그거>라고 명명된 것입니다. 반면에 라캉이 보기에, <다른 무대>는 자아와 닮지 않은, 따라서 자아와 닮은 타자와도 완전히 구분되는 근본적인 타자였습니다. 그래서 그는 <다른 무대>를 <대문자 타자(Autre)> 즉 큰타자라고 명명한 것입니다. 근본적으로 나와 관계가 없는, 나와 완전히 절연된, 자아 바깥에 있는 비인칭적 타자(인칭적 타자— 소문자 타자— 는 자아와 닮은자(semblable)이기 때문에 자아 안에 있습

6 프로이트, 『억제, 증상, 불안』, 열린책들, 215쪽.

니다)에는 두 가지가 있습니다. 하나는 상징적 언어 — 즉 상징계 — 이고, 다른 하나는 라캉의 독창적인 개념인 실재계입니다. 아무튼 다시 본론으로 돌아가서, 프로이트는 <낯섦>의 감정을, 심리에 이물질로 존재하는 억압된 것의 회귀와 연관시킵니다. 그것을 라캉의 개념 범주에 견주어 본다면, 억압된 것은 표상이기 때문에, 억압된 것의 회귀는 상징계와 상상계에 속하는 작용입니다. 그러나 <이물질>이라는 말의 <물질(Körper, corps)>이라는 말이 암시하듯이, 그것이 혹시 실재계와 관계 있는 것은 아닌지 의구심이 듭니다. 사실 그렇습니다. 라캉은 <unheimlich>의 감정을 설명하기 위해서는, 실재계 — 프로이트의 용어로 <심리적 현실> — 을 가정해야 한다고 생각합니다. 우리는 그것을 잠시 후에 목도하게 될 것입니다.

「아크로폴리스에서 일어난 기억의 혼란」(1936)만큼 낯선 감정을 완벽하게 분석한 논문은 보기 드뭅니다. 그것은 또한, 카페에서 박지연 씨와 윤희섭 씨가 말했듯이, 여러 면에서 감동적인 논문입니다. 첫째, 일상적으로 흔히 있는 일이라서 간과해버릴 수 있는 것을 놓치지 않고 날카롭게 분석했다는 점에서 그렇고, 둘째, 80세 노인으로서 10년 아래인 로맹 롤랑의 70세 생일을 축하하기 위해 보낸 글치고는, 겸손하면서도 아름다운 문체가 그렇고,[7] 셋째, 1904년의 경험을 30년 동안이나 마음에 두었다가, 죽음이 임박한 나이에 끝내 분석해낸다는 집념이 그렇습니다.(그것은 언젠가는 분석을 해

7 그중에서도 다음과 같은 부분은 저로 하여금 읊조리며 인용하지 않을 수 없게 만듭니다. "나는 나에게 그처럼 많은 찬사와 즐거움의 순간들을 제공해준 작가인 당신에게, 내 고마운 뜻을 증언해줄 수 있는 어떤 것을 찾으려고 애써 왔습니다. 그러나 허사였습니다. 나는 당신보다 10살 위이고, 이제 나의 생산력은 끝나가고 있습니다. 내가 당신에게 제공할 수 있는 것이란 고작 <한때 좋았던 때도 있었으나> 이제는 재능이 다한 한 인간의 작은 선물에 불과합니다."(in 『정신분석학의 근본 개념』, 열린책들, 455쪽)

내고야 말겠다는 생각을 했다는 것을 의미합니다.)

김정미 : 단순히 생일 축하를 위해 써 보낸 글인가요? 아니면 로맹 롤랑의 어떤 작품과 관계가 있는가요?

답변 : 그것은 전기를 확인해보아야겠지만, 제 생각에는 로맹 롤랑에 대한 독서와 관계없이, 자기가 존경하고, 또한 그도 자기를 존경하는 작가에 대한 경의를 논문으로 보답한 것 같습니다.

우선 번역의 오류를 지적해야 할 것 같군요. 왜냐하면 <낯섦의 감정(Entfremdungsgefühl>[8]은 이 논문에서 가장 핵심적인 개념인데, 그것을 원뜻과 전혀 다르게 <탈현실화의 감정>으로 번역했기 때문입니다. 그것은 영역본을 가지고 번역했기 때문에 생겨난 오류입니다. <Entfremdungsgefühl>은, 다 알다시피, <fremd(낯선)>의 동사인 <entfremden(낯설게 하다)>의 명사(Entfremdung)와, <감정, 감각>을 뜻하는 <Gefühl>이 결합되어 만들어진 복합명사입니다. 그런데 영역본(*Standard Edtion*)에는 그것이 <feeling of derealization>로 번역되어 있습니다.[9] 그것을 중역하다 보니 <탈현실화>라는 말이 나왔나 봅니다.

아무튼 낯섦의 감정은 「아크로폴리스에서 일어난 기억의 혼란」에서 가장 핵심적인 감정입니다. 프로이트는 아테네의 아크로폴리스 앞에 서자마자

8 프로이트, 「아크로폴리스에서 일어난 기억의 혼란」(1936) in 『정신분석학의 근본 개념』, 열린책들, 462쪽.

9 불역본에는 <sentiment d'étrangeté>로 정확하게 잘 번역되어 있습니다.

<이 모든 것이 우리가 학교에서 배운 대로 정말 존재하는구나!>라는 생각을 합니다. 한편으로는 자기 앞에 존재하는 아크로폴리스의 존재 자체를 의심하는 것이고, 다른 한편으로는 엄연히 존재하는 아크로폴리스가 환각적으로 느껴지는 것이지요.

> 낯섦의 감정은 주목할 만한 현상으로서 아직 그 정체는 별로 알려져 있지 않습니다. <감각>이라고 말하기도 하지만, 그것은 특수한 정신 내용에 부착되어 있고 그 내용에 대한 결정과 결부되어 있는 복잡한 과정임에 틀림없습니다. 그 현상은 정신병에서 자주 발생하지만 정상인들 사이에서도 없지 않습니다. 그것은 이따금씩 환상이 건강한 사람들에게서도 발생하는 것과 같습니다. 그럼에도 불구하고 그 현상은 확실히 어떤 기능의 마비를 의미합니다.[10]

게다가 그것은 <이인(異人)증(Depersonalisation)>[11]과 밀접한 관련이 있습니다. 보통 정신의학에서는 이인증을 두 가지로 분류합니다. 하나는 외부세계가 비현실적으로 느껴지는 것이고, 다른 하나는 자기 자신이 다른 사람처럼 느껴지는 것입니다.[12] 가령 전자에서 주체는 <모든 대상이 멀리 있는 것 같이 보인다>든지 <내가 꿈속을 걷고 있는 것 같다>든지, <모든 사람과 사물이 어색해 보인다>고 말합니다. 반면에 후자에서 주체는 <어, 내 생각이 좀 이상하다. 내가 생각하고 행동하는 것이 마치 로봇이 내게 들어와

---

10 프로이트, 「아크로폴리스에서 일어난 기억의 혼란」, 463쪽.

11 이것도 <탈인격화>라고 잘못 번역되어 있습니다. <depersonalization>은 인격에서 벗어나는 것이 아니라, 인격이 둘로 나눠는 것입니다.

12 그러나 프로이트는 그 두 가지 이인증을 <낯섦의 감정>으로 묶고, 거기서 이인증을 분리해냅니다: "그 현상[낯섦의 감정]은 두 가지 형태로 관찰될 수 있는데, 주체가 현실에 대해서 이상한 느낌을 갖게 되거나 혹은 자기 자신에 대해서 이상한 느낌을 느끼는 경우입니다. 후자의 경우, 우리는 <이인증>이라는 말을 사용합니다. 낯섦의 감정과 이인증은 밀접한 관련이 있습니다."(프로이트, 「아크로폴리스에서 일어난 기억의 혼란」, 463쪽.)

서 생각하고 행동하는 것 같다>라고 말하든지, 아니면 <내 느낌이 얼어붙은 느낌이다>라고 말합니다. 그것이 더 심해지면 <내 뇌가 말랐다>든지, <뇌가 움직이지 않는다>고 말을 합니다. 자기가 자기처럼 전혀 느껴지지 않는 것이지요.

그러한 낯섦의 감정과 이인증이 문학 중에서 가장 많이 다루어진 문학이 실존주의 문학입니다. 실존주의 문학에 대해서 이야기하려면 또 다른 시간의 장이 필요하지만, 간단한 예만을 제시해도 실존주의의 가장 대표적인 개념인 <부조리(absurdité)>가 정신분석에서 말하는 이인증과 얼마나 유사한지를 금방 알 수 있습니다. 실존주의 문학을 대표하는 알베르 카뮈의 『이방인』은 누구나 한 번쯤은 읽어보았을 것입니다. 그것은 제목이 암시하듯이, 주인공 뫼르소가 이 세계에 대해 자신을 이방인으로 느끼는 것입니다. 정신분석적으로 말하면, 주체가 소외되고 주체와 세계가 분리되는 경험을 하는 것이지요. 그와 쌍벽을 이루는 소설로 사르트르의 『벽』이 있습니다. 그것은 카뮈의 『이방인』의 분위기와는 사뭇 다릅니다. 거기서는 자아 속에 존재하는 수많은 이질적인 목소리가 그대로 병렬되어 있습니다. 가령 자기 몸을 보면서 남의 몸처럼 느껴진다거나,[13] 자기 속의 많은 소리가 뒤섞여서 나타납니다. 말하자면 자기와 몸이 분리되고, 정신은 파편화되는 것입니다. 실존주의에서 말하는 부조리는, 그렇게 실존주의 문학이 몸소 보여주고 있듯이, 주체와 세계, 주체와 다른 주체, 그리고 주체와 주체 자신이 괴리되고 서로 조리가 안 맞는 것을 말합니다. 얼핏 보아도, 그것은 정신분석이 밝혀

13 언젠가 어떤 시인이 이렇게 말하더군요: "저 여인의 손은 참 좋겠다. 자기 젖가슴을 마음대로 만질 수 있으니!" 자기 몸이 분리되는 경험은 아니지만, 그 말은 분명히 신체가 파편화되어 보이는 현상을 재치 있게 표현하고 있습니다. 저도 예전에 손잡이도 제대로 잡을 수 없는 버스에 탔을 때, 몸을 분해하여 선반에 올려놓았으면 좋겠다는 생각을 한 적이 있습니다.

낸 낯섦의 감정이나 이인증과 흡사합니다. 그만큼 그 감정은 인간의 보편적인 현상임을 보여줍니다.

「아크로폴리스에서 일어난 기억의 혼란」에서 기술하고 있는 프로이트의 경험은 아주 간단합니다. 프로이트는 남동생과 트리에스테(Trieste)라고 하는 그리스의 어떤 지역으로 갑니다. 그것은 코르푸(Corfu) 섬을 여행하기 위함이었습니다. 그런데 코르푸 섬에 살고 있는 동생의 지인이 <이 더운 날 코르푸 섬에 가면 일사병에 걸릴지 모른다며 차라리 아테네로 가라>고 권유합니다. 그 말을 듣는 순간, 프로이트와 남동생은 이상하게 우울한 기분에 빠집니다. 그래서 아무 말 없이 거리를 배회하다, 그 다음날 무심코 아테네로 가는 배에 올라, 그가 그렇게 열망하던 아크로폴리스에 도착합니다. 그런데 이번에는 아크로폴리스 앞에 섰을 때, <이 모든 것이 우리가 학교에서 배운 대로 정말로 존재하는구나!>라는 생각이 떠오르며, 아크로폴리스가 낯설게 느껴지는 것이었습니다. 프로이트는 그 순간을, 그러한 느낌을 표현하는 사람과 그 표현을 인식하는 사람이 날카롭게 분리되는 것 같았다고 진술합니다. 그것은 주체의 분열에 다름 아닙니다. 프로이트는 자기 속에 존재하는 그 두 사람이 놀란 이유를 각각의 차원에서 설명합니다. 우선 전자 — 즉 그러한 느낌을 표현하는 사람 — 의 입장에서는, 자기가 그런 말을 한다는 것은 아테네와 아크로폴리스의 존재가 불확실하다고 생각했다는 것을 의미하는데, 현실은 그것이 감각적으로 확실히 존재하니까 놀란 것이고, 후자 — 즉 그 표현을 인식하는 사람 — 의 입장에서는, 자기에게는 아테네의 아크로폴리스가 희망과 경탄의 대상인 줄 알았는데, 그 표현이 자기가 의심하고 있었다는 것을 말해주니까 놀란 것입니다. 아무튼 여기서 중요한 것은 지각의 현실과 주체가 괴리되고, 주체는 다시 말하는 주체와 인식의 주체로 분리된다는 것입니다. 그것은 이인증의 시작을 알리는 단서입니다.

프로이트에 따르면, 그 두 경험 — 즉 트리에스테에서의 우울함과 아크로폴리스에서의 환각 — 은 밀접하게 연결되어 있습니다. 그 둘은 모두, 한마디로, <믿을 수 없음(incredulity)>의 표현입니다. 부연하자면, 그 감정들은 아크로폴리스를 구경하는 것이 불가능하다고 생각해오다가 막상 현실로 이루어지니까 생기는 감정입니다. 말하자면 <너무 좋아서 진짜 같지 않은 것(too good to be true)>입니다.

이동민 : 이순자 여사가 영부인이 되었을 때 너무 좋아서 믿어지지가 않았다고 하더군요.

답변 : 바로 그것입니다. 어떤 사람은 일류 고등학교의 합격자 명단을 확인하는 순간 갑자기 허탈해졌다고 하더군요.

프로이트는 그것을 열등의식의 표현이라고 말합니다. 왜냐하면 자기를 그러한 행복을 향유할 자격이 없는 인물로 생각해왔다는 것을 보여주는 것이기 때문입니다. 프로이트의 차원에서는, <내가 아크로폴리스를 보는 것은 불가능해!>라는 무의식적 생각이 아크로폴리스를 보는 순간까지도 지속되고 있었던 것입니다. 그렇게 열등의식은 자기를 폄하하는 양심의 화신인 초자아의 잔재입니다. 그렇기 때문에 열등의식은 죄의식의 일종이며 죄의식의 투사에 불과합니다.[14] 아니나 다를까, 프로이트는 그 글의 마지막

14 열등의식과 죄의식은 오이디푸스기에 아버지와의 동일시에 의해 형성되는 초자아의 두 기능, 즉 이상과 금지의 기능과 관계되어 있습니다. 전자는 아버지처럼 되어야 한다는 이

에, 아크로폴리스에서 아버지를 떠올리며 죄의식을 느꼈다고, 나폴레옹을 인용하면서 고백합니다.

> 나폴레옹이 노트르담 성당에서 황제 대관식을 거행하면서, 그의 형제 중 한 사람에게 얼굴을 돌려 다음과 같이 말했습니다. <우리들의 아버님께서 오늘 여기에 계셨다면, 이런 일에 대해 무슨 말씀을 하셨을까?> 우리는 여기서 왜 우리가 트리에스테에서 이미 아테네로 가는 항해의 즐거움을 망치게 되었는가 하는 문제에 대한 어떤 해답과 만나고 있습니다. 그처럼 먼 길을 간 데서 얻게 되는 만족감에 어떤 죄의식이 결부되어 있었음에 틀림없습니다. [⋯] 성공의 본질은 자신의 아버지보다 더 출세하는 것이었고, 아버지를 앞지르는 것은 금지된 사항이라는 잠재의식이 깔려 있었던 것 같습니다. [⋯] 그러므로 우리의 아테네에 대한 여행의 즐거움을 방해한 것은 자식으로서 아버지에 대한 <효심>이었습니다.[15]

저도 그와 같은 감정을 느낀 적이 있습니다. 청도 운문사를 다녀오다 해가 뉘엿뉘엿 지는 모습을 보고, 갑자기 <아름다운 풍경을 보면 죽은 자가 생각난다>고 말한 적이 있습니다. 지금 와서 생각해보니까, 그 당시 아버지는 돌아가시지 않았지만, 그것은 분명 부모님에 대한 미안함과 연결되어 있었습니다. 어른들이 자주 하는 표현 중에도 그런 것이 있지요? <이런 좋은 세상을 구경하지 못하고 간 사람은 얼마나 안타까울까?> 그것은 성공하는 순간 실패하는 사람들에게서 나타나는 우울증과 일치합니다. 우리가 이미 공부했듯이, 그것에 관한 논문[16]은 더 이상 바랄 것이 없을 만큼 외적

상적 규범으로서의 아버지에 자신을 비추어볼 때 생기는 감정이고, 후자는 아버지처럼 할 권리가 없다는, 아버지의 금지법을 어겼다는 생각의 결과입니다. 따라서 두 의식은 아버지(초자아)로부터 비롯되는 자아에 대한 판단입니다.

15 프로이트, 「아크로폴리스에서 일어난 기억의 혼란」, 466~7쪽.

16 프로이트, 「정신분석에 의해서 드러난 몇 가지 인물 유형」(1916), in 『예술, 문학, 정신분석』,

인 조건이 충족되었을 때, 내적 좌절이 드러나면서 히스테리, 편집증, 우울증 등이 발병하는 것을 보여주고 있습니다.

아크로폴리스에서의 낯섦의 감정도 믿을 수 없음의 표현입니다. 더 정확히 말하면, 그것은 아크로폴리스가 존재한다는 사실의 <믿을 수 없음>과 그것의 <감각적 실재>에 대한 믿음 사이의 타협물로 나타난 환각입니다. 그것을 도표로 그리면, 위의 두 벡터(즉 분력)가 만나 합력(타협물)의 방향으로 나아간 것입니다.

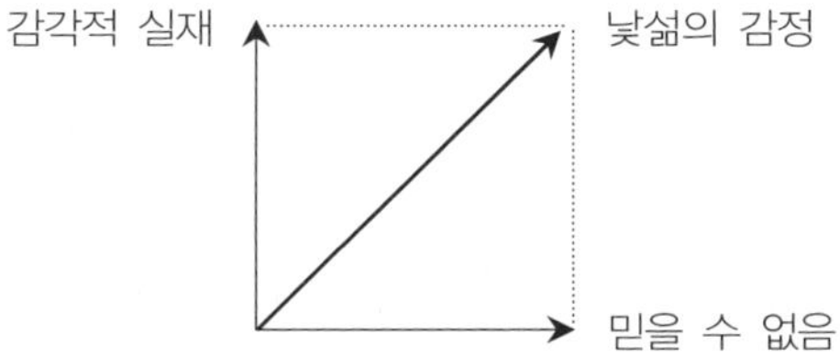

그러한 타협은 프로이트에 따르면 이중의 이동을 통해 일어납니다. 하나는 현재에서 과거로의 이동이고, 다른 하나는 아테네에 구경을 갈 가능성에 대한 의구심에서 아테네의 존재 자체에 대한 의심으로의 이동입니다. 전자는 현재의 <믿을 수 없음>이 어린 시절에도 <믿지 않았다>로 이동하는 것입니다. 그것은 <학교에서 배운 대로>라는 구절이 이미 암시하고 있습니다. 즉 그 말은 <학교에서는 그렇게 가르쳤지만, 나는 믿지 않았다>는 것을 암시하고 있습니다. 그런데 그 당시에 믿지 않은 것은 <내가 아테네에 갈 가능성>이지 아테네라는 존재 자체가 아니었습니다. 그러나 아크로폴리

열린책들, 참조.

스 앞에 섰을 때는 그것이 아크로폴리스라는 존재 자체에 대한 의심으로 이동합니다. 우리는 그것을 <정말로 존재하는구나!>라는 표현을 통해 알 수 있습니다. 이것이 바로 후자의 이동입니다. 프로이트는 그러한 이중의 이동에 의한 낯섦의 감정을 일종의 방어 기제로 봅니다.[17] 즉 그것은 억압해야 할 어떤 것을 <자아로부터 멀리하고 부인하는 것을 목적으로 하고 있습니다.>[18] 그러한 방어장치는 두 가지 방향에서 자아에 접근하는 것 — 하나는 외부 세계에서 오는 것이고 다른 하나는 심리 내부에서 오는 것 — 에 대해 작동합니다. 그리하여 전자는 현실에 대한 낯섦의 감정으로 이어지고, 후자는 이인증으로 이어지는 것입니다.

지금까지 낯섦의 감정이 일어나는 과정을, 아크로폴리스에서 일어난 기억의 혼란을 통해 자세히 분석해보았습니다. 이제 <un heimlich>의 분석으로 넘어갑시다. 그것은 낯섦의 감정에 순간적인 공포가 곁들여진 것입니다. 프로이트에 따르면, <섬뜩함>을 경험하게 되는 것은, 첫째, 억압된 것이 어떤 강한 인상에 의해 다시 되살아나거나, 둘째, 극복된 원시적인 믿음이 현실 속에서 재확인될 때입니다. 전자는 어린 시절의 콤플렉스, 특히 오이디푸스 콤플렉스와 밀접한 관련을 맺고 있는 거세 콤플렉스와 관계가 있습니다. 즉 억압된 거세 공포가 회귀할 때 우리는 섬뜩함을 느낀다는 것입니다. 다른 한편, 프로이트에 따르면, 원시시대에는 실재한다고 믿었던 것이 과학 문명이 발달함에 따라 사실이 아님이 밝혀진 다음에도, 그러한 원시적 믿음은 우리에게 잔존하게 마련인데, 그러한 믿음이 현실로 나타날 때, 다시

17 프로이트는 현실부인이 방어기제로 사용되는 예를 역사적 사실에서 찾습니다. 그에 따르면, 알하마의 보압딜은 그의 도시 알하마가 함락되었다는 소식을 접하고, 그 사실을 믿기 싫어서 그 소식을 전한 병사의 목을 베어버렸답니다.

18 프로이트, 「아크로폴리스에서 일어난 기억의 혼란」, 464쪽.

말해 현실에서 실제로 마주칠 때 섬뜩함을 느낀다는 것입니다. 그러나 그 두 가지는 선명하게 구분되는 것이 아닙니다. 왜냐하면 정신분석의 차원에서도 생물학적 법칙 — 개체발생은 계통발생을 반복한다는 법칙 — 은 그대로 통용되기 때문입니다. 다시 말해 원시 시대는 개체의 차원에서 유년시절에 해당하고, 따라서 원시인의 믿음은 어린아이의 믿음에서 반복되기 때문입니다.

프로이트는 그렇게 섬뜩함이 일어나는 경우들을, 문학작품과 실제 상황을 예로 들어가며 총망라합니다. 그는 우선 섬뜩함의 감정을 소재로 글을 쓰는 호프만이라는 작가[19]의 『모래 인간』이라는 소설을 정신분석적으로 분석합니다. 그에 따르면 그 소설은 독자로 하여금 섬뜩함의 감정에 사로잡히게 만드는데, 그것은 그가 보기에 <눈알 파내기>의 주제와 <분신>의 주제와 관련 있습니다. <눈알 파내기>는 오이디푸스 왕이 아버지를 죽이고 어머니를 아내로 맞은 죄책감에 자신의 눈알을 파내어 버린 사실에서도 알 수 있듯이, 정신분석에서 거세를 상징합니다. 따라서 눈알을 빼내는 것에 대한 공포는 거세의 공포에 대한 환기에 지나지 않습니다. 반면에 분신은 한 인물이 여러 사람으로 나뉘어 나타나는 것을 말합니다. 『모래 인간』에 등장하는 많은 인물은, 프로이트의 분석에 따르면, 한 인물의 여러 심리적 측면이 의인화된 것입니다. 가령 모래 인간의 아버지와 코펠리우스는 한 아버지의 두 측면, 즉 좋은 아버지와 나쁜 아버지이고, 그들은 다시 각각 스팔란짜니 교수와 안경 상인 코폴라로 변형되어 나타나는데, 한쪽은 올림피아의 아버지이고 다른 쪽은 나타니엘(모래 인간)의 아버지입니다. 따라서 나타니엘과 올림피아는 동일인입니다. 그렇다면 나타니엘이 올림피아를 사

---

19 호프만은 가히 <섬뜩함>의 작가라고 말할 수 있습니다. 그는 독자로 하여금 섬뜩함의 감정에 사로잡히게 하는 독특한 재주가 있습니다. 프로이트에 따르면, 오펜바흐는 그러한 감정을 『호프만의 이야기들』라는 음악으로 형상화했습니다.

랑하는 것은 자기가 자기 자신의 반쪽(여성성)을 사랑하는 것에 불과합니다. 말하자면 나르시시즘적인 사랑인 것입니다.[20] 이렇게 분신은 한 인간의 여러 측면이 등장인물로 분할되어 나타난 것입니다.

프로이트의 제자인 오토 랑크는 『분신』이라는 자신의 책에서, 분신 현상을 정신분석적으로 자세히 분석해냅니다. 그에 따르면, 분신의 모티브는 유한한 인간이 자신의 자아의 소멸에 영속성을 보장하려고 육체로부터 불멸의 영혼을 분리해낸 것입니다. 말하자면 분신은 죽음에서 자아를 보호하기 위한 일종의 방어수단인 셈입니다. 그러한 분신 현상은 우리를 단세포 동물의 죽음과 번식으로 안내합니다. 여러분이 다 알다시피, 단세포 동물은 종족 보존을 위해서, 아니 영원히 살기 위해서 자신을 둘로 분열시킵니다. 그럼으로써 완벽한 자기 복제가 이루어지는 셈입니다. 그렇다면 그것은 죽는 것인가요, 아니면 영원히 사는 것인가요? 영원히 살기 위해 자기는 죽으면서 자기를 둘로 나누는 것이지요. 그렇게 삶과 죽음은 단세포 동물에게는 붙어 있습니다. 분신도 마찬가지입니다. 영원히 살기 위해 유한한 육체로부터 그것을 닮은 불멸의 영혼을 떼어내는 것이지요. 프로이트에 따르면, 그러한 분신, 즉 이미 원시적인 믿음일 뿐이라고 극복된 분신과, 현실에서 실제로 마주쳤을 때 섬뜩한 감정이 든다는 것입니다.

이제 프로이트는 섬뜩한 감정이 일어나는 실제 상황을 열거합니다. 첫째, 동일한 것이 반복될 때 섬뜩한 감정이 일어납니다. 가령 미로처럼 생긴 골목이나 숲속을 헤매다가 제자리에 돌아왔을 때가 그렇습니다. 그리고 계속 같은 숫자가 숙명적으로 반복되는 경우도 여기에 속합니다. 가령 수하물을 보관한 보관소의 번호가 62번이고, 투숙한 여관의 방 번호도 62번이고,

20 프로이트, 「두려운 낯섦」, in 『예술, 문학, 정신분석』, 열린책들, 421~2쪽 참조.

게다가 자기의 나이도 62살일 때(여기에 그 날짜가 6월 2일이면 금상첨화이겠지요?)가 그렇습니다. 이것은 반복강박과 관련 있는데, 반복강박은 여러분이 알고 있다시피, 쾌락의 원칙을 넘어서는 죽음의 욕동이 자아로 회귀하는 방식입니다. 따라서 이 경우의 섬뜩함은 죽음의 욕동의 출몰과 모종의 관계가 있다고 할 수 있습니다.

둘째, 사고의 전능성을 경험할 때 섬뜩한 감정이 일어납니다.[21] 그것의 대표적인 예를 「쥐인간」에서 발견할 수 있습니다. 쥐인간은 치료 차, 예전에 효험을 본 수치료소(온천)를 찾아갑니다. 그리고는 효험을 극대화하기 위하여, 예전에 자기가 머물렀던 방을 요구합니다. 그러나 그 방에는 이미 다른 환자가 머물고 있었습니다. 그래서 그는 생각합니다: <내가 저 방에서 나왔으니까, 저 방을 써야 하는데··· 그런데 다른 사람이 들어가 있으니··· 그놈이 빨리 죽었으면···> 그런데 정말 거짓말처럼 쥐인간의 저주를 받은 그 환자가 2주 뒤에 자살을 합니다. 그때 쥐인간은 섬뜩함에 몸서리를 칩니다. 그러한 현상을 프로이트는 사고의 전능성이라고 부릅니다. 그것은 <자기가 생각한 대로> 이루어지는 것을 말합니다.

그러한 사고의 전능성은, 셋째, 정령사상으로 이어집니다. 즉 진짜 운명과 숙명이 있고, 그것들 뒤에는 신령한 어떤 영이 있다고 믿는 것입니다. 그러한 믿음은 무생물에 영혼을 부여하는 것으로 연결됩니다. 그리하여 나무에게도(성황당), 화장실에도(정낭 신), 부엌에도(부엌 신) 정령이 깃듭니다. 온 세상이 영혼들로 가득차는 것이지요. 이것은 고대인들의 무한한 분신 — 따라서 나르시시즘 — 의 소산이라고 말할 수 있습니다. 그것들은 <어둠 속에 있어야만 했으나 드러나 버린 어떤 것들>[22]입니다. 그것들과 마주쳤을 때,

---

21 앞에서 신정환이라는 탤런트가 자신 있게 답한 것이 여기에 해당합니다.
22 프로이트, 「두려운 낯섦」, in 『예술, 문학, 정신분석』, 열린책들, 409쪽 참조.

우리는 섬뜩함을 느끼는 것입니다. 귀신이나 귀신 들린 집, 그리고 죽었던 자의 혼령(가령 햄릿의 아버지) 등이 모두 여기에 속합니다. 이 경우도 분명 죽음과 죽음의 귀환과 관련 있습니다.

그러한 정령이나 혼령과 관계하여, 넷째, 자기 속에서 그리고 타인 속에서 기대하지 못했던 초인적인 힘이 나오는 것을 목격했을 때 섬뜩함이 일어납니다. 가령 간질 환자가 거품을 물며 발작할 때, 그리고 영화 엑소시스트에서 악령이 깃든 12세 소녀의 발작이 그것입니다. 잘린 손가락이나 산 낙지가 굼틀거릴 때도 여기에 속한다고 할 수 있습니다.(물론 이것은 특별히 거세와 관련이 있지만 말입니다.)

마지막으로 다섯째, 엄마의 성기를 보았을 때, 즉 라캉의 용어로 큰타자의 거세된 성을 목도했을 때, 우리는 섬뜩함에 휩싸입니다.

김소희 : 분신은 자아가 분열되면서 영원성을 유지하려고 하는 것이라고 말씀하셨는데, 자기 자신 자체가 일종의 복제라고 느끼는 것도 있지 않나요?

답변 : 그럴 수 있지요.

김소희 : 그렇다면 성급하게 비약하는 것인지는 모르겠지만, 우리나라의 충효사상은 복제에 많은 가치를 부여하고 다른 것은 포용하지 않으려는 것은 아닌가요?

답변 : 비약이기는 하지만 연구 가치는 충분히 있다고 생각됩니다. 충효사상을 정신분석적으로 분석해보면 아주 재미있을 것 같은데요. 충효사상과 분신의 주제를 연결시킨다고 하니까, 초자아는 자아의 분신이라는 프로이트의 말이 생각납니다.

이동민 : 복제라고 하니까, 애를 많이 낳게 하기 위해 충효 사상이라는

이념을 만들어냈다는 말로 들리는데요?

답변 : 저는 복제라는 말을 분신이라는 말로 들었습니다.

김소희 : 그런 뜻은 아니고요. 제가 보기에, 충효사상을 중시하는 동양인들이 [분신과 관련하여 볼 때] 죽음에 대한 두려움이 서양인보다 큰 것 같습니다. 우리는 동네 주변에 묘지가 있으면 다 싫어하잖아요?

답변 : 그것은 너무 멀리 가는 것 같습니다.

이동민 : 선생님은 자기 자식이 자신의 발가락을 닮았을 때 섬뜩한 거 못 느끼셨습니까? 자식이 닮아서 좋기도 하지만 자식이 자신을 닮았다는 것 때문에, 어느 순간 모골이 송연할 때가 있습니다.

답변 : 그것이 바로 분신에 의한 섬뜩함입니다.

김소희 : 그런데 제 주변 사람들은 자기 자식이 자기와 닮은 것에 대해 굉장히 자부심을 느끼던데요?

답변 : 섬뜩함은 의식적인 차원에 있는 것이 아니라, 무의식적이고 무의지적이며 순간적인 것입니다. 그것은 어떤 상황에 맞닥뜨릴 때, 우연히 갑작스럽게 찾아오는 감정입니다.

이정대 : 제가 쌍둥이라서 아는데요. 제가 전화를 받을 때는 모르는데, 녹음된 목소리를 들을 때는 굉장히 기분이 나쁩니다. 쌍둥이 형과 말투가 아주 똑같기 때문입니다.

김정미 : 선생님, 섬뜩함은 실재계와 상상계에 걸쳐 있습니까?

답변 : 예.

2006년 12월 6일

XIV

섬뜩함(das Unheimliche)

심리적 현실과 실재계
증상과 사전 쾌락
〈symptôme(증상)〉과 〈sinthome(증상인)〉
〈대상 a〉와 잉여
잉여 가치와 잉여 향락

우리는 지난 세미나에서 섬뜩함이 일어나는 경우의 수를 모두 열거해보았습니다. 그것들은 결국 두 가지 경우로 나뉩니다. 하나는 억압된 것이 회귀하고 환기될 때이고, 다른 하나는 이제는 극복된 원시적인 믿음이 실제 상황에서 나타날 때입니다. 그러나 프로이트는 섬뜩함의 경우를 그렇게 둘로 나누긴 했지만, 그것에 대한 설명은 억압물의 회귀로 압축합니다. 결국 섬뜩함은 억압되기 전에 굉장히 친숙했던 것이 억압되었다가 회귀하면서 두렵고 낯설게 느껴지는 것입니다. 따라서 프로이트는 섬뜩함을 억압된 표상의 차원에서 설명합니다. 그것은 라캉의 개념적 범주로 말하면 상징계와 그것에 의한 의미작용, 즉 상상계에 속하는 것입니다. 그러나 라캉은 섬뜩함의 감정의 야기를 설명하기 위해서는, 한 가지 차원이 더 필요하다고 말합니다. 그것이 실재계입니다.

우선 프로이트는 극복된 원시적인 믿음에 의한 섬뜩함과 억압물의 회귀에 의한 섬뜩함은 구분해야 한다고 말하고 있습니다. "극복된 것[원시적인 믿음]에 대한 섬뜩함의 경우, 억압이라는 용어를 사용하면 그것의 사용범위를 넘어서게 될지 모른다."[1] 그렇게 억압이라는 용어의 사용범위를 넘어서는 이유는 크게 두 가지로 나눌 수 있습니다. 하나는 극복된 것은 억압된 것과 아주 다르기 때문에 억압된 것으로 극복된 것을 설명함으로써 억압이라는 개념이 방만하게 확대되는 것이고, 다른 하나는 극복된 것에는 억압된 것으로는 설명할 수 없는 다른 어떤 것이 있는 경우입니다. 프로이트는 곧이어 다음과 같이 말합니다. "우리는 그 두 섬뜩함 사이의 심리적 차이를 중시해야 한다. 문명인들이 지니고 있는 정령 사상에 대한 믿음들은 완벽하게 억압이 이루어지지 못한 극복상태로 보아야 한다."[2] 여기서 우리가 눈여겨보아야 할 구절은 <억압이 이루어지지 못한 극복 상태>라는 표현입니다. 그 말은 원시적 믿음에는 억압이 이루어진 부분과 억압이 되지 못한 <찌꺼기> 또는 나머지가 있다는 것을 함축하고 있습니다. 그것을 프로이트의 다음과 같은 말을 통해서 확인할 수 있습니다.

> 우리는 혹은 우리 인류의 조상들은 이미 아주 옛날에 그 가능성들을 실재하는 것으로 여겼고 실현과정도 현실에서 그대로 볼 수 있다고 믿었다. 그러나 오늘날 우리는 그런 것들을 더 이상 믿지 않는다. 우리는 그러한 사고방식을 극복한 것이다. 그러나 그것들이 실재하지 않는 것이라는 새로운 믿음이 아주 확실한 것은 아니다. 즉 우리가 새로운 믿음을 아주 확신하고 있는 것은 아니다. 옛날 것들[원시인들의 믿음들]이 입증될 날만을 기다리면서 우리 가슴 속에

1 프로이트, 「두려운 낯섦」, in 『예술, 문학, 정신분석』, 열린책들, 446쪽.
2 *Id.*

살아있다.

—「두려운 낯섦」, 열린책들, 444~5쪽

그렇습니다. 원시적인 믿음이 억압되었다고 해서 전부 극복된 것은 아니고, <억압되지 않은 부분은 실재하지 않는다>는 믿음이 확실하지도 않은 것입니다. 즉 그것은 <실재>할 수도 있는 부분입니다. 그것이 바로 라캉이 실재계를 따로 구분하는 이유입니다. 그것은 억압되지 않고 추방되는 실재계로, 우리의 심리에 살아 있는 현실(reality)입니다. 우리는 억압된 것에 대한 프로이트의 설명에서도 그것을 발견할 수 있습니다.

> 거세 콤플렉스와 같은 억압된 어린 시절의 콤플렉스들과 어머니와 관계된 콤플렉스 때문에 발생하는 섬뜩함은 실제 경험에 있어서는 그리 흔하지 않다. 실제로 경험한 섬뜩한 감정은 대부분 극복된 것들에 속하는 것들인데 이렇게 극복된 것으로부터 오는 섬뜩함과 어린 시절의 거세 콤플렉스로부터 오는 섬뜩함으로 나누는 것은 이론적으로 매우 중요한 의미를 갖는다. 어린 시절의 콤플렉스에서 유래하는 섬뜩함의 경우는 물리적 현실이 전혀 고려의 대상이 되지 못한다. 왜냐하면 심리적 현실 자체가 물리적 현실의 자리를 대신 차지하고 있기 때문이다. 어떤 내용이 실제로 억압되어 있고 그 억압된 것이 돌아오고 있는 것이다. 그리하여 그 내용[억압된 내용]의 현실성을 믿게 된다.
>
> —「두려운 낯섦」, 열린책들, 446쪽

프로이트는 이 대목에서 극복된 것은 물리적 현실과, 억압된 것은 심리적 현실과 연결시키고 있습니다. 즉 그는 극복된 원시적 믿음이 물리적 현실 속에서 실제로 일어날 때 섬뜩함이 일어난다고 말하는데, 그것은 사실이 아닙니다. 왜냐하면 실증적으로 그것은 물리적 현실 속에서 실제로 일어나는 일이 아니기 때문입니다. 원시적 믿음이 물리적 현실 속에서 목격된다는 것은, 내적인 심리적 현실이 물리적 현실 속에 <되돌아온> 것뿐입니다.

마찬가지로 억압된 것에 의한 섬뜩함의 경우도, 물리적 현실에서 있을 수 없는 거세라는 심리적 현실이 <되돌아오는> 것입니다. 그러나 프로이트는 그것을 심리적 현실이라고 명명해놓고서도, 그것을 억압된 것, 즉 억압된 표상으로 연결시키고 있습니다. 그러면서도 심리적 현실을 물리적 현실과 구분합니다. 결국 프로이트의 논리는 다음과 같이 정리할 수 있습니다.

① 억압된 어린 시절의 콤플렉스 — 특히 거세 콤플렉스 — 에 의한 섬뜩함의 경우는 물리적 현실에서 잘 일어나지 않는다.
② 왜냐하면 그것은 심리적 현실이기 때문이다.
③ 그러한 심리적 현실에 의한 섬뜩함의 경우는 억압된 것이 되돌아오는 것이다.

반면에

1. 극복된 것에 의한 섬뜩함의 경우는 물리적 현실에서 원시적 믿음을 확인할 때 일어난다.
2. 거기에는 완전히 억압되지 않은 실재가 있다.

이렇게 프로이트는 물리적 현실과 심리적 현실, 심리적 현실과 억압된 것을 구분하지 못합니다. 그에 따라 억압된 것과 극복된 것을 하나의 개념 — 심리적 현실 — 으로 설명하는 데 실패합니다. 그러나 억압된 것이든 극복된 것이든, 심리적 현실을 억압된 표상이나 물리적 현실과 구분하여 따로 설정해야 합니다. 그것은 억압되지 않고 [물리적] 현실로부터 추방된 것입니다. 라캉은 그것을 실재계라고 명명합니다. 그에 따라 억압물의 회귀를 심리적 현실(또는 실재계)의 회귀로 바꾸어 다음과 같이 말할 수 있습니다.

<상징계에 의해 억압되지 않고 추방된 심리적 현실은 물리적 현실 속으로 되돌아온다.> 그렇기 때문에 심리적 현실이 회귀할 때 진짜 물리적 현실, 아니 물리적 현실보다 더 강력하고 진짜 같은 현실처럼 느껴집니다. 그것이 바로 환각이고 망상입니다.

프로이트 자신도 억압된 것과 극복된 것이 서로 통합될 수 있음을 감지하고 있습니다. "어쨌든 우리가 완벽한 해답과 분명한 논리 전개를 선호하기는 하지만, 그렇다고 해서 위에서 제시한 두 섬뜩함이 실제 경험에서 그렇게 선명하게 구분된다고 믿어서는 안 된다." 그것들은 완벽하게 구분되는 것이 아닙니다. "만일 우리가 원시적인 믿음들이 어린 시절의 콤플렉스들과 매우 밀접하게 관련을 맺고 있고 그 콤플렉스들 속에 그 뿌리를 두고 있다는 점을 염두에 둔다면 그 구분 자체가 그리 명료하지 못하다는 사실에 그리 놀라지 않을 것이다."[3] 결론적으로 원시적인 믿음은 어린 시절의 콤플렉스로부터 나왔을 뿐 아니라, 개체발생이 계통발생을 반복하듯이, 원시적인 믿음은 어린 시절의 콤플렉스에서 반복되고 있습니다. 달리 말하면, 인류의 원시 시대는 한 개인에게는 어린 시절에 해당하는 것입니다. 그렇다면 원시적인 믿음이나 어린 시절의 콤플렉스를 공통으로 연결하는 것으로, 우리가 심리적인 현실 이외에 가정할 수 있는 것이 무엇이 있겠습니까?

거세를 하나 예로 들어봅시다. 프로이트의 『토템과 타부』에 따르면, 원시적 아버지가 통치하던 시대에는, 아버지의 여자를 탐하는 남자는 아버지에 의해 거세되는 일이 실제로 있었을지 모릅니다. 실제 거세가 일어나지 않았을지라도 모든 남자는 모든 여자를 차지하던 아버지의 심기를 거스르면 거세된다고 믿었을지 모릅니다. 그렇기 때문에 원시인들은 거세를 가장 두

3 프로이트, 「두려운 낯섦」, in 『예술, 문학, 정신분석』, 열린책들, 447쪽.

려워했을지 모릅니다. 그런데 다른 한편으로, 어린아이들에게는 거세 환상이 있습니다. 그것은 남녀의 성기 차이를 거세로 오인하는 것에 불과합니다. 그리하여 어린아이들은 거세의 현실을 목격했을 때 공포를 느낍니다. 프로이트는 이것을 거세의 법과 억압된 거세의 표상과, 그것의 회귀에 의한 거세 환상 또는 공포로 해석합니다. 그러나 라캉은 상징적 거세와 상상적 거세와 그리고 실재계로서의 거세, 프로이트의 용어를 빌어 말한다면, 심리적 현실로서의 거세라는 세 가지 개념으로 조명합니다. 프로이트의 개념과 라캉의 개념을 일치시킬 수는 없습니다. 그러나 라캉의 개념으로 프로이트를 설명한다면, 프로이트가 상징계와 상상계로서 거세의 문제를 풀어간다면, 라캉은 거기에 실재계를 더 첨가한 것입니다. 프로이트도 그러한 사실을 감지하고 있었던 것이 틀림없습니다. "섬뜩함의 감정은 환상과 현실의 경계가 사라진다거나, 또는 이제까지 공상으로 여겨졌던 것이 눈앞에 나타난다거나, 또는 어떤 한 상징이 상징하고 있던 사물의 모든 의미와 기능을 그대로 갖추고 나타날 때 흔히 나타난다."[4] 한마디로 실재계(심리적 현실)와 환상(상상계) 또는 상징의 의미(상징계)의 경계가 무너질 때, 섬뜩한 감정을 느끼는 것입니다.[5] 이러한 각도에서 보면, 환상은 실재계가 상징계의 벽을 허물면서 물리적 현실로 범람하는 것으로부터 우리를 보호해주고 있습니다. 그것은 분명히 환상의 방어작용입니다. 라캉은 그것을 환상의 충전 작용(obturation)이라고 부릅니다. 환상이 없으면 우리는 죽음의 공포를 직접 대면해야 합니다. 따라서 환상이 없는 것보다 있는 것이 더 다행스러운 일일 뿐 아니라, 그렇기 때문에 그것은 없어서는 안 될 중요한 것입니다.

---

4 프로이트, 「두려운 낯섦」, in 『예술, 문학, 정신분석』, 열린책들, 438~9쪽.

5 프로이트의 개념과 라캉의 개념이 엄밀히 일치하는 것은 아니라는 사실을 염두에 두기 바랍니다. 그럼에도 그들의 개념을 대응시켜 설명하는 것은 이해를 돕기 위한 것입니다.

섬뜩함과 관련하여 우리가 주목해야 할 프로이트의 지적은, 그것이 실제 상황에서 일어나는 빈도보다 허구적인 문학작품을 통해 일어나는 빈도가 훨씬 높다는 것입니다. 게다가 같은 주제라 하더라도, 어떤 문학작품은 섬뜩함을 못 느끼게 하는데, 어떤 작품은 섬뜩함을 야기한다는 것입니다. 가령 「폴리크라트의 반지」같은 경우는 섬뜩한 데 반해 「세 가지 소원」은 전혀 섬뜩하지 않다고 합니다.[6] 우리는 여기서 두세 가지 사실을 추론해낼 수 있습니다. 첫째, 실제 상황보다 허구적 상황이 섬뜩함의 감정에 더 적합하고, 둘째, 허구적 작품은 섬뜩한 감정을 일으킬 수도 있고 일으키지 않을 수 있으며, 셋째, 따라서 섬뜩함은 허구적 작품의 어떤 미학적 형식과 관련 있다는 것입니다.

> 작가는 일정한 심적 형태 속으로 빠져들게 하고 또 기대감을 부추김으로써 마치 사슬처럼 연결된 작품의 요소들에 대한 독자의 정서진행을 다른 방향으로 유도할 수 있다. 그는 같은 주제를 갖고서도 매우 상이한 결과들을 만들어낼 수 있다. 그 모든 것은 이미 알려진 사실로 아마 미학 분야의 전문가들에게는 깊이 있게 감식해내야 할 연구대상일 것이다.
>
> —「두려운 낯섦」, 열린책들, 450쪽

섬뜩함이 허구에서 더 잘 발생한다는 것은 섬뜩함이 상상적이라는 사실을 보여주는 것이며, 그것이 언어미학적 형식과 관련 있다는 것은 그 상상성은 언어미학의 산물임을 말해주는 것이 아닐까요? 그렇다면 우리는 라캉의 상상계와 상징계와 다시 만나는 것 아닐까요? 그리고 만약에 그렇다면 그것은 전희 또는 사전 쾌락(forepleasure)의 개념과 연결되는 것 아닐까요? 여러분이 잘 알다시피, 사전 쾌락은 언어에 의해 생기는 잉여 향락(plus-de-jouir)(라

6 프로이트, 「두려운 낯섦」, in 『예술, 문학, 정신분석』, 열린책들, 442쪽 참조.

캉의 개념)의 부분을 가리키는 것입니다. 그렇다면 섬뜩함도 잉여-향락이라는 이야기인데…. 여기에 이르면 우리는 라캉의 잉여-향락이라는 개념을 살펴보지 않을 수 없습니다.

향락의 개념을 이야기하려면 그와 함께 증상을 이야기하지 않을 수 없습니다. 프로이트는 『히스테리 연구』(1895)에서 이미 증상을 기억의 상징이라고 정의했습니다. 여기서 기억은 억압된 무의식적인 기억입니다. 지난 세미나에서 공부한 <이물질>로 심리 속에 존재하는 것이 바로 그것입니다. 그리고 증상은 그 명제를 내세울 당시에는, 심리적 갈등이 히스테리적 전환에 의해 육체적 고통으로 나타난 것입니다. 그렇다면 그 명제는 정신과 육체, 언어와 증상을 연결시키고 있다는 점에서 놀라움을 금치 못하게 합니다. 왜냐하면 그동안은 이원론적으로 완전히 분리되어 있던 두 세계를 연결시키는 통로를 열어놓았기 때문입니다. 그렇다고 의문이 없는 것은 아닙니다. 어떻게 기억의 상징이 육체적 고통과 쾌락을 낳는가 하는 문제가 그것입니다. 그것은 마치 앞에서 말한 언어미학적 형식이 섬뜩함이나 사전 쾌락을 낳는 것과 무관하지 않습니다.

정은경 : 감기에 걸릴 때 얼굴이 빨개지면 그것은 감기일 뿐이지 기억의 상징이 아니지 않습니까?

답변 : 바이러스나 병균에 의한 육체적인 질병의 자율성을 무시하는 것은 아니지만, 프로이트에 따르면, 그러한 순수한 육체적인 질병에도 심리적인 요소가 끼어듭니다. 다시 말해 모든 육체적 병에는 꾀병적인 요소가 있습니다. 병으로부터 얻는 이득이 있기 때문입니다.

이동민 : 의학에서는 <이차적 이득(secondary gains)>이라고 하지요.

답변 : 그 용어 자체가 프로이트로부터 나왔습니다. 뿐만 아니라, 프로이트는 병의 일차적 이득도 이야기합니다. 그것은 병과 증상 자체로부터 얻는 직접적인 이득을 말합니다. 말하자면 아픈 것이 통쾌하고 기분 좋은 마조히즘적인 요소입니다.

아무튼 증상이 기억의 상징이라고 하는 것은, 증상은 의미작용의 차원에 있다는 것을 의미합니다. 왜냐하면 비둘기가 평화를 상징한다는 말은, 비둘기는 평화라는 비유적 의미를 갖고 있다는 말에 지나지 않기 때문입니다. 그래서 라캉은 "증상은 그 자체가 철두철미하게 의미작용"[7]이라고 말합니다. 그러한 의미작용으로부터 두세 가지의 추가 명제를 추론해낼 수 있습니다. 첫째, 증상은 기억의 상징이기 때문에, 기억이 억압되는 시기와 그것으로 말미암아 증상이 형성되는 시기는 다릅니다. 억압의 시기와 증상의 시기가 다른 것입니다. 둘째, 증상은 억압된 무의식적 기억의 회귀와 일치합니다. 따라서 억압과 억압물의 회귀는 구분합니다. 프로이트는 「슈레버」 사례에서 억압을 세 시기로 구분합니다. 원초적 억압인 고착과, 고유한 의미에서의 억압과, 그리고 억압물의 회귀가 그것입니다. 셋째, 그렇다면 억압물의 회귀는 억압의 과정을 역순으로 밟는 것인가라는 문제가 나옵니다. 프로이트는 처음에는 억압물이 억압된 바로 그 장소로 되돌아온다고 생각했습니다.(쥐인간의 <Glejisamen>을 한번 생각해보십시오.) 그러나 나중에는 증상을

7 라캉, 『세미나 II : 프로이트 이론과 정신분석 기법에서의 자아』, 368쪽. 라캉이 증상을 은유로 보았다는 것은 잘 알려진 사실입니다. 그것은 두 가지 사실을 전제하고 있습니다. 한편 은유는 어떤 기호형식을 기호형식의 사슬 상의 동일한 자리에서 다른 기호형식으로 대체할 때 발생하는 의미작용이기 때문에, <증상 역시 일종의 의미작용>이고, 다른 한편 증상은 육체적 전환이기 때문에 육체의 제반 부위를 기호형식화하는 요소로 이용합니다.

억압된 것과 억압하는 것 사이의 타협의 산물이라고 생각하기에 이릅니다. 그에 따라 증상은 원래의 형태로부터 변형 왜곡되어 나타날 뿐 아니라, 억압의 기제와 억압물의 회귀의 기제가 다를 수 있다는 것을 인정합니다. 억압물이 회귀할 때 사용되는 가장 대표적인 기제로, 압축과 이동이 있습니다. 그 메커니즘들은 위장술의 대가들입니다.

정은경 : 억압하는 것에는 무엇이 있나요?

답변 : 가장 대표적인 것이 제1지형학의 전의식과 제2지형학의 자아, 초자아입니다. 그것들 역시 표상으로 이루어져 있는데, 그 표상에 부합하지 않는 억압된 표상이 의식으로 회귀할 경우, 그것들은 그 표상을 의식적 자아 밖으로 밀어내려고 합니다. 그것이 바로 의식 밖에 격리된 무의식입니다.

그런데 문제는 억압하는 것과 억압되는 것이 타협함으로써 증상이 형성될 때, 욕망이 충족된다는 것입니다. 그것은 꿈에 잘 나타나 있습니다. 가령 소변이 마려울 때 우리는 소변을 보는 꿈을 꾸면서 환각적으로 소변욕을 만족시킵니다. 그렇다면 소변 꿈은 소변욕과 대립하는[8] 수면욕까지 만족을 시킬까요? 그렇습니다. 왜냐하면 비록 꿈 때문에 약간 잠을 설치긴 해도, 잠을 계속 자긴 잤기 때문입니다. 따라서 꿈에는 수면 연장 기능이 있습니다. 이렇게 꿈은 소변욕의 입장에서는 실제 만족이 아니라 환각적인 만족으

8 소변욕을 만족시키기 위해서는 수면에서 깨어나야 하고, 수면욕을 만족시키려면 이부자리에 지도를 그려야 하기 때문에, 그 두 욕구는 서로 대립한다고 할 수 있습니다.

로 양보하게 하고, 수면욕의 입장에서는 약간 설치는 잠으로 양보하게 함으로써, 두 대립적인 욕구의 타협을 완수합니다. 증상도 마찬가지입니다.[9] 증상도 꿈과 마찬가지로 욕망의 위장된 실현입니다. 따라서 거기에는 욕망의 충족으로부터 나오는 쾌감이 있습니다. 그 쾌감을 라캉은 향락(jouissance)이라고 부릅니다. 이렇게 향락은 욕망의 대상으로부터 충족을 얻는 방식을 말합니다. 여기서 우리의 연상이 엘리자베스 폰 R. 양으로 달려가는 것은 너무 당연한 일입니다. 여러분이 다 기억하듯이, 엘리자베스 폰 R. 양은 과민한 통각을 보이는 증상 부위를 <꼬집거나 압박하면, 고통스러워하기보다는 오히려 기쁨에 가까운 표정을 지어 보였습니다.> 그녀는 오르가즘을 느낄 때 지르는 신음소리라고 해석할 수밖에 없는 <관능적인 간지러움>을 느끼는 것 같았습니다. 게다가 <얼굴엔 홍조를 띠고 머리와 몸을 뒤로 젖히며 눈을 감았습니다>.[10] 이러한 동작은 무엇을 의미할까요? 증상이 오르가즘을 숨기고 있음을 보여주는 것이 아니라면 말입니다.

여기서 우리의 논지 진행 방향을 다시 한번 되짚어봅시다. 우리는 증상의 상징적 의미 작용으로부터 출발했습니다. 그러나 지금 도달한 것은 육체적인 향락입니다. 그것들 사이에는 뛰어넘을 수 없는 어떤 거리가 있는 듯 보입니다. 그것이 무엇일까요? 분명한 것은, 증상은 향락이고, 향락은 언어와 육체 사이에 있다는 것입니다. 그래서 프로이트 식으로 말하면 증상은 <육체 속에서의 상징의 결과>이고, 라캉 식으로 말하면, <실재계 속에서의 상징계의 결과>입니다. 그러나 프로이트는 증상의 향락적 차원을 발견했음에도 불구하고 그것을 중심으로 증상을 설명하거나 그것을 강조하지는

---

9 증상뿐만 아니라, 환상, 백일몽, 실수, 실언, 망각 등도 모두 그러한 구도로 설명될 수 있습니다.

10 프로이트, 『히스테리 연구』(김미리혜 역), 열린책들, 183쪽.

않았습니다. 반면에 라캉은 후기로 갈수록 증상을 순수 향락으로 간주합니다. 라캉도 처음에는 프로이트를 따라, 증상의 언어학적인 차원을 강조했다는 것은 앞에서 이야기한 바 있습니다. 그렇기 때문에 증상은 전적으로 언어분석 안에서 해석될 수 있었습니다. 그러나 증상의 향락적 요소를 강조하면서부터, 증상은 라캉에게 더 이상 의미작용에 속하는 진실이 아닙니다.[11] 증상은 말의 차원으로부터 출발하지만, 말의 차원을 넘어서는 것이라는 뜻입니다. 따라서 증상은 큰타자에게 말을 걸며 사랑을 요구하는 것이 아니며, 그렇다고 도라나 동성애자의 행동화처럼 해석을 요구하는 것도 아닙니다. 그것은 그 자체로 순수 향락입니다. 따라서 그것은 해석의 범위를 넘어가는 것입니다.

이렇게 증상이 상징적 의미작용(상징계와 상상계의 교차점)을 넘어서는 것이라면, 상징계-실재계-상상계라는 세 개념으로 심리를 분석해 들어가는 라캉으로서는 당연히 증상을 실재계와 연결시킬 수밖에 없었을 것입니다. 따라서 증상은 프로이트가 말하는 대로 억압된 표상의 변형된 회귀라기보다, <실재계로부터 오는 것>입니다. 라캉에 따르면, 증상은 실재계입니다. 그는 어느 세미나에선가 <증상은 사람들이 갖고 있는 가장 실재적인 것>[12]이라고 말했습니다. 그렇다고 증상이 실재계 자체는 아닙니다. 그것은 실재계로부터 오는 메시지라고 할 수 있습니다. 따라서 그것은 <실재계에서의 상징계의 결과>입니다. 그러나 향락이나 실재계라는 개념을 사용하지 않았을 뿐이지, 프로이트가 쾌락의 원칙을 넘어서는 또 다른 종류의 쾌락을 죽음의 욕동과 연관시켜 설명할 때, 우리는 이미 향락과 실재계의 연결

---

11 라캉, 『세미나 XXIII: Le sinthome』(미간행) 참조. 그러나 라캉은 『세미나 II: 프로이트 이론과 정신분석 기법에서의 자아』(368쪽)에서 그와 반대되는 말을 합니다. 즉 <증상은 그 자체로 철두철미 의미작용, 다시 말해 진실, 형태를 갖춘 진실>이라고 말하고 있습니다.

12 라캉, 『세미나 XXIII: Le sinthome』(미간행) 참조.

가능성을 엿볼 수 있습니다. 앞에서 보았듯이 증상은 의식적으로는 고통스러운 것이지만, 무의식적으로는 오르가즘을 숨기고 있습니다. 따라서 우리는 그것에서 죽음의 욕동의 출현을 목격할 수 있습니다. 그것은 실재계의 출현에 직면할 때 죽음의 공포에 휩싸이는 것과 맥을 같이합니다. 섬뜩함이라는 정동도 여기서 예외는 아닙니다. 그것은 억압물의 회귀 이상으로 실재계가 현실 속에 도래하는 것입니다.

정은경 : 증상에 실재계가 도래한다는 말은 증상을 고칠 수 없다는 말인가요?

답변 : 프로이트는 죽음의 욕동이 반복 강박적으로 나타나면, 다시 말해 그거의 저항이 반복되면, 분석의 손이 미칠 수 없다고 말했습니다. 라캉도 1975년의 세미나에서 다음과 같이 말했습니다: "신경증환자들은 어려운 삶을 살고 있다. 우리는 그들의 불편을 경감시키려고 애를 쓴다. 그러나 분석은 너무 멀리 밀고 나가려 해서는 안 된다. 분석자가 사는 것을 행복하게 생각한다면 그것으로 충분하다."[13] 프로이트도 정신분석은 증상의 소멸이나 완치를 목적으로 하는 것이 아니라, 견딜 수 없는 고통을 견딜 만하게 바꾸어 주는 것이라고 말한 바 있습니다.

저는 언젠가 이런 말을 했습니다. 주전자를 옆으로 뉘어놓으면 뒤뚱뒤뚱

13 라캉의 1975년도 「강연과 대담」이라는 세미나.

해서 불안해 보이지만, 주전자의 평평한 밑바닥을 테이블에 대고 제대로 세워놓으면 안정적이라고요. 증상도 마찬가지입니다. 우리는 증상의 위치나 증상에 대한 주체의 위치를 바꿀 수는 있어도 증상을 없앨 수는 없습니다. 왜냐하면 모든 사람이 다 증상을 갖고 있기 때문입니다. 정확히 말하면, 인간은 모두 <증상-인간>입니다. 증상이 없다면 인간이 아닙니다. 인간이 되기 위해서는 증상을 갖지 않을 수 없습니다. 따라서 정신분석은 증상을 다른 증상으로 바꾸어주거나, 증상을 바라보는 방법을 가르쳐주는 것을 목표로 하는 것이지, 증상으로부터 해방시키는 것을 목표로 하지 않습니다. 말하자면 향락의 방식을 바꾸는 것입니다. 어떤 교수가 <학의 다리가 길다고 자르지 말라>는 제목으로 책을 쓴 것으로 기억합니다. 증상도 길다고 잘라서는 안 됩니다. 어떤 의미에서 증상은 인간이 살아가는 데 필수적인 것입니다. 역설적으로 증상은 인간을 병들게 하는 것이 아니라, 살아 있게 만드는 것입니다.

라캉은 그러한 증상의 의미를 살리기 위하여, <symptôme(증상)>의 고어인 <sinthome>을 빌려옵니다. 그것들은 서로 동음이의어이지만, 후자를 표기법으로 사용할 경우에는 특별한 의미가 첨가됩니다. 즉 <sinthome>에는 <homme(인간)>라는 의미가 가미되어,[14] 그것은 인간 자체가 <증상-인간>이라는 의미를 함축하게 됩니다. 라캉은 여기에 영어적인 의미도 첨가합니다. "<Sin>은 영어로 죄악, 즉 원죄를 의미합니다."[15] 그것은 증상이 원초적 죄책감과 관련 있다는 것을 암시하고 있습니다. 또한 라캉이 <sinthome(증상인, 증상-인간)>[16]이라는 신어로 강조하고 싶었던 것은, 증상

14 게다가 <sinthome>은 어원으로의 회귀입니다.
15 라캉, 『세미나 XXIII : Le sinthome』(미간행) 75년 11월 18일 세미나 참조.
16 <sinthome>을 『라캉 정신분석 사전』에서는 <병증>이라고 번역하고 있는데, 저는 오히려 라캉의 의미 — <증상-인간>이라는 — 를 살려 <증상인>이라고 번역하고 싶습니다.

(symptôme)은 <우연히 떨어지는(tomber)>(그것의 어원이 함축하고 있는 것)[17] 것인 데 반해 <sinthome>은 <symptôme>과는 다르게, 떨어지는 것이 아니라, 향락과 욕망이 가능하기 위하여 수정되고 변경되는 것이라는 사실입니다. 라캉이 그렇게 말할 수 있는 저간의 사정은 이렇습니다. 그에 따르면, 제임스 조이스(James Aloysius Joyce, 1882~1941)는 어린 시절에 <아버지의-이름>이 폐기(forclu sion)되는 경험을 많이 해서 정신병자가 될 가능성이 있었는데, 그것을 예술이라는 증상 — 정확히 말하면 <sinthome> — 을 통해 극복했다는 것입니다. 그 과정을 『피네건스 웨이크(Finnegans Wake)』(1939)라고 하는 유명한 작품을 통하여 목격할 수 있습니다. 거기서 모든 언어는 파괴되면서 다시 새로운 언어로 생성됩니다. 전자가 우연히 떨어졌지만 떨어져야 할 분열 증상이라면, 후자는 그 분열 증상을 치료하는 <sinthome>입니다. 그리하여 <sinthome>은 조이스로 하여금 살아 있도록 만드는 것입니다. 라캉은 그것을, 풀어진 보로메오의 매듭을 엮어서 하나로 묶고 있는 제4의 고리로 봅니다. 라캉에 따르면, 그것은 으스러진 뼈를 이어붙이는 일종의 보철입니다. 이제 조이스는 <sinthome>을 통해 <synth-homme>이 되고, <saint-homme>이 됩니다. 그러한 조어들은 모두 동음이의어에 의한 라캉의 말놀음으로, 전자는 <종합-인간>을 의미하고 후자는 <성(聖)-인(人)>을 의미합니다. 그러나 그것은 단순한 말놀음이 아닙니다. 라캉은 그 동음이의어를 가지고, 조이스처럼 자신의 <sinthome>을 만들고 있는 것입니다. 모든 사람은 <symptôme>과 <sinthome> 사이

17 <symptôme>의 어원은 <떨어지다>라는 동사와 관련 있습니다. 정확히 말해 그것은 그리스어 동사인 συμπίπτω(우연히 만나다)로부터 왔고, σύμπτωμα(sumptôma)는 그리스어로 <사건>을 의미한다. 또한 그 단어는 접두사 σύν(…와 함께)와 πίπτω(일어나다, 돌발하다)로 구성되어 있습니다. 따라서 symptôme(증상)은 어원적으로 <함께 일어나는 것> 또는 <경쟁하는 것>이라는 문자적 의미를 갖고 있습니다.(위키피디아 사전 참조)

에서 줄타기를 하고 있는 것입니다. 즉 자칫 잘못하면 <symptôme> 속으로 떨어지는 것이고, 잘하면 <sinthome>이라는 줄 위에서 곡예를 할 수 있는 것입니다.

카프카(Franz Kafka, 1883~1924)가 <나는 문학이다!>라고 오만방자하게 외치면서 자신의 <sinthome>을 창조해냈다면, 조이스는 <나는 언어다!>[18]라고 외치면서 자신의 <sinthome>을 창조한 것입니다. 또 모차르트의 입장에서 본다면, <나는 음악이다!>라고 말하겠지요. 모차르트에게 이런 일화가 있답니다. 모차르트의 명성이 자자할 때, 네다섯 살 되는 또 다른 어린 천재가 나타났었나 봅니다. 그의 부모는 자식의 재능을 알아보기 위해 그를 모차르트에게 데려갔답니다. 그리고는 모차르트에게 질문을 했답니다. "애가 지금부터 음악을 해도 되겠습니까? 재능이 그만큼 됩니까?" 모차르트는 조금의 망설임도 없이 "아직 이릅니다."라고 대답했답니다. 그랬더니 그 부모가 "당신은 이미 다섯 살 때부터 작곡을 했는데 애한테는 왜 이르다고 말하는 겁니까?"라고 반문했답니다. 여기서 모차르트의 기막힌 답변이 나옵니다 : "나는 그런 질문을 하지 않았습니다." 그렇습니다. 자기 자신이 음악이니, 음악을 하느냐 안 하느냐, 하면 언제 하느냐를 물어볼 필요가 없었던 것이지요. 그러면 프로이트에게는 어떤 표현을 부여해주는 것이 좋겠습니까? 한마디로 <그는 무의식>입니다. 사실 그는 무의식을 발견한 것이 아니라 창조했습니다.

....

김삼수 : 선생님, 모차르트에 관한 영화에서 그는 「레퀴엠」을 쓰면서 죽

18 비록 그런 말은 하지 않았지만, 조이스를 카프카에 비추어서 말한다면 그렇게 말할 수 있지 않을까요?

어 가는데, 그렇다면 그것은 실재계를 경험하는 것인가요?

답변 : 실재계를 경험한다기보다, 그 곡을 쓰면서 향락을 느끼겠지요. 라캉의 표현을 빌면, 그것이 <sinthome>으로서의 곡 쓰기입니다.

··························

라캉은 1970년을 넘어서면서 <대상 a>도 향락과 연결시킵니다. 그러면서 네 가지 형태의 담화 공식을 제출합니다. 따라서 <대상 a>가 향락과 연결되는 과정을 공부하기 위해서는 그 네 가지 형태의 담화 공식을 함께 거론해야 하는데, 그것을 학기의 막바지에 다다른 지금 다룬다는 것은 시간적으로도 여유가 없을 뿐 아니라, 한두 시간에 마무리할 수 있을 만큼 그 주제가 그렇게 호락호락하지 않습니다. 따라서 이번 시간에는 <대상 a>와 향락이 <잉여>라는 개념을 매개로 어떻게 이어지는가를 간단하게 살펴보겠습니다. 그리고 <잉여>라는 개념을 최초로 학문에 소개한 마르크스의 <잉여 가치>의 개념을 살펴보는 것으로 만족하려고 합니다.

결론부터 이야기한다면, <대상 a>와 <잉여>와 <향락>의 정의와 관계는 기호형식의 정의로부터 도출되는 <잉여 명제>입니다. 다 알다시피, 기호형식의 정의는 다음과 같습니다: <기호형식은 다른 기호형식을 위해 주체를 표상하는 것이다.> 거기에 맞춰 <대상 a>를 정의하면 다음과 같습니다. <하나의 기호형식이 다른 모든 기호형식을 위해 주체를 표상할 때, <대상 a>는 거기서 <잉여>로 생산된다.> 다시 말해 <대상 a>는 주체가 기호형식들 사이에서 표상될 때, 그 기호형식들에 의해 표상되지 않는, 주체로부터 떨어져 나간 <나머지>입니다. 그것은 마치 주체를 기호형식으로 나눌 때 남는 나머지와 같습니다. 그 나머지가 잉여이고 <대상 a>입니다. 그런데 그 <대상 a>는 타자와 담화 — 특히 주인의 담화 — 를 교환할 때, 향락을 생산합니다. 그것이 바로 <잉여 향락(plus-de-jouir)>이고 <잉여 의미>입니다.

저는 언젠가 정신분석에서 가장 핵심적인 문제가 <잉여>라고 말한 적이 있습니다. 그것은 정신분석의 최초의 질문이자 석가모니의 최초 질문으로 거슬러 올라갑니다. 다 알다시피, 정신분석의 출발에 정신적 고통의 문제가 있습니다. 석가모니도 똑같은 질문을 자신에게 던집니다. <생로병사의 고통은 어디서 오는가?> 그 질문의 답을 얻기 위하여 석가모니는 출가를 합니다. 그러나 그 질문은 올바르다고 할 수 없습니다. 그것은 다음과 같이 수정되어야 합니다. <생로병사의 잉여-고통은 어디서 오는가?> 왜냐하면 생로병사의 고통은 육체적인 것일 뿐 심리적인 것이 아니기 때문입니다. 그것은 동물에게도 있는 고통으로 인간에게만 특수한 것이 아닙니다. 가령 「동물의 왕국」에서 종종 볼 수 있는 장면으로, 어떤 어미 사슴이 2주밖에 되지 않은 자신의 새끼 사슴이 표범에게 잡아먹히는 것을 물끄러미 바라보고 있다고 합시다. 어미 사슴은 물끄러미 바라만 볼 뿐 아무 일도 하지 않습니다. 그 장면이 얼마나 애처롭든지 제 딸은 그것을 보면서 눈물을 흘리더군요. 그러나 어미 사슴은 눈물을 흘리지도 않을뿐더러, 몇 분이 지나자 새끼 사슴을 포기하고 그 자리를 떠납니다. 어미 사슴에게도 모성애가 있고, 그 모성애 때문에 자식을 잃는 슬픔이 있습니다. 그러나 그것은 몇 분 동안일 뿐, 그 자리를 떠난 다음에는 다시는 그것을 기억하지 않습니다. 그러나 인간은 다릅니다. 인간은 자기 자식이 죽은 것도 아닌데 새끼를 잃은 어미 사슴을 보면서 울 줄 압니다. 뿐만 아니라, 그것이 자기 자식일 경우에는 가슴에 묻고 죽은 자식을 생각하며 점점 더 고통스러워합니다. 그것을 우리는 자연 상태의 고통에 비추어, 잉여-고통과 잉여-슬픔이라고 명명할 수 있습니다. 석가모니의 질문은 바로 그러한 잉여 고통의 문제입니다. 코끼리는 자기 종족의 냄새를 안다고 합니다. 가령 코끼리 한 무리가 이동을 하다가, 이제는 뼈만 남은 코끼리의 잔해를 발견하면, 걸음을 멈추고 그 뼈의 냄새를 맡거나 거기에 코를 비비면서 계속 그 주위를 돈답니다. 일종의 애도를 하는 것이지요. 코끼리가 영물인 것은 분명한 것 같습니다. 그러나 그들은 그 이상을 넘어가지 않습니다. 그것이 상징화(상징적 의식화) 되어 반복되지 않는다는 말입니다. 그렇기 때문에 잉여 애도가 없고, 그에 따라 멜랑콜리도 없습니다.

잉여의 문제를 학문적으로 처음 다룬 사람은 마르크스입니다. 여러분도 아마 제가 라캉의 <잉여 향락>이라는 개념을 소개할 때, 마르크스의 <잉여 가치(plus-value)>를 떠올렸을 것입니다. 사실 <잉여 향락>은 마르크스의 <잉여 가치>라는 개념과 용어에 맞추어서, 라캉이 정신분석적으로 만든 말입니다. 따라서 잉여 향락과 잉여 가치는 상동 구조를 갖고 있습니다. 그것은 잉여 향락을 알기 위해서는 잉여 가치를 정확히 이해하고 있으면 된다는 것을 의미합니다. 잉여 가치가 생산되는 과정을 정신분석에 그대로 적용하면, 잉여 향락이 됩니다. 잉여 가치는 보통 다음과 같은 도식으로 표현합니다.

이 도식의 설명은 이렇습니다. 자본가는 어떤 상품(W)을 만들기 위하여 일정액의 화폐, 즉 자본(G)을 가지고, 노동시장에서 노동력(A)을 사고, 상품시장에서는 재료나 연장 도구와 같은 생산 수단(Pm)을 사들입니다. 그렇게 사들인 생산 수단(Pm)과 노동력(A)은 생산 과정(P)에서 결합되어 상품 <W'>를 생산합니다. 그리고 그 상품(W')을 다시 일정한 값(G')을 받고 상

품시장에 내다 팔면, 처음 투입했던 자본(G)을 회수함과 동시에 어떤 잉여가치(⊿g)를 얻게 됩니다. 예를 들어 노동자가 하루 8시간을 노동하여 50㎏의 실을 생산하도록 하기 위하여, 자본가가 시장에서 생산 수단을 10,000원에 사고, 하루 8시간 노동한다는 조건으로 노동력을 4,000원에 샀다고 합시다. 그런데 노동자의 1시간 평균 노동 가치가 1,000원이라고 한다면, 다시 말해 노동자가 1시간 일을 할 때 평균 1,000원의 가치를 생산한다면, 그 노동 가치는 실이라는 생산물의 가치로 그대로 옮겨 갑니다. 그만큼 노동력은 상품에 새로운 가치를 부가하는 것입니다. 따라서 이제 그렇게 만들어진 상품(50kg의 실)은 생산 수단에 든 10,000원에, 그 생산물에 부가된 노동력의 가치(1시간 1,000원 × 8시간 = 8,000원)를 더한 값(18,000원)에 판매됩니다. 그리하여 자본가는 그 상품을 만들기 위해 투자된 자본(14,000원)을 회수함과 동시에, 그 액수를 초과하는 부분인 4,000원의 잉여가치를 얻게 됩니다. 그 잉여가치는 온전히 자본가에게 돌아갑니다. 그래서 『자본론』에서 말하고 있듯이, <자본가는 웃습니다.> 말하자면 속으로 쾌재를 부르는 것이지요. 그러나 정신분석을 하는 우리로서는, 자본가의 웃음이 향락이라는 개념으로 연결된다는 것을 놓쳐서는 안 됩니다. 그렇다면 그러한 잉여가치는 어디서 나오는 것일까요? 마르크스에 따르면, 잉여가치의 발생근거는, 한마디로, 노동력의 상품화에 있습니다. 노동력이 상품화되려면 두 가지 조건이 전제되어야 합니다. 하나는 노동력의 가치가 다른 재화와 마찬가지로 <화폐>로 표시되어야 한다는 것이고, 다른 하나는 그것이 시장경제 속에서 <교환>되어야 한다는 것입니다. 한마디로, 화폐로 교환되어야 합니다. 만약 화폐라는 추상적이고 간접적인 수단을 매개로, 파는 사람과 사는 사람 사이에 교환되지 않는다면, 아마 잉여가치는 없을 것입니다. 그러한 사실을 물물교환 시대에는 잉여 가치가 없었다는 것으로 증명할 수 있습니다.

이제 그것을 <fort-da> 놀이에 대입해봅시다. <fort-da> 놀이에서, 사랑하는 대상인 어머니는 처음에는 실패로, 다음에는 <a>와 <o>라는 음으로 대체됩니다. 다시 말해 상징적 언어로 대체됩니다. 다 알고 있다시피, 이때 여러 가지 효과가 나타납니다. 우선 어머니가 귀가를 해도 본척만척하면서 실패 놀이에 열중합니다. 그것은 주체의 탄생을 예고하는 것입니다. 즉 어머니에 대해 수동적 입장에 있던 아이가 능동적 주체로 태어나는 것입니다. 그것은 언어의 사용, 정확히 말하면 발화 행위와 동시적인 것입니다. 왜냐하면 언어의 발화 행위는 반드시 말하는 주체를 전제하고 있기 때문입니다. 둘째, 말하는 주체는 그 놀이 — 또는 발화 행위 — 에서, 프로이트의 표현을 빌자면 <또 다른 종류의 쾌락>, 즉 향락을 얻습니다. 따라서 그 향락은 사랑의 대상이 언어 상징으로 대체되어 교환될 때 생기는 순수한 향락입니다. 다시 말해 그것은 대상으로부터 오는 향락이 아니라, 순전히 언어 교환으로부터 <남는>,[19] 그렇지만 언어로 설명할 수 없는 어떤 <잉여 향락>입니다.

그러한 잉여 향락을 프로이트의 『농담과 무의식의 관계』(1905)에서 여실하게 목격할 수 있습니다. 그 책은 농담과 말놀음이 가져오는 쾌락으로 점철되어 있기 때문입니다. 라캉은 그것을, 상품의 교환이 지나는 길에 잉여-가치를 남기듯이, 언어의 교환이 지나는 길에 남기는 잉여-향락으로 봅니다.[20] 농담과 말놀음에 배꼽 잡고 웃는 것에 잉여 향락이 있는 것입니다. 라캉은 사용 가치와 교환 가치의 차이에서 잉여 가치를 읽는 마르크스를 쫓아, 대상의 직접적 사용으로부터 오는 쾌락과, 대상을 언어로 대체 교환함

19 왜냐하면 그 향락은 언어 교환의 목적인 의미와 의사 전달을, 언어 교환 자체에서 제하고 남는 나머지이기 때문입니다.

20 프로이트도 『농담과 무의식의 관계』에서 "다른 사람과의 의사소통은 약간의 향락을 제공한다."고 말하고 있습니다.

으로써 생기는 또 다른 쾌락의 차이에서, 잉여 향락을 읽은 것입니다. 그래서 라캉은 <나는 프로이트의 에너지론을 [마르크스의] 정치경제학으로 대체하겠다>고 말할 것입니다.

2006년 12월 13일

XV

잉여 향락

농담의 조건 1. 정신적 비용의 절약
2. 제3자와 언어 교환
잉여와 잉여 향락
〈대상 a〉의 정의
육체의 주체화

$$\frac{S_1}{\$} \rightarrow \frac{S_2}{a}$$

잉여 향락이 언어 교환을 통해 남는 떡고물이라는 사실을, 프로이트는 『농담과 무의식의 관계』에서 다음과 같이 말하고 있습니다. <농담은 다른 사람과의 의사소통 시에 약간의 향락을 제공한다.> 그렇다면 그 향락은 누구에게 떨어질까요? 농담자일까요? 아니면 농담을 듣는 제3자[1]일까요? 프로이트는 농담을 하는 사람에게 농담의 쾌락이 없는 것은 아니지만, 유머가 자아내는 쾌락의 근원을 파악하기 위해서는 무엇보다도 유머를 듣는

1 여기서 농담의 청취자를 제3자라고 하는 이유는, 농담을 만들어서 하는 사람을 농담자라고 하고, 그 농담의 대상이나 소재가 된 것을 피농담자라고 하면, 농담의 청취자는 그들과 농담 자체에 대해 방관자적 입장에 있기 때문입니다.

사람에게서 일어나는 과정을 살펴보는 것이 좋다고 말합니다.[2] 왜냐하면 농담을 하는 사람에게는 농담에 의한 해방 에너지가 농담-작업(농담을 만드는 작업)에 쓰인 뒤, 그 나머지만 방출되기 때문입니다. 반면에 농담의 청취자인 제3자는 그런 비용이 전혀 없기 때문에 농담의 쾌락을 만끽할 수 있습니다.[3] 그렇기 때문에 농담에서 일어나는 정신적 과정은 제3자에게 가장 여실하게 드러납니다. "말하자면 농담의 쾌락은 제삼자에게 선사되는 것입니다."[4] 따라서 농담이 농담으로서 가치가 있으려면 제3자에게 말해져야 하며, 그 농담이 웃음으로 받아들여질 수 있다고 확인해주는 것은 바로 제3자입니다.[5]

그렇게 제3자가 농담을 통해서 쾌락을 느낄 수 있는 것은, 프로이트에 따르면, "정신적 억제를 만들고 유지하는 데 드는 <정신적 비용(der psychische Aufwand)>이 절약되기" 때문입니다. 그것을 쉽게 이렇게 생각할 수 있습니다. 다 알다시피, 불쾌감은 긴장의 고조와 일치하고, 쾌감은 긴장의 이완과 일치합니다. 그런데 긴장은 말하자면 해당 부위에 힘을 주는 것입니다. 따라서 긴장 이완은 긴장하는 데 들어갔던 힘을 빼는 것에 불과합니다. <절약의 원칙>도 마찬가지입니다. 그것은 억제에 들어가는 비용을 아끼는 것이고, 그에 따라 억제를 극복하고 억압된 것을 해방시키는 것입니다. 그렇기 때문에 정신적 비용의 절감은 향락을 제공하는 것입니다. 프로이

2 「유머」(1927) 참조.

3 우리는 그러한 사실을, 농담을 합리적 사고로 이해하려면 웃음 효과가 상실된다는 것에서 알 수 있습니다. 그러한 사실로부터 농담을 만들고 이해하는 작업에도 에너지가 소모된다는 것을 알 수 있습니다. 확실히 농담을 하는 사람은 농담의 청취자보다 잘 웃지 않는 것이 분명합니다.

4 『농담과 무의식의 관계』, 189쪽.

5 이러한 제3자는 라캉의 큰타자라는 개념의 원천 중의 하나입니다. 왜냐하면 제3자가 농담의 성립 여부를 확인해주는 사람이라면, 큰타자는 말의 진실의 보증자이기 때문입니다. 우리는 그들 옆에서 우리의 진실을 인정받으려고 애쓰고 있는 것입니다.

트는 『농담과 무의식의 관계』의 결론에서 3가지 종류의 농담이 취하고 있는 각각의 비용 절약 방식을 다음과 같이 기술하고 있습니다.

> 우리가 보기에, 농담(joke, mot d'esprit, Witz)의 쾌락은 <억제(에 대한) 비용의 절약>에서 나오고, 희극(the comic, le comique, der Komik)은 <표상 (투여의) 비용의 절약>에서 나오고, 유머(humour, humour, Humor)의 쾌락은 <감정 비용의 절약>에서 나오는 것 같다. 쾌락은 우리 심리장치의 세 가지 작용 방식에서 절약으로부터 나온다. 그 셋은 정신적 활동의 발전 때문에 상실되었던 쾌락을 정신적 활동으로 다시 얻으려는 방법이라는 점에서 일치한다. 우리가 그런 방법으로 도달하려 했던 병적 쾌락은 경미한 노력이 정신적 작업 일반을 도맡곤 했던 인생의 한 시기에 느끼는 기분이나 마찬가지이다. 즉 우리가 희극적인 것을 알지 못하고 농담의 능력도 없었으며, 삶의 행복감을 느끼기 위한 유머가 필요하지 않던 유년기의 기분인 것이다.[6]

농담이 제3자에게 향락을 제공하려면 몇 가지 조건이 충족되어야 합니다. 첫째, 제3자가 농담자와 같은 곳에 투여하고 있다는 것이 보장이 되어야 합니다. 그것은 농담자의 억제와 제3자의 억제가 정신적으로 일치하여, 농담을 듣는 순간 그 억제가 자동적으로 풀어져야 한다는 것을 의미합니다. 그래서 종종 그것들이 일치하지 않아서 제3자가 전혀 웃지 않는 일이 일어나는 것입니다. 둘째, 일단 억제 비용이 절감되면, 그 에너지가 그 자체의 방출에 쓰이지 않고 다른 데 쓰여서는 안 됩니다. 가령 농담에 사용된 표현을 이해하기 위하여 그 에너지가 사고력에 쓰이는 경우가 그것입니다. 그것은 향락을 반감시킬 수 있습니다. 셋째, 해방되어야 할 에너지 투여가 미리 강화되고 고조되면 유리합니다.[7] 이 세 번째 조건은 고무줄이나 로프를 당

---

6 프로이트, 『농담과 무의식의 관계』, 열린책들 VI, 290쪽. 각각에 관한 자세한 설명은 다음 기회에 다시 다룰 예정입니다.

기는 놀이에서 그것을 잔뜩 당겼다 놓으면 그 효과가 배가되는 원리와 같습니다. 아무튼 프로이트는 농담의 쾌락을, 억압에 사용되던 에너지의 절약에서 오는 해방감에 연결시킵니다. 그리고 그 농담의 청취자가 갖고 있는 농담의 보증자로서의 역할을 강조합니다. 반면에 라캉은 정신적 비용의 절감보다는 농담의 보증자로서의 제3자를 강조함으로써, <에너지론(프로이트)을 정치경제학(마르크스)으로 대체합니다>. 그것은 화폐 교환에 의한 잉여가치의 생산과 같은 문맥에서, 농담의 쾌락을 언어 교환에 의한 잉여 향락으로 보겠다는 뜻입니다.

예를 하나 들어가며 설명해보기로 합시다. 프로이트와 라캉이 가장 대표적인 농담으로 여기고 있는 것은, 『농담과 무의식의 관계』의 서두를 장식하고 있는 <familionär>입니다. 그것은 많이 인용된 것이면서도, 정작 프로이트의 원문은 읽지 않은 경우가 많으니까, 이번에는 원문을 한번 읽어보기로 합시다.

> 하인리히 하이네(Heinrich Heine)는 자신의 『여행기』 중의 「루카의 온천들」이라는 제목이 붙은 부분에서 복권 판매상이자 티눈 제거 기술자인 함부르크 출신의 히르슈 히야킨트(Hirsch-Hyacinth)라는 유쾌한 인물을 소개한다. 그 인물은 시인[하이네]에게 잘로몬 로트쉴트(Salomon Rothschild) 공작과 자신의 관계를 자랑하면서 마지막으로 이렇게 말한다: "박사님, 신이 제게 모든 은총을 내리셔서, 나는 잘로몬 로트쉴트 옆에 앉았는데, 그는 나를 완전히 자신과 같은 부류로, 아주 <familionär>하게 대해주었습니다."[8]

이것을 농담으로 만드는 것은 대체 무엇일까요? 다 알다시피, <familionä

7 프로이트, 『농담과 무의식의 관계』, 열린책들 VI, 191쪽 이하 참조.
8 프로이트, 『농담과 무의식의 관계』, 열린책들 VI, 21쪽.

r>는 <familiär>와 <Millionär>의 결합으로 만들어진 신조어입니다. 따라서 <familionär>하게 대해 주었다는 것은, '그 손님 접대가 <친밀한(familiär)> 것이었지만, <백만장자(Millionär)>로서의 분위기가 곁들여지면 흔히 그러하듯이, 유쾌하지 않은 부류의 친숙함이었다'는 것입니다. 그러나 문제는 그 표현이 그 농담을 하는 히르슈-히아킨트나, 그 농담을 듣는 하이네나, 그리고 그 에피소드를 읽는 우리 같은 독자까지도 소리 내어 웃게 만든다는 데 있습니다. 만약 그러한 신조어를 만들어 사용하지 않고, 그 뜻을 곧이곧대로 충실하게 풀어 설명했다면(가령 <친밀했지만 백만장자처럼 거들먹거리는 분위기가 풍겼다>라고 그 의미를 번역했다면), 우리는 반성적으로 사고했을지는 몰라도 웃지는 않을 것입니다. 따라서 그 농담의 쾌락은 독특한 표현 양태로부터 나오는 것이라고 할 수 있습니다.

게다가 우리가 간과해서는 안 될 것은, 정작 히르슈-히아킨트는 그 농담의 의미를 모르는 것 같다는 것입니다. 그는 로트슐트 옆에 앉은 것을 영광으로 생각하고 있는데다, 그가 자신을 <친밀하게(familiär)> 대해준 것을 신의 은총이라고 생각하고, 정말로 감격해서 웃은 것이 분명합니다. 따라서 <familionär>라는 표현은 자기도 모르게 자동적으로 발설된 것입니다. 그렇다면 그의 웃음에는 <familionär>라는 표현으로부터 오는 쾌락 효과는 없었을까요? 아마 있었을 것입니다. 그 표현은 <친숙한(familiär)> 겉모습 뒤에 숨겨진(히르슈-히아킨트의 입장에서는 억압된) <백만장자(Millionär)>의 거드름을 드러내고 있기 때문입니다. 말하자면 그 표현은 <familiär> 뒤에서 <Millionär>가 고개를 살짝 내밀고 있는 형상을 하고 있습니다. 그것은 억압된 것이 표출되고 해방된다는 것을 의미합니다. 따라서 그 표현은 프로이트의 말대로 억제에 드는 비용을 절감하는 효과가 있습니다. 그렇기 때문에 그의 웃음에는 그 표현으로부터 오는 쾌락적 요소도 가미되어 있는 것입니다.

그렇지만 그 농담으로 더욱 즐거운 사람은 그 농담을 제3자로서 듣고 있는 하이네이고 우리 같은 독자입니다. 왜냐하면 제3자는 농담을 만드는 작업에 에너지를 허비하지 않고 온전히 방출시킬 수 있을 뿐 아니라, 히르슈-히아킨트의 무의식적 의미까지 즉각적이고 자동적으로 인식하기 때문입니다. 이렇게 농담의 쾌락은 제3자에게 농담이 언어 교환으로 전해질 때, 순전히 언어 표현으로부터 나오는(그러나 언어 표현에 속하는 것이 아니라, 오히려 그 언어 표현 밖으로 떨어져 나가, 그 언어표현으로서는 설명할 수 없는) 잉여의 부분입니다.

『농담과 무의식의 관계』는 그러한 독특한 표현들로 가득 차 있습니다. 가령 <Rousseau(루소)>를 동음이의어를 사용하여 <Roux-sot(루-소)>로 분해하여 읽으면, <적갈색(roux)의 어리석은(sot)> 루소가 됩니다. 제가 학부 다닐 때, <Mallarmé(말라르메)>를 <mal-armé(말-아르메)>로 끊어 읽곤 했습니다. 그러면 그것은 <잘못(mal) 무장한(armé)>가 됩니다. 그러면서 우리는 배꼽 잡고 웃었지요. 그러한 웃음이 바로 잉여-향락이라고 할 수 있습니다. 그 쾌락은 과연 어디서 올까요?

....

김소희 : 의미의 중압감이 있을 때, 그 뚜껑이 열리면서 쾌감이 오는 것 아닐까요?

답변 : 그렇습니다. 프로이트 식으로 말하면 억압에 드는 비용이 제거되면서 생기는 쾌락입니다.

....

제가 보기에, 그러한 쾌락을 구성하는 요소 중에서 가장 핵심은, 첫째, 순전히 언어 표현에서 온다는 것이고, 둘째, 제3자에게 전달되어야 한다는 것이고, 셋째, 대상의 속성과 관계 있다기보다, 억압된 어떤 것이 해방될 때[9] 생기는 것이라는 것입니다. 사실 향락에 해당하는 독어의 <Genuß>는 일반적으로 미학적 표상으로부터 오는 쾌락을 가리킵니다. 프로이트도 그 용어를 일상적인 의미에서 사용했습니다. 괴테는 그 말의 뉘앙스를 날카롭게 파악해서, 아마추어 예술가를 <der lebendig genissende Mensch(살아 있는 향락적 인간)>이라고 정의했답니다. <Genuß>는 그만큼 일반적이면서(아마추어) 예술적 표현과 관계가 있는 것입니다. 따라서 프로이트가 『농담과 무의식의 관계』와 같은 해에 발표한 『성욕에 관한 세 편의 에세이』(1905)에서는 <Genuß>라는 용어를 단 한 번밖에 사용하지 않았으면서,[10] 『농담과 무의식의 관계』에서는 수도 없이 사용한 이유도 그러한 <Genuß>의 용법과 무관하지 않습니다. 즉 『농담과 무의식의 관계』는 농담이라는 순수한 언어 표현에서 오는 쾌락을 다룬 책이기 때문입니다. 그러한 의미에서 문학과 정신분석은 향락을 매개로 이어져 있다고 할 수 있습니다. 왜냐하면 인간이 말하는 존재인 한, 인간의 향락은 자연주의적 쾌락으로 환원될 수 없기 때문입니다. 모든 말은 향락적입니다.

정은경 : 그렇다면 향락은 은유와 환유에서 생기는 어떤 것입니까?

답변 : 예. 은유와 환유는 농담이 만들어지는 메커니즘이라는 점에서 그

9 예컨대 <Rousseau(루소)>는 <적갈색(roux)의 어리석은(sot)> 것과 관계가 없으며, <Mallarmé(말라르메)>는 <잘못(mal) 무장한(armé)> 것과 관계가 없습니다. 오히려 그들은 그 역입니다. 그런데도 우리가 그 농담을 들으면서 배꼽 잡고 웃는 것은, 우리보다 훨씬 <똑똑하고> <무장한> 사람에 의해 억눌려 왔던 어떤 감정이 일시에 터져 나오기 때문입니다.

10 프로이트는 『성욕에 관한 세 편의 에세이』(1905)에서, "절대적 동성애자는 이성 파트너와의 사이에서 향락이 없다"고, 단 한 번만 향락에 대해 말했습니다.

렇습니다.

··························

가령 환유적 기법이 주로 쓰인 농담 중에 다음과 같은 것이 있습니다. 독어에 열정을 뜻하는 <Leidenschaft>는 단어가 있는데, 그것을 <Leiden-schafft> 분리시키면, <고통(Leiden)을 유발하는(schafft)[11]> 것이라는 농담이 됩니다. 농담과는 약간 다르지만, 동음이의어를 통한 라캉의 말놀음도 이 범주의 향락을 제공한다고 할 수 있습니다. 우리가 지난번에 공부한, <la Chose>를 <l'a-chose>로 쓰는 것이 거기에 해당합니다. 우리는 그때 <l'a-chose>라는 말놀음 자체가 실재계의 단계로 승격시키는 것(또는 <큰사물>의 위엄을 갖추는 것)이라고 말한 바 있습니다. 그것은 잉여 향락과 무관하지 않습니다. 왜냐하면 라캉은 <대상 a>를 <큰사물>뿐 아니라, <잉여 향락>으로도 연결시키기 때문입니다. 큰사물-실재계(나머지)-<대상 a>-잉여 향락은 모두 관계가 있습니다. 불문학을 배울 때 <Baudelaire(보들레르)>를 가지고 말놀음을 한 적이 있습니다. <Baudelaire(보들레르)>는 <beau-de-l'air(보-들-레르)>(공기의 아름다움)이라고 말입니다. 아무튼 농담의 희열은 언어의 미적 형식으로부터 오는 쾌락입니다.[12]

이제 <대상 a>를 요약하고 이번 학기 세미나를 마칠 때가 된 것 같습니

---

11 <schafft>는 <schaffen(유발하다, 창조하다)>이라는 동사의 과거분사입니다.

12 프로이트는 농담에서 오는 쾌락은 내면적인 억제를 제거하는 데서 오는 즐거움을 더욱 상승시킨다고 말하고 있습니다. 프로이트는 그러한 쾌락을 <Vorlust(사전 쾌락 또는 전희)>이라고 부르면서, 형식적 미로부터 오는 향락이라고 말하고 있습니다.(『농담과 무의식의 관계』(1905), 175~6쪽과 『나의 이력서』(1925), 269~70쪽 참조) <전희>에 대해서는 시간 관계상 워크숍에서 다시 다루겠습니다.

다. 우리는 지금까지 <대상 a>와 <부분 대상>(<좋은 대상>과 <과도적 대상>을 포함하는)의 관계, 환상의 대상으로서의 <대상 a>, 존재 결핍 — 정확히 말하면 대상 결핍 — 으로서의 <대상 a>, <대상 a>와 남근의 관계, 그리고 <큰사물(la Chose)>과 <대상 a>의 관계 등의 맥을 숨 가쁘게 짚어보려고 노력했습니다. 그러나 무엇보다도 중요한 것은, 욕망의 원인인 대상, 즉 아갈마(agalma)로서의 <대상 a>의 개념입니다. 그것으로부터 앞에 길게 나열한 <대상 a>의 여러 측면이 모두 설명될 수 있습니다.

그것을 다시 한 번 살펴보기 위해서는 소크라테스와 알키비아데스의 관계로 거슬러 올라가야 합니다. 알키비아데스는 소크라테스를 숲의 정령인 실레노스에 비유합니다. 실레노스와 소크라테스의 공통점은, 첫째, 굉장히 못생겼다는 것이고(아토피성 피부에다 추남의 전형입니다), 둘째, 그렇지만 그 초라한 외모 속에는, 모든 사람의 마음을 사로잡는, 보석처럼 빛나는 담화술, 즉 언변이 숨어 있다는 것입니다. 알키비아데스는 소크라테스의 말을 들으면, 가슴이 벌렁거리고, 눈물이 나오면서 도망을 칩니다. 그것은 성적 욕망이 표출될 때 나타나는 가장 전형적인 증상입니다. 달리 말하면, 소크라테스의 언변은 알키비아데스의 욕망의 대상입니다. 그러나 잘 생각해보면, 그것은 욕망의 대상이 아니라, 욕망을 불러일으키는 욕망의 원인으로서의 대상입니다. 라캉은 그것을 아갈마라고 부릅니다. 결론부터 말한다면, 아갈마는 주체에게 존재 결핍인 대상(대상 결핍)이 환상적으로 사랑의 대상에게 투영된 것입니다. 그렇기 때문에 라캉은 <대상 a>를 환상의 대상과 존재 결핍과 연결시킵니다. 그것은 환상의 공식($\$\diamond a$)이 의미하는 바이기도 합니다. 또한 그것은 환상의 공식($\$\diamond a$)에서, 분열된 주체가 <대상 a>와 마주하고 있는 이유이기도 하고, 그것들 사이가 공백(◇)으로 분접되어 있는 이유이기도 합니다.

그렇다면 <대상 a>는 어떻게 상징계와, 그리고 실재계와 연결될까요?

그것은 어떻게 보면 간단합니다. 우리는 그 관계를 알기 위하여 기호형식의 정의로 다시 돌아가야 합니다. 라캉의 기호형식의 정의는, <기호형식은 다른 기호형식을 위하여 주체를 표상한다>는 것입니다. 그것을 간단히 예를 들어 설명해봅시다. <나>라는 대명사(기호형식)가 주체를 표상할 때(즉 주체를 표상하기 위하여 발화될 때), <나>라는 기호형식(S_1)은 가치를 갖기 위하여 <너>라는(<너>를 포함한 다른) 기호형식(S_2)을 지향해야 합니다. 따라서 그 순간, <나>라는 기호형식에 의해 표상되던 주체는 <나>와 <너>라는 기호형식 사이에서 분열됩니다.(그렇게 분열된 주체를 <$\not{S}$>로 표시합니다.) 라캉에 따르면, 그때 기호형식 사이로, 또는 분열된 주체 사이로, 기호형식에 의해 포착되지 않고 주체로부터 떨어져 나가는(상실되는) 주체의 육체의 부분(부분 대상)이 있습니다. 그것은 주체를 기호형식으로 표상할 때 남는 <나머지>이며, 주체의 육체의 <파편>이며, 주체가 분열된 틈 또는 <공백>입니다. 따라서 <대상 a>는 주체를 기호형식으로 나눈 나머지로, 기호형식(상징계)의 그물을 빠져나간, 그렇기 때문에 그 그물로써는 건질 수 없는(즉 표상할 수 없는) 실재(계)입니다. 달리 말하면, 주체가 기호형식의 표시에 의해 창설될 때, 육체도 동시에 주체화되면서 기호형식의 지배를 받는데, <대상 a>는 그때 육체의 주체화로부터 지워지거나 벗어나는 육체의 부분입니다.[13] 그리하여 <대상 a>는 상징계의 도입으로 말미암아 현실적 육체

13 이것을 기호의 삼각형에 빗대어 설명할 수도 있습니다. 어떤 기호형식(S_1)이 지칭물(R)을 표상합니다. 그러나 그 기호형식은 다른 기호형식(S_2)과의 차이와 관계에 의해 가치가 결정되기 때문에 다른 기호형식을 지향합니다. 따라서 지칭물(R)은 그것을 표상하는 기호형식과 그 기호형식이 지향하는 다른 기호형식 사이에서 분열되고($\not{R}$), 그 분열된 틈바구니로 기호형식이 담아낼 수 없는, 지칭물의 <잉여-의미(s)>가 빠져나갑니다. 그것을 위의 산식에 맞춰 다음과 같이 도식화할 수 있습니다.

$$\frac{S_1}{\not{R}} \rightarrow \frac{S_2}{s}$$

로부터 떨어져 나간 실재(계)로서의 육체, 또는 육체적 실재입니다.[14] 그것이 바로 <대상 a>입니다.

그러한 <대상 a>의 정의를 다음과 같은 산식으로 만들 수 있습니다.

$$\frac{S1}{\$} \rightarrow \frac{S2}{a} \qquad \frac{\langle \text{나} \rangle}{\text{주체}} \rightarrow \frac{\langle \text{너} \rangle}{a}$$

<대상 a>가 잉여 향락과 연결되는 것도 그러한 <나머지>와 무관하지 않습니다. 왜냐하면 잉여 향락 역시 언어 교환에 의해 생산되는 부수적인 것이기 때문입니다. 또한 그 잉여 향락이 육체적인 까닭은, 그 나머지가 본질적으로 기호형식에 의한 육체의 파편이기 때문입니다. 그리하여 <대상 a>와 육체의 파편화(또는 주체화) 그리고 잉여 향락은 서로 연결되기에 이릅니다. 그렇다면 <대상 a>는 큰사물과는 어떻게 연결되는 것일까요? 그것은 어찌 보면 간단합니다. 육체의 주체화 과정에서 떨어져 나간 육체의 파편은, 최초의 금지 대상으로 현실로부터 영원히 추방된 <큰사물>과 공통된 부분, 즉 큰사물의 파편이기도 하기 때문입니다. 그래서 라캉은 <la Chose>를 <l'a-chose>라고 쓰는 것입니다. 다소 거칠게, 지금까지 공부한 <대상 a>를 요약해보았습니다. 그것을 다듬는 작업은 다음 학기에 계속해서 연장될 것입니다. 한 학기 동안 경청해주셔서 감사합니다.

2006년 12월 20일

---

14 여기서 셰익스피어의 『베니스의 상인』을 생각하지 않을 수 없습니다. 『베니스의 상인』은 빚의 대가로 1파운드의 살을 요구하는 내용입니다. 아마 상징계와 <대상 a>의 관계는, 『베니스의 상인』에서 빚과 1파운드의 살의 관계와 같지 않나 싶습니다. 다시 말해 상징계를 수용함으로써 <인간>이 되는 대가 — 라캉의 용어를 빌리면 <상징적 빚> — 로, 인간은 <대상 a>라는 육체적 파편의 상실을 겪어야 합니다.

부분 대상에서 대상 *a*로

2011년 1월 20일 초판 인쇄
2011년 1월 25일 초판 발행

지은이 | 임진수
발행인 | 유제구
발행처 | 파워북
주　소 | 서울 마포구 염리동 161-5 대동빌딩 4층
전　화 | (02) 730-1412
팩　스 | (02) 730-1410
등　록 | 1997. 1. 1 제 300-1997-13

정　가　20,000원
ISBN　978-89-8160-164-5 (93100)